# PATRIZIO MESSINA

# AUTOCONSULENZA FINANZIARIA

## Strategie per Mettere il Turbo
## ai Risparmi

Titolo

"AUTOCONSULENZA FINANZIARIA"

Autore

Patrizio Messina

Editore

Bruno Editore

Sito internet

http://www.brunoeditore.it

# Sommario

## ATTENZIONE: investire in Borsa è rischioso

Le strategie riportate in questo libro sono frutto di anni di studi e specializzazioni, quindi non è garantito il raggiungimento dei medesimi risultati economici. I risultati passati ottenuti dall'autore non forniscono alcun tipo di garanzia per i guadagni futuri.

Il lettore si assume piena responsabilità delle proprie scelte economiche e finanziarie, consapevole dei rischi connessi a qualsiasi forma di investimento in Borsa.

I casi di studio e gli esempi contenuti nel testo sono frutto di notizie e opinioni che possono essere modificate in qualsiasi momento senza preavviso e non costituiscono sollecitazione all'acquisto o alla vendita di valori mobiliari e al pubblico risparmio.

L'unico scopo è di fornire elementi di studio sull'andamento dei mercati, pertanto non possono essere considerate come previsioni certe e non mettono al riparo dal rischio insito nelle operazioni di investimento in titoli.

L'Autore e l'Editore declinano ogni responsabilità su eventuali inesattezze dei dati riportati, danni, perdite economiche, danni diretti o indiretti derivanti dall'uso o dalla divulgazione delle informazioni contenute in questo libro.

# Introduzione

È da quando frequentavo le scuole superiori che sono affascinato dal mondo dell'economia e dei mercati azionari in modo particolare, ma risale al 1998 il mio percorso di specializzazione in questo settore: dal giorno in cui il mio istituto decise di fare partecipare gli studenti al grande gioco nazionale "Bgames", organizzato dall'Università Bocconi di Milano.

Il gioco consisteva nella simulazione della gestione patrimoniale di un'azienda. A tal fine avevo deciso di occuparmi del settore finanziario, mentre avevo lasciato il settore marketing al mio compagno di squadra. È stata la molla che mi ha fatto studiare a fondo le strategie economiche dei mercati azionari e obbligazionari, che continuo ad approfondire a tutt'oggi.

Il mio impegno mi condusse a vincere il torneo nella categoria degli studenti provenienti dagli istituti a indirizzo non economico e ad arrivare secondi per team in classifica generale (tutti gli istituti compresi).

Uscito dalla scuola, con i primi soldi guadagnati iniziai naturalmente a investire nel mercato finanziario e ad applicare molte delle strategie studiate precedentemente, perfezionandomi sempre di più. Nel 2006, dopo aver mandato il mio curriculum a una nota banca, sono stato chiamato per un colloquio e da lì ho avuto l'opportunità di lavorare come consulente previdenziale e del risparmio. Hanno puntato su di me, anche se i miei studi erano a impronta informatica e non strettamente economica.

Oggi, dopo aver acquisito una buona esperienza nel campo finanziario e della consulenza, ho deciso di scrivere un libro perché in questi anni ho capito che una buona parte del cosiddetto "popolo dei risparmiatori" fa una notevole confusione sui prodotti finanziari e del risparmio. Pertanto, metterò a disposizione di chiunque abbia la pazienza di leggermi le nozioni necessarie per capire metodi e tecniche professionali del risparmio, allo scopo di rendervi autonomi nel risolvere i problemi finanziari.

L'ebook è rivolto principalmente a risparmiatori che vogliono diventare autonomi dalle consulenze, da cui scaturisce il titolo: *Autoconsulenza finanziaria*. Inoltre è anche utile a tutti quelli che sono già discreti investitori ma che non sanno come applicare le loro conoscenze in modo ottimale ai fini del risparmio.

Il corso è suddiviso in sette capitoli che, partendo dalla spiegazione dei principali strumenti finanziari, vi condurrà passo dopo passo a pianificare la consulenza in modo ottimale. Vedremo per prima cosa le tipologie di prodotti e metodi esistenti nel mercato italiano e successivamente la gestione e l'annullamento dei propri debiti. Riserverò un intero capitolo alla simulazione di casi particolarmente significativi in modo tale che ognuno di voi potrà prendere spunti pratici e perfezionarsi con la metodologia corretta.

Infine, l'ultimo capitolo è dedicato a tutti i metodi che ho messo a punto nella mia esperienza di investitore e di consulente per mettere il "turbo" ai propri risparmi, utilizzando quasi tutti i prodotti "preconfezionati" esistenti nel mercato italiano. Tutto il corso è spiegato in modo semplice e vi indicherò strada facendo i siti internet dove potrete reperire le informazioni necessarie e spiegherò come utilizzarle per i vostri scopi.

# CAPITOLO 1:
## Come funziona l'ABC della Finanza

In questo capitolo prenderemo in considerazione quelli che sono gli strumenti messi a disposizione dalle istituzioni e dalle banche per investire e risparmiare. L'ho chiamato "ABC" proprio perché, partendo da zero, spiegherò per ogni strumento il motivo per cui esiste e come funziona, nonché il rendimento che può generare e sfatare i miti che lo circondano.

Ovviamente essendo un libro indirizzato principalmente a coloro che vogliono riuscire a fare una consulenza finanziaria da soli, mi sembra opportuno iniziare spiegando il funzionamento dei principali strumenti finanziari.

Infatti molte persone sbagliano, anche in buona fede, perché si fidano di un loro sapere frutto del passaparola, nonché di tecnicismi o "verità assolute" date per scontate, di cui però non conoscono l'origine. Prendiamo il caso Parmalat, pur essendo un titolo a rischio facilmente prevedibile da evidenti segnali di mercato e dagli indici degli analisti, quasi nessun quotidiano ha messo in allarme il popolo dei risparmiatori in modo chiaro, preferendo scriverne fra le righe in articoli per lo più lunghi e noiosi, pieni di tecnicismi a prova di esperti e per di più collocati nelle pagine centrali dove i risparmiatori comuni non si avventurano quasi mai.

Certamente i quotidiani si difendono dicendo che il caso non era del tutto prevedibile e che, per questo motivo, non volevano creare allarmismi con conseguente effetto-panico del mercato che, a sua volta, avrebbe potuto mandare in crack l'azienda. Anche se tutto ciò non è una scusante, perché la gente i soldi li ha persi sul serio, possiamo affermare che buona parte del caso è da imputare ad un'impreparazione dei risparmiatori in campo finanziario.

**Quali sono gli strumenti finanziari:**
Se io vi chiedessi: «Quali sono secondo voi gli strumenti finanziari esistenti per guadagnare (in modo legale) dei soldi?» Sicuramente a tutti saranno venuti in mente le obbligazioni e le azioni, mentre qualcuno di più esperto avrà pensato anche ai futures, ai derivati e alle opzioni.

I meno esperti invece avranno pensato ai BOT e infine qualcuno al petrolio, all'oro oppure al "mattone". Bene, gli unici due strumenti finanziari esistenti sono solo:

- le ***Obbligazioni*** (*Bonds*);
- le ***Azioni*** (*Stocks*).

Infatti, chi ha pensato alle opzioni, i warrent e i futures, ha solo nominato dei derivati delle azioni o delle obbligazioni (ad esempio derivati di un indice azionario oppure di un indice obbligazionario); chi ha pensato ai BOT in realtà sta chiamando con il loro nome commerciale un particolare tipo di obbligazione. Il petrolio e l'oro sono materie prime, che, pur essendo quotate, non sono dei veri strumenti finanziari, anche se possono essere usati come tali, mentre l'immobiliare, come dice la parola stessa, non fa parte dei mercati cosiddetti "mobiliari" e pertanto non è legato agli andamenti economici ma funziona in tutt'altro modo.

In questo libro tratteremo le azioni e le obbligazioni in modo approfondito, mentre tralascerò volontariamente tutto il resto, innanzitutto perché materie prime e opzioni necessitano per la loro importanza un vero e proprio corso apposito, tanto è vasto il campo di utilizzo e, secondariamente, perché questo libro parte dal concetto di imparare a fare una consulenza finanziaria e del risparmio mentre questi strumenti non vengono mai utilizzati a tale scopo in quanto sono specialistici e non certo adatti al risparmiatore medio ma bensì all'investitore esperto.

Infine il mercato immobiliare non può far parte degli strumenti utilizzati per creare una consulenza di risparmio, in quanto è generalmente un mercato frequentato da "squali" (esattamente al contrario di ciò che crede la gente comune che lo vede come bene rifugio), anzi a tal proposito, un consiglio! Se volete guadagnare bene senza rimetterci frutti e capitali è meglio che impariate subito a "nuotare" preparandovi appositamente su questo specifico argomento.

**Come funzionano le obbligazioni?**
Un giorno andai da un cliente che mi chiamò spinto da un suo amico che gli consigliò una mia consulenza. Anche se titubante, perché non abituato a questo tipo di figura professionale e scottato dai tanti venditori di polizze miste, stava lì ad aspettare l'inghippo per liquidarmi. Al secondo appuntamento, dopo aver studiato

bene il suo caso, ritornai da lui a consigliargli cosa fare, che nel suo caso, considerando la relativa giovane età e il bisogno di un'integrazione pensionistica, consisteva in un fondo pensione marcatamente azionario. A questo consiglio partirono le filippiche del tipo: «Io non voglio questo genere di prodotto», «Giusto l'anno scorso ho perso dei soldi con Parmalat e mio cugino li ha persi con i bond argentini, e quindi sono dell'idea che i soldi li metto nei BOT che sono sicuri perché sono dello stato...»

Il signore in questione non si è accorto però che mi ha nominato due investimenti di tipo obbligazionario. Ho voluto raccontare questo aneddoto per farvi notare come il risparmiatore medio italiano ha una cultura che rasenta lo zero quando si parla di azioni e obbligazioni e in generale di strumenti finanziari.

Per capire che cos'è un'obbligazione dobbiamo capire innanzitutto per quale motivo esiste. Esse vengono emesse quando uno stato o un'azienda si trovano a far fronte ad una spesa derivante da debiti o da investimenti utilizzati per ampliare le proprie infrastrutture. Nello specifico, uno stato chiede soldi alla gente emettendo obbligazioni per coprire il debito pubblico oppure per costruire infrastrutture quali ponti, ospedali ecc., mentre un'azienda li chiede principalmente per ampliare la propria catena di produzione o per la progettazione di un nuovo prodotto, o ancora (caso che si dovrebbe evitare), per pagare i debiti che si accumulano.

**SEGRETO n. 1: un'obbligazione è un debito degli stati o delle aziende, e voi quando li utilizzate ve ne prendete carico di una parte.**

In cambio del "favore" e del rischio che prendete, chi ha emesso i bonds vi darà un interesse annuale che può essere fisso o variabile. Ti domanderai di certo: «Ma allora mi stai consigliando di non utilizzare i bonds?» No! Puoi liberamente utilizzarli, ma l'importante è che tu conosca bene questo strumento prima di incappare in spiacevoli conseguenze. Le obbligazioni si dividono principalmente in 3 categorie:

- obbligazioni *Governative;*
- obbligazioni *Private;*
- obbligazioni *Bancarie.*

## Le obbligazioni Governative

Sono emesse dagli stati principalmente per tre motivi: per coprire il debito pubblico, per costruire nuove infrastrutture e, caso molto raro, per finanziare una guerra. Nel primo caso un governo emette tante obbligazioni quanto grande è il suo debito pubblico quindi, se uno stato ha un deficit di 100 miliardi di euro, dovrà emettere obbligazioni per tale somma.

Lo stato è costretto a emettere le obbligazioni in quanto questo debito deriva dagli stipendi e dal costo complessivo per garantire i servizi al cittadino come l'istruzione, la sanità, il cosiddetto welfare nonché tutti gli altri servizi irrinunciabili per l'esistenza stessa dello stato (giustizia, forze armate…).

Ovviamente lo stato non può dire ai professori oppure ai poliziotti: «Siccome non abbiamo soldi e il deficit è troppo grande vi paghiamo dopo, quando possiamo», ma gli stipendi vanno versati ogni 27 del mese ed è quindi costretto a chiedere un prestito ai cittadini. Il cittadino dal canto suo deve sapere che uno stato che presenta 100 miliardi di euro di deficit, ad esempio dando 3% di interesse nelle sue obbligazioni, se non lavora bene sarà costretto l'anno successivo ad emettere obbligazioni per una cifra maggiore, cioè i 100 miliardi dell'anno precedente più 3 miliardi di interesse più gli eventuali altri debiti accumulati nel frattempo, arrivando facilmente ad un debito di 103 miliardi o più.

Quando uno stato per troppo tempo è stato governato male, rischia di trovarsi con debiti molto più elevati rispetto al suo prodotto interno lordo (PIL) e i debiti passivi, cioè quelli derivati dagli interessi sul debito primario, aumentano a tal punto che pur offrendo interessi sempre più alti, arriverà un momento in cui non ci sono più acquirenti interessati. A questo punto non solo i fornitori dei servizi di quello stato restano a bocca asciutta, ma anche coloro che gli hanno prestato i soldi tramite le obbligazioni si ritroveranno senza soldi oppure nei casi migliori perderanno una parte del capitale investito (bond argentini docet). Alla luce di queste informazioni siete sempre convinti che i BOT sono sicuri?

Nel secondo caso servono a finanziare infrastrutture che quindi hanno uno scopo ben preciso, tuttavia la possibilità di perdere parte o tutto il capitale è la medesima delle obbligazioni emanate per il debito pubblico, in quanto per lo stato che li commissiona, i lavori sono sempre considerati un debito. Infine nel terzo caso servono per finanziare le guerre, generalmente molto costose. Un esempio di utilizzo massiccio di questo strumento risale alla seconda guerra mondiale, quando gli USA piazzarono le obbligazioni per finanziarsi.

È inutile dirvi quali sono i rischi: se lo stato malauguratamente perde la guerra, voi perdete i soldi.

Gli stati per coprire questi debiti emettono vari tipi di obbligazioni, che vanno da quelli a breve termine, tipo trimestrali, semestrali o annuali (i BOT per lo stato italiano), passando per quelli a medio termine tipo triennali o quinquennali (i CCT per l'Italia), a quelli di lungo termine tipo ventennali, trentennali (nel caso italiano i BTP). Addirittura in casi estremi si arriva a cinquanta anni (frequentemente utilizzati negli Stati Uniti e in Gran Bretagna).

Il motivo della varietà delle durate sta nell'urgenza di recuperare soldi. Un'obbligazione a breve termine è facilmente piazzabile e usata quindi quando servono soldi immediatamente, mentre una a lungo termine più difficile da piazzare (se non rivendibile a buoni tassi di interesse) consente allo stato una certa tranquillità per lunghi periodi di tempo.

**Le obbligazioni Private (Corporate bonds)**

Un'azienda emette delle obbligazioni quando deve investire in nuove infrastrutture, quando deve progettare un nuovo prodotto oppure se ha dei debiti momentanei sanabili. In tutti e tre i casi chiede i soldi ai risparmiatori tramite obbligazioni per evitare di chiedere un prestito alla banca, in quanto gli interessi elargiti tramite questo strumento sono nettamente inferiori agli interessi che dovrebbe dare in cambio di un prestito bancario.

Inoltre teniamo in considerazione che le banche potrebbero per motivi propri non volerglieli prestare. In ogni caso, l'azienda ha un debito a prescindere dal motivo per cui lo ha contratto (altrimenti non ha bisogno di chiedere soldi) e si possono verificare i problemi che abbiamo visto prima con la copertura del deficit degli stati, cioè, si possono ritrovare a non poter far fronte all'aumentare del debito col passare del tempo. Facciamo un esempio pratico: un'azienda che costruisce aerei pensa di progettare un nuovo modello super veloce per il trasporto delle merci e chiede soldi tramite le obbligazioni ai risparmiatori per la sua progettazione e la costruzione delle infrastrutture atte a costruirlo.

Tuttavia pur essendo un ottimo aereo, esso potrebbe non piacere per svariati motivi: consumare troppo, essere troppo costoso rispetto alla concorrenza, non essere abbastanza capiente e via dicendo. A questo punto l'azienda potrebbe trovarsi in difficoltà per ritornare i soldi.

Oltre ai motivi precedenti, potrebbe avverarsi il fatto che il prodotto pur essendo buono, magari non piace per la sua estetica oppure viene considerato un prodotto di scarsa qualità complessiva.

Qualunque siano i motivi l'azienda si troverà a dover tornare indietro dei soldi che non ha guadagnato in modo sufficiente e potrebbe essere costretta a emettere ulteriori obbligazioni a copertura del debito rimanente, che nel caso migliore è sceso, ma potrebbe anche essere aumentato, innescando una spirale di debiti che porteranno presto o tardi in un crack finanziario.

## Le obbligazioni bancarie

Una banca emette obbligazioni principalmente per i seguenti motivi: il primo (non molto frequente) per l'ampliamento della propria struttura o per coprire dei debiti esattamente come le aziende private; il secondo (più frequente) per guadagnare soldi extra, offrendo delle obbligazioni formate da un insieme di altre obbligazioni private e/o governative (eventualmente miste ad azioni) dette obbligazioni strutturate.

Per comprendere questo tipo di obbligazione vi rimando al secondo capitolo; il terzo caso, riguarda le obbligazioni emesse a copertura di debiti contratti da altri clienti per la stipula di mutui o finanziamenti effettuati tramite mediatori creditizi, oppure tramite le note carte di credito revolving.

Il rischio di chi adopera quest'ultimo strumento è però quello di prestare soldi a persone che poi non è detto siano in grado di restituirli innescando, in tal caso, un effetto domino dove il risparmiatore andrà a coprire il debito. A tal proposito vorrei fare un esempio concreto: una banca presta soldi tramite mutui a un cliente che si compra una casa. Nella migliore ipotesi la banca rientra in possesso di tutti i soldi oltre all'interesse previsto, e tutto va bene. Ma può anche accadere che il cliente perde il lavoro e se non ha previsto di stipulare una copertura assicurativa che paghi il mutuo in questo caso, la banca non rientrerà in possesso di tutta la somma prevista, ma solo in modo parziale (ad esempio solo la somma prestata senza gli interessi oppure neanche tutta la somma prestata).

In questo caso l'ente bancario sa che potrà confiscare la casa al malcapitato rientrando molto probabilmente della somma prevista.

Però è anche possibile che i tassi d'interesse crescano a tal punto che la gente vada subito in crisi nei pagamenti e il valore dello stesso immobile scenda perché ci si trova alla fine di una "bolla speculativa del settore".

Naturalmente pur confiscando la casa e vendendola all'asta, non riuscirebbe a riprendere neanche i soldi che ha prestato, perdendo anche parecchi quattrini. In questo caso chi ha prestato i soldi alla banca con obbligazioni a copertura di mutui si ritroverà a perdere il suo capitale (questa è stata la causa della famigerata crisi dei mutui americani che ha creato l'effetto domino successivo sulle borse scoppiato nell'estate del 2007).

**Quanto rendono le obbligazioni?**

Abbiamo visto a grandi linee le varie tipologie di obbligazioni esistenti e sfruttabili dal risparmiatore, tuttavia non abbiamo visto quanto rendono effettivamente. Chiaramente tutti quei parametri visti precedentemente, cioè la durata e i rischi associati, modificano sensibilmente il rendimento di questo strumento.

Sorvolando sulle complicate formule matematiche possiamo dire subito che un'obbligazione a lungo termine rende di più di una a breve termine. Mi spiego meglio: un'obbligazione che ti vincola i soldi per 30 anni deve darti un interesse maggiore per convincerti ad acquistarla rispetto ad un'obbligazione che vincola i tuoi capitali per soli 3 mesi.

Senza entrare nello specifico, anche considerando che le percentuali di rendimento variano da nazione a nazione, posso subito dirvi che, annualmente, un'obbligazione a vent'anni rende quasi il doppio rispetto a una annuale, mentre un'obbligazione a cinquant'anni non rende oltre il doppio di una a venti ma solo poco di più. Infine una trimestrale non rende un quarto di quella annuale, ma solo poco di meno (attenzione in questo caso calcolandolo sempre su base annuale). Diciamo che in Italia un BOT annuale rende intorno al 2%, un trimestrale circa l'1,80%, un BTP ventennale il 3,5% circa e uno a trent'anni intorno al 4%.

Un altro fattore che condiziona il rendimento è la scambiabilità. Infatti, un'obbligazione facilmente rivendibile tende ad avere un rendimento moderato, mentre una difficilmente rivendibile avrà chiaramente rendimenti più elevati. Ma questa non è una regola generale; infatti, ci sono obbligazioni in circolazione con rendimenti elevati e facilmente rivendibili, come i BTP trentennali emessi alla fine degli anni settanta e inizio anni ottanta a tasso fisso che rendono parecchio (percentuali a due cifre). Infatti, se si vogliono vendere troverete la fila di investitori che se le vogliono accaparrare.

Un fattore che influenza il rendimento di questo strumento sono il tipo di tasso applicato, che può essere variabile o fisso. Un tasso fisso ha sempre un rendimento più basso rispetto al variabile nel momento in cui viene collocato e questo perché l'emittente si protegge con un margine di sicurezza nel caso il mercato prende una direzione indesiderata per sé.

Facciamo un esempio pratico per chiarirci: se il variabile alla stipula è al 4%, il fisso sarà intorno 3,25%, in modo tale che se i tassi scendono loro non dovranno darvi il 4% con un mercato a 3,50%, ma sempre il 3,25%, mentre se continuano a scendere andando per esempio al 2%, l'ente emittente che per un po' di tempo ha guadagnato più dell'indice di mercato affronterà le perdite più tranquillamente considerando che dal suo punto di vista è andato a compenso.

Quando comprate le obbligazioni andate a vedere prima un grafico storico (che risale fino al 2000 al massimo) per sapere se sono bassi o alti gli interessi al momento della stipula (ricordate che prima del 2000 le obbligazioni rendevano sempre tanto a causa degli alti tassi di inflazioni dei rispettivi paesi). A questo punto in un periodo dove i tassi d'interesse sono bassi rispetto allo storico, conviene puntare al tasso variabile in quanto è statisticamente probabile che esse saliranno, viceversa in un periodo di alto rendimento compratele a tasso fisso anche se rendono un po' meno, ma vi assicurate comunque quel rendimento per lungo tempo.

I siti che danno gli andamenti dell'obbligazionario in forma grafica purtroppo sono tutti a pagamento, tuttavia ho trovato un metodo interessante, e soprattutto gratuito, per poter controllare questi andamenti.

Innanzitutto consideriamo che gli andamenti obbligazionari dell'area euro sono tutti uguali, anche se i tassi variano da nazione a nazione. Essi avranno lo stesso comportamento dettato dalla politica della BCE (Banca Centrale Europea). Quindi, basterà controllare l'andamento medio di tutte le obbligazioni euro-governative per sapere se siamo in un momento adatto all'acquisto di obbligazioni a tasso fisso o variabile.

Per fare questo dovete eseguire le seguenti operazioni; andate nel sito di finanza online al seguente indirizzo:

http://www.finanzaonline.com/

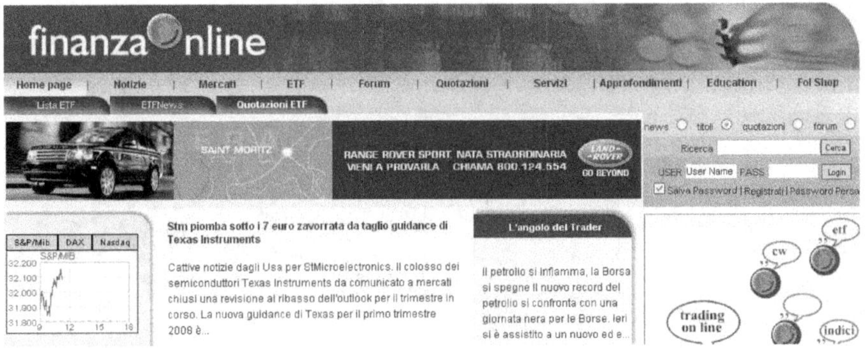


Questo è uno dei migliori siti finanziari nel web in lingua italiana dove potrete andare a reperire informazioni su tutti i mercati anche senza iscrizione.

Successivamente cliccate nella barra principale sulla scritta "ETF" (che rappresentano i fondi che studieremo nel capitolo 2). Vi apparirà questa schermata:

| cod. | emittente | nome | area |
| --- | --- | --- | --- |
| B1ET | B1 | B1 - Ethical Index Euro | Europa |
| B1EU | B1 | B1 - Msci Euro | Europa |
| B1PE | B1 | B1 - Msci Pan Euro | Europa |
| XESX | DB x-trackers | db x-trackers Dj Euro Stoxx 50 | Europa |
| XD3E | DB x-trackers | db X-Trackers Dj Euro Stoxx Select Dividend 30 Etf | Mondo |
| XS7R | DB x-trackers | db x-trackers DJ Stoxx 600 Banks | Europa |
| XSPR | DB x-trackers | db x-trackers DJ Stoxx 600 Basic Resources | Europa |
| XS3R | DB x-trackers | db X-Trackers Dj Stoxx 600 Food And Beverage | Europa |
| XSDR | DB x-trackers | db x-trackers DJ Stoxx 600 Health Care | Europa |
| XSNR | DB x-trackers | db x-trackers DJ Stoxx 600 Industrial Goods | Europa |
| XSIR | DB x-trackers | db x-trackers DJ Stoxx 600 Insurance | Europa |
| XSER | DB x-trackers | db x-trackers DJ Stoxx 600 Oil & Gas | Europa |
| XS8R | DB x-trackers | db x-trackers DJ Stoxx 600 Technology | Europa |
| XSKR | DB x-trackers | db x-trackers DJ Stoxx 600 Telecommunications | Europa |
| XS6R | DB x-trackers | db X-Trackers Dj Stoxx 600 Utilities | Europa |
| XGSD | DB x-trackers | db X-Trackers Dj Stoxx Global Select Dividend 100 | Mondo |
| XEON | DB x-trackers | db x-trackers Eonia Total Return Index | Europa |
| XFFE | DB x-trackers | db x-trackers Fed Funds Effective Rate | Nordamerica |
| XX25 | DB x-trackers | db X-Trackers Ftse/Xinhua China 25 Etf | Asia - Pacifico |
| XEIN | DB x-trackers | db x-trackers II Iboxx Euro Inflation-Linked TRN | Europa |
| XGLE | DB x-trackers | db x-trackers II Iboxx Euro Sovereigns Euroz TRN | Europa |
| XGIN | DB x-trackers | db x-trackers II Iboxx Global Inflation-Linked TRN Index Hedged | Europa |

Consiste nella lista di ETF esistenti nei mercati, ma voi dovete cercare esclusivamente quelli che hanno le caratteristiche che vi interessano. Ad esempio se cercate i dati riguardanti le obbligazioni italiane, dovete porre dei filtri in modo che appaiano soltanto quelle della zona euro e di tipo obbligazionario. Andate nel menù a tendina con scritto "Area", e vi appariranno le seguenti scelte:

Visto che l'Italia fa parte dell'Europa selezionerete "Europa", altrimenti andrete a selezionare la zona che meglio identifica il paese di cui volete studiarne il bond.

Accanto al menù "Area" vi è un altro menù, "Mercato" che presenta le seguenti scelte:

Quelle che interessano il mercato obbligazionario sono solo quelli che ho evidenziato in blu: "Titoli di Stato" (per le obbligazioni governative) e "Obbligazionario Corporate" (per le obbligazioni private).

Fatte le scelte nei due menù a tendina cliccando su "Cerca" nel tasto blu. A questo punto vi apparirà la lista di fondi ETF con le caratteristiche desiderate; nel caso della simulazione le governative europee.

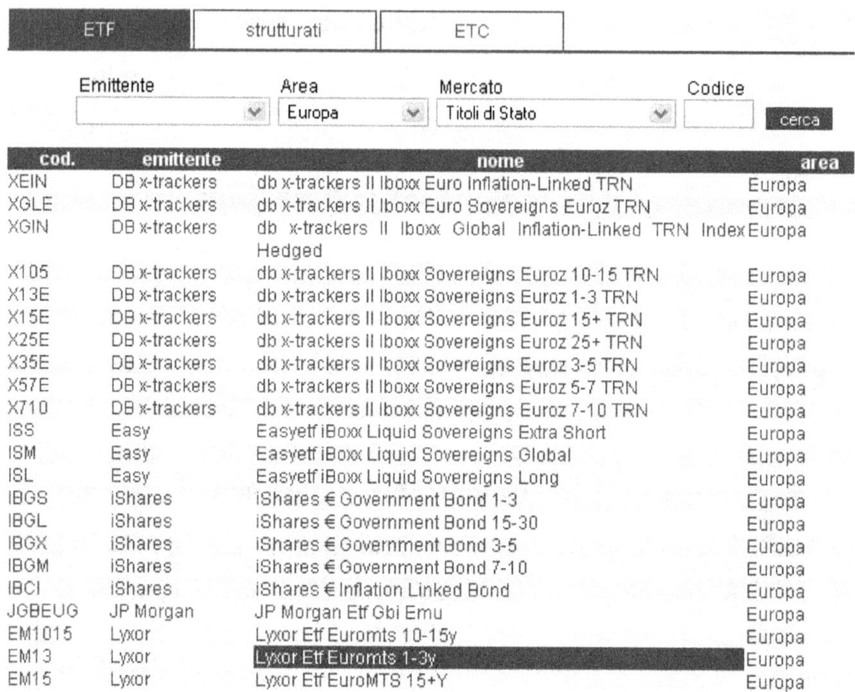



| cod. | emittente | nome | area |
|---|---|---|---|
| XEIN | DB x-trackers | db x-trackers II Iboxx Euro Inflation-Linked TRN | Europa |
| XGLE | DB x-trackers | db x-trackers II Iboxx Euro Sovereigns Euroz TRN | Europa |
| XGIN | DB x-trackers | db x-trackers II Iboxx Global Inflation-Linked TRN Index Hedged | Europa |
| X105 | DB x-trackers | db x-trackers II Iboxx Sovereigns Euroz 10-15 TRN | Europa |
| X13E | DB x-trackers | db x-trackers II Iboxx Sovereigns Euroz 1-3 TRN | Europa |
| X15E | DB x-trackers | db x-trackers II Iboxx Sovereigns Euroz 15+ TRN | Europa |
| X25E | DB x-trackers | db x-trackers II Iboxx Sovereigns Euroz 25+ TRN | Europa |
| X35E | DB x-trackers | db x-trackers II Iboxx Sovereigns Euroz 3-5 TRN | Europa |
| X57E | DB x-trackers | db x-trackers II Iboxx Sovereigns Euroz 5-7 TRN | Europa |
| X710 | DB x-trackers | db x-trackers II Iboxx Sovereigns Euroz 7-10 TRN | Europa |
| ISS | Easy | Easyetf iBoxx Liquid Sovereigns Extra Short | Europa |
| ISM | Easy | Easyetf iBoxx Liquid Sovereigns Global | Europa |
| ISL | Easy | Easyetf iBoxx Liquid Sovereigns Long | Europa |
| IBGS | iShares | iShares € Government Bond 1-3 | Europa |
| IBGL | iShares | iShares € Government Bond 15-30 | Europa |
| IBGX | iShares | iShares € Government Bond 3-5 | Europa |
| IBGM | iShares | iShares € Government Bond 7-10 | Europa |
| IBCI | iShares | iShares € Inflation Linked Bond | Europa |
| JGBEUG | JP Morgan | JP Morgan Etf Gbi Emu | Europa |
| EM1015 | Lyxor | Lyxor Etf Euromts 10-15y | Europa |
| EM13 | Lyxor | Lyxor Etf Euromts 1-3y | Europa |
| EM15 | Lyxor | Lyxor Etf EuroMTS 15+Y | Europa |

La lista è composta da diverse colonne che in ordine rappresentano: il codice di identificazione, l'emittente, il nome del fondo, l'area di appartenenza.

Personalmente utilizzo sempre gli ETF della Lyxor per questo tipo di operazione, in quanto presentano informazioni molto precise e aggiornate costantemente. In quest'ente emettitore il nome del fondo si legge nel modo seguente: prima vi è la scritta

"Lyxor Etf" che significa che è un fondo ETF della Lyxor, poi la scritta "Euromonts" sta a significare che sono obbligazioni area euro, e infine "1-3y" che significa "considera solo obbligazioni di durata che va da 1 a 3 anni (Years)". Se dovete calcolare gli andamenti dell'obbligazionario va bene controllare sempre quelli di breve durata.

Cliccando sul fondo 1-3y, si apre la pagina informativa seguente:

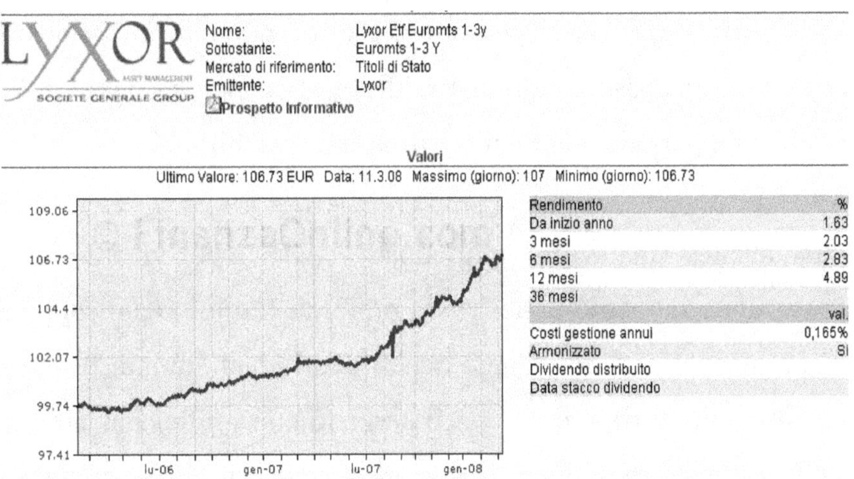



Potete vedere un grafico con l'andamento del fondo nel tempo, e a fianco una scheda con dei dati sugli andamenti e i costi di gestione.

Ovviamente gli andamenti vi possono giovare per sapere a che tipo di rendimenti si va incontro, ma considerate che il fondo non stacca cedole quindi queste vengono reinvestite sul fondo stesso facendone aumentare il rendimento medio nel tempo.

Quello che a noi qui interessa è il paragrafo che appare sotto il grafico (che però non ho inserito nell'immagine per motivi di spazio), contenente tutte le informazioni sul fondo stesso. Leggetelo e controllate che sia quello che fa effettivamente al caso vostro. Dopo esserci assicurati che il fondo è adatto ai nostri scopi, bisogna passare all'analisi del grafico per individuare se siamo in un periodo adatto al tasso fisso o variabile.

Chiaramente, una volta individuato l'ETF che vi interessa, conservatelo in memoria nei vostri preferiti. Il grafico purtroppo è troppo piccolo per individuare bene i punti ideali, quindi bisogna consultare un altro sito che dà il servizio con grafici più grandi. Per fare questo io vado nella sezione finanza di Yahoo a questo indirizzo: **http://it.finance.yahoo.com/**
Vi apparirà la seguente schermata:

Cliccando nella sezione "ETF, ETC e Strutturati" (in basso) vi aprirà un'altra videata:

Dove andrete a cliccare, nella sezione "quotazioni aggiornate" affianco "ETF ITALIA" il link "lista completa". Apparirà un'ennesima schermata con la lista di tutti gli ETF presenti nella borsa italiana, e lì, andrete a cercare quello che abbiamo precedentemente scelto.

**Dati di base**  Modifica

| Codice | Nome | Orario | Trattazione | Variazione | Var. % | Volumi | Intraday | Altre Info |
|---|---|---|---|---|---|---|---|---|
| AEJ.MI | L.ETF MS.AC PAC.JAP | 11:17 | 29,8400 € | ↑0,3400 | ↑1,15% | 238 | | Grafico, Notizie, Altre Info |
| AUTP.MI | LYX.ETF DJ600 AUTO | 11:04 | 29,0400 € | ↑0,2200 | ↑0,76% | 20.033 | | Grafico, Notizie, Altre Info |
| B1ET.MI | BETA1 ETHICAL INDEX | 10 mar | 75,2200 € | ↓0,7800 | ↓1,03% | 6.111 | | Grafico, Notizie, Altre Info |
| B1EU.MI | BETA1 MSCI EURO | 10:42 | 117,8200 € | ↑0,6800 | ↑0,58% | 175 | | Grafico, Notizie, Altre Info |
| B1PE.MI | BETA1 MSCI PAN EURO | 11:16 | 107,7000 € | ↓0,5700 | ↓0,53% | 6 | | Grafico, Notizie, Altre Info |
| BNK.MI | LYX.ETF DJ600 BANKS | 11:19 | 33,7100 € | ↑0,4900 | ↑1,48% | 4.443 | | Grafico, Notizie, Altre Info |
| BRA.MI | LYXOR ETF BRAZIL-A- | 11:26 | 22,9000 € | ↓0,1000 | ↓0,43% | 3.181 | | Grafico, Notizie, Altre Info |
| BRES.MI | LYX.ETF DJ600 BASIC | 09:37 | 66,1300 € | ↓2,1700 | ↓3,18% | 61 | | Grafico, Notizie, Altre Info |
| CHM.MI | LYX.ETF DJ600 CHEM. | 10 mar | 44,3300 € | ↓0,8500 | ↓1,88% | 1.090 | | Grafico, Notizie, Altre Info |
| CINA.MI | LYX.ETF CHINA ENT.A | 11:26 | 104,8000 € | ↑2,3800 | ↑2,32% | 15.189 | | Grafico, Notizie, Altre Info |
| CRB.MI | L.ETF COM.CRB R/J A | 10:43 | 25,9900 € | ↑0,0600 | ↑0,23% | 6.100 | | Grafico, Notizie, Altre Info |
| CRBN.MI | LYX.ETF COM.ENER.A | 10:19 | 18,4300 € | ↑0,1560 | ↑0,85% | 1.130 | | Grafico, Notizie, Altre Info |
| CST.MI | LYX.ETF DJ600 C.& M | 7 mar | 33,3500 € | ↓0,7200 | ↓2,11% | 2 | | Grafico, Notizie, Altre Info |
| DAXX.MI | MUUNL L ETF DAX | 11:17 | 64,4000 € | ↑0,5300 | ↑0,83% | 17.731 | | Grafico, Notizie, Altre Info |
| DJE.MI | LYX.ETF D.J.IND.AV. | 10:12 | 77,7300 € | ↓0,3900 | ↓0,50% | 305 | | Grafico, Notizie, Altre Info |
| DJMC.MI | ISHARES EURSTOX MID | 10:35 | 40,7800 € | ↓0,2200 | ↓0,54% | 320 | | Grafico, Notizie, Altre Info |
| DJSC.MI | ISHARES EURSTOX SML | 11:05 | 25,9000 € | ↓0,0100 | ↓0,04% | 2.309 | | Grafico, Notizie, Altre Info |
| EEE.MI | EETF FTSE EPRA EZ D | 09:58 | 217,2900 € | ↓4,5400 | ↓2,05% | 10 | | Grafico, Notizie, Altre Info |
| EM1015.MI | LYX.EUROMTS 10-15Y | 10:17 | 120,7300 € | ↓0,1700 | ↓0,14% | 45 | | Grafico, Notizie, Altre Info |
| EM13.MI | LYXOR ETF EMTS 1-3Y | 11:16 | 106,7300 € | ↓0,1100 | ↓0,10% | 8.567 | | Grafico, Notizie, Altre Info |
| EM15.MI | L.ETF EUROMTS 15+Y | 6 mar | 104,8800 € | ↓1,2200 | ↓1,15% | 90 | | Grafico, Notizie, Altre Info |
| EM35.MI | LYXOR EUROMTS 3-5Y | 11:03 | 114,6000 € | ↓0,1700 | ↓0,15% | 1.080 | | Grafico, Notizie, Altre Info |

Cliccando sul fondo che ci interessa si aprirà la videata con il grafico corrispondente all'andamento nell'ultimo anno del nostro fondo, in piccolo sulla destra e tutta una serie di informazioni sulla sinistra. Noi dovremmo cliccare sotto il grafico su un link con scritto "2a" che corrisponde a 2 anni (è inutile andare più indietro perché gli ETF non esistevano ancora.

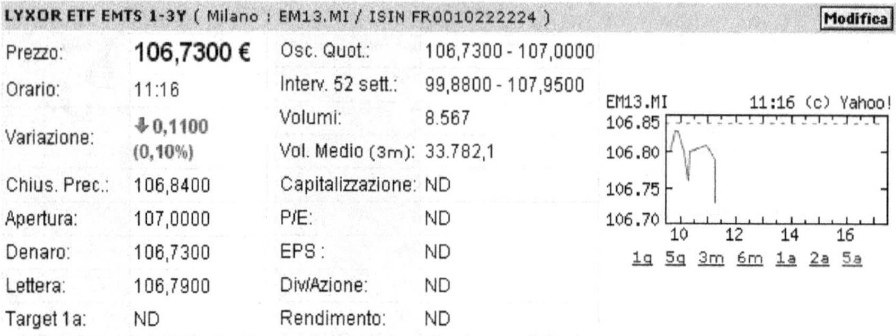


Si aprirà quest'ennesima schermata:

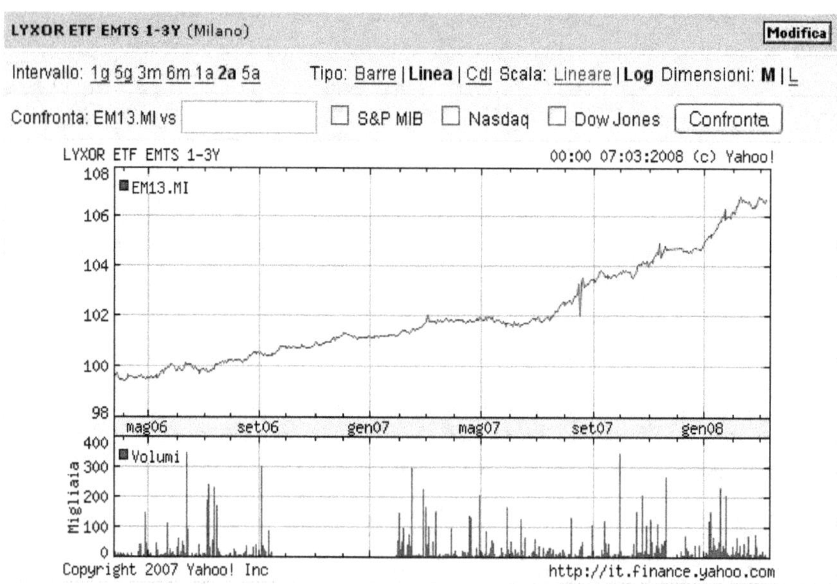

Ora dovrete selezionare prima, di fianco a "Scala", la scritta "Lineare", successivamente, dopo che ha finito di caricare, accanto a "Dimensione" cliccate su "L" (Large).
Vi apparirà un grafico molto grande.

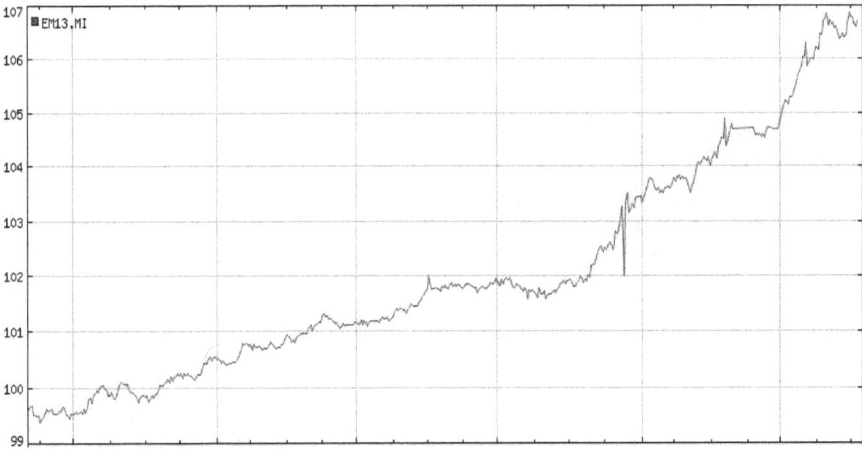


Come potete vedere, il grafico è quasi sempre ascendente, ma questo non significa che l'obbligazionario sta rendendo sempre più, ma che il fondo prende via via valore. Noi dovremmo acquistare obbligazionario a tasso fisso lì dove il grafico ha pendenze elevate, mentre acquisteremo a tasso variabile quando le pendenze sono basse oppure addirittura quando il grafico è in discesa. Per meglio far notare le pendenze vi mostrerò sotto il grafico accompagnato da linee rosse in corrispondenze dei periodi adatti al tasso fisso, e blu per i periodi da tasso variabile.

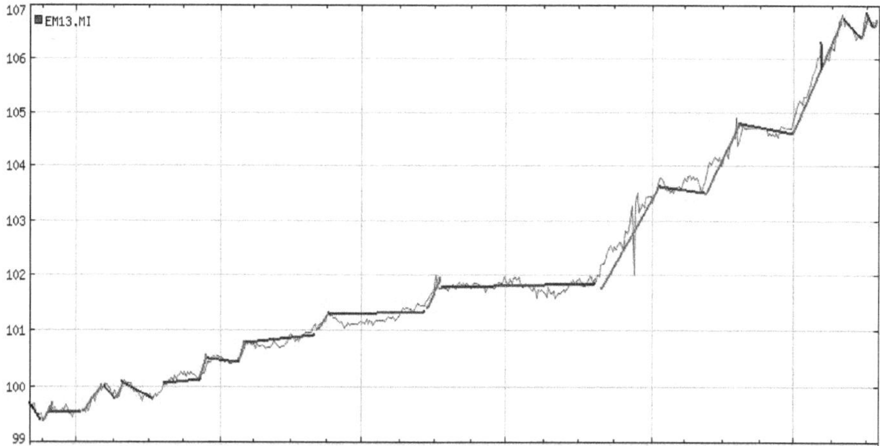


È logico che a noi interessa poco quello che è accaduto in passato, ma ci interessa come ci dobbiamo comportare nel presente. Per fare questo, guardate l'ultimo pezzo del grafico, e controllate se in quel periodo l'andamento è a salire o a scendere. In questo esempio sta cominciando un periodo in salita, quindi evidentemente i tassi sono più alti e noi andremo ad acquistare delle obbligazioni a tasso fisso. Gli enti emittenti ovviamente vi spingeranno sempre ad acquistare quelle a tasso variabile quando gli indici obbligazionari sono alti, invogliandovi ad arte con un rendimento elevato al primo anno. A tal proposito ricordatevi sempre di leggere tutte le clausole del prospetto informativo.

**SEGRETO n. 2: acquistate obbligazioni a tasso VARIABILE quando i tassi sono vicino ai minimi storici e a tasso FISSO quando sono vicini ai massimi rispetto agli ultimi anni.**

**Come si calcola il rischio obbligazionario?**
Finora abbiamo visto i motivi principali di variabilità inerenti a una sola nazione. Adesso vedremo altri motivi che riguardano anche il contesto internazionale.

Abbiamo già detto che uno stato può entrare in una spirale di debiti, così come un'azienda, e ritrovarsi a essere insolvente rispetto ai creditori. Siccome un cittadino comune non può chiedere direttamente lumi ai vari governi o consigli di amministrazione aziendali sul loro stato effettivo delle finanze, esistono alcune aziende specializzate su analisi tecniche che poi vengono pubblicate su report con dei risultati accessibili a tutti. Questi report periodici contengono le probabilità statistiche che una determinata azienda o nazione diventi insolvente.

Il più famoso di questi indici e lo **Standard & Poor's,** di cui troverete a seguire la tabella con il grado di affidabilità, il codice di identificazione e la percentuale di insolvibilità su un arco temporale di 15 anni.

NB: la tabella è presa dall'inserto del Sole 24 ore: "Le obbligazioni vol. 3"

| Affidabilità | S&P | Insolvenza | Affidabilità | S&P | Insolvenza |
|---|---|---|---|---|---|
| Eccellente | AAA | 0,65% | Insufficiente | BB+ | 24,5% |
| Ottima | AA+ | 1,45% | " | BB | |
| " | AA | | " | BB- | |
| " | AA- | | Bassa | B+ | 40,5% |
| Buona | A+ | 3,10% | " | B | |
| " | A | | " | B- | |
| " | A- | | Bassissima | CCC | 61,5% |
| Sufficiente | BBB+ | 10% | " | CC | |
| " | BBB | | " | C | |
| " | BBB- | | | D | Insolvente |

Come potete notare, c'è una sostanziale differenza fra un'obbligazione con un rating "tripla A" e un "C".

Per dirlo in soldoni, se investite in un'obbligazione "tripla A" vincolando i vostri capitali per 15 anni, avrete la probabilità del 0,65% di non ottenere indietro parte o tutto il capitale investito, mentre se puntate in un "tripla C" il rischio sale al 61,5% (che è peggio di fare testa o croce).

Infine se andate in un "C" le probabilità di non rivederli potete immaginare che si avvicinano al 100%. Con "D" invece sono identificati tutti gli emittenti già insolventi.

Della categoria dei tripla A fanno parte le obbligazioni governative Usa, britanniche e tedesche; dei doppia A fa parte l'Italia, della singola A fanno parte numerose banche italiane.

In tripla B c'era la Parmalat prima del crack, nel doppia B rientravano i bond argentini nell'anno 2000, mentre nella C troviamo aziende o stati con insolvenza e fallimento prossimi, tipo paesi emergenti dall'instabilità politica perenne.

Per avere informazioni sempre aggiornate sul rating dei vari emittenti utilizzo il servizio di Banca Unicredit di cui potete usufruire gratuitamente e che trovate al seguente indirizzo:
http://investimenti.unicreditmib.it/tlab/it_IT/quotazioni/obbligazioni/trova.jsp?idNode=154

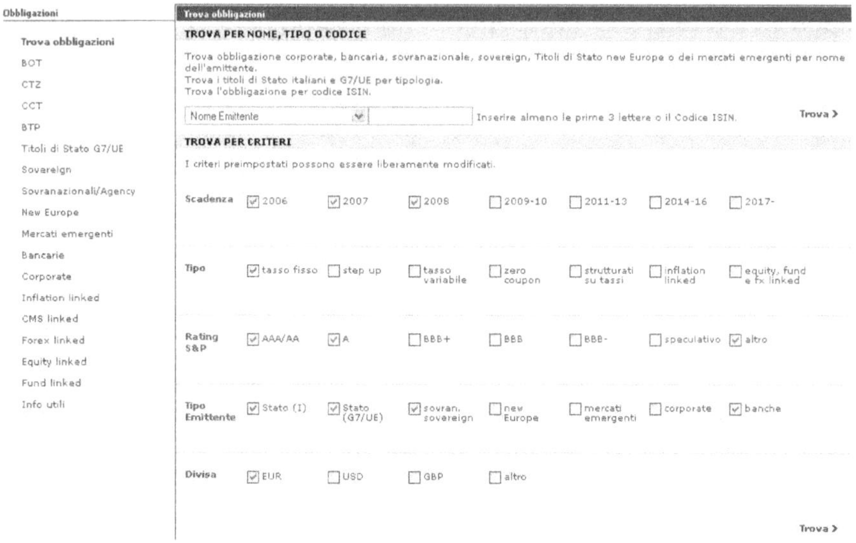

**Obbligazioni**

- Trova obbligazioni
- BOT
- CTZ
- CCT
- BTP
- Titoli di Stato G7/UE
- Sovereign
- Sovranazionali/Agency
- New Europe
- Mercati emergenti
- Bancarie
- Corporate
- Inflation linked
- CMS linked
- Forex linked
- Equity linked
- Fund linked
- Info utili

**Trova obbligazioni**

**TROVA PER NOME, TIPO O CODICE**

Trova obbligazione corporate, bancaria, sovranazionale, sovereign, Titoli di Stato new Europe o dei mercati emergenti per nome dell'emittente.
Trova i titoli di Stato italiani e G7/UE per tipologia.
Trova l'obbligazione per codice ISIN.

Nome Emittente ▾ | Inserire almeno le prime 3 lettere o il Codice ISIN. **Trova >**

**TROVA PER CRITERI**

I criteri preimpostati possono essere liberamente modificati.

Scadenza ☑2006 ☑2007 ☑2008 ☐2009-10 ☐2011-13 ☐2014-16 ☐2017-

Tipo ☑tasso fisso ☐step up ☐tasso variabile ☐zero coupon ☐strutturati su tassi ☐inflation linked ☐equity, fund e fx linked

Rating S&P ☑AAA/AA ☑A ☐BBB+ ☐BBB ☐BBB- ☐speculativo ☑altro

Tipo Emittente ☑Stato (I) ☑Stato (G7/UE) ☑sovran. sovereign ☐new Europe ☐mercati emergenti ☐corporate ☑banche

Divisa ☑EUR ☐USD ☐GBP ☐altro

**Trova >**

Sulla sinistra vi sono elencate tutte le tipologie di obbligazioni, e cliccandovi sopra apparirà il listato di bond appartenente a quella specifica tipologia. A destra invece potete applicare dei filtri per ridurre il numero di bond su cui cercare.

Potete immettere un filtro per selezionare solo quelle con un particolare periodo di scadenza; uno sulla tipologia; uno sul rating S&P; uno sull'emittente; e infine sulla moneta utilizzata nella contrattazione. In ogni caso, sia che selezionate un settore dal menu a sinistra che tramite i filtri vi apparirà la schermata con l'elenco di svariati bond:

Visualizza emittenti
Prezzi aggiornati alle 21:59 del 11.03.2008

< | A B C D | > A-Z

| Codice ISIN | S&P | Emittente | Cedola% | Scadenza | Divisa | Denaro% | Lettera% | Var % | Rend. Netto% | kV | Info |
|---|---|---|---|---|---|---|---|---|---|---|---|
| XS0166560622 | A+ | AEGON | 4,625 | 16.04.2008 | EUR | 0,000 | 0,000 | n.d. | 3,68 | 1 | |
| XS0207157743 | A+ | AEGON | 4,125 | 08.12.2014 | EUR | 0,000 | 0,000 | n.d. | 4,38 | 7 | |
| XS0179091425 | BBB | AEM | 4,875 | 30.10.2013 | EUR | 0,000 | 0,000 | n.d. | 4,04 | 5 | |
| FR0010096115 | A | AIR LIQUIDE | 4,125 | 25.06.2010 | EUR | 0,000 | 0,000 | n.d. | 3,22 | 4 | |
| FR0000475550 | A | AIR LIQUIDE | 4,125 | 23.06.2013 | EUR | 0,000 | 0,000 | n.d. | 3,67 | n.d. | |
| FR0010096123 | A | AIR LIQUIDE | 4,75 | 25.06.2014 | EUR | 0,000 | 0,000 | n.d. | 3,76 | n.d. | |
| XS0146523963 | A- | AKZO NOBEL | 5,625 | 07.05.2009 | EUR | 0,000 | 0,000 | n.d. | 3,65 | 2 | |
| XS0170265341 | A- | AKZO NOBEL | 4,25 | 14.06.2011 | EUR | 0,000 | 0,000 | n.d. | 3,57 | 3 | |
| FR0000492092 | BB- | ALCATEL - LUCENT | 4,375 | 17.02.2009 | EUR | 0,000 | 0,000 | n.d. | 4,67 | 4 | |
| DE0002306008 | n.d. | ALLIANZ FINANCE | 5 | 25.03.2008 | EUR | 0,000 | 0,000 | n.d. | n.d. | 1 | |
| DE0002484557 | BBB | ALTRIA GROUP | 5,625 | 24.06.2008 | EUR | 0,000 | 0,000 | n.d. | 3,77 | 1 | |
| XS0176128675 | AA- | AVENTIS | 4,25 | 15.09.2010 | EUR | 0,000 | 0,000 | n.d. | 3,41 | 3 | |
| XS0130738213 | A+ | AXA | 6 | 18.06.2013 | EUR | 0,000 | 0,000 | n.d. | 3,57 | 4 | |
| XS0201491163 | BBB+ | BAA | 4,5 | 30.09.2014 | EUR | 0,000 | 0,000 | n.d. | 6,68 | n.d. | |
| DE0008846718 | AA- | BASF | 3,5 | 08.07.2010 | EUR | 0,000 | 0,000 | n.d. | 3,24 | 2 | |
| DE000A0EUB86 | AA- | BASF | 3,375 | 30.05.2012 | EUR | 0,000 | 0,000 | n.d. | 3,46 | 4 | |
| DE000A0JRFB0 | AA- | BASF | 4,5 | 29.06.2016 | EUR | 0,000 | 0,000 | n.d. | 3,73 | n.d. | |
| XS0094703799 | BBB+ | BAT | 4,875 | 25.02.2009 | EUR | 0,000 | 0,000 | n.d. | 3,70 | 1 | |
| XS0189727869 | BBB+ | BAT | 4,375 | 15.06.2011 | EUR | 0,000 | 0,000 | n.d. | 4,47 | n.d. | |
| XS0223234823 | BBB+ | BAT | 3,625 | 29.06.2012 | EUR | 0,000 | 0,000 | n.d. | 4,70 | 4 | |
| XS0171786287 | BBB+ | BAT | 5,125 | 09.07.2013 | EUR | 0,000 | 0,000 | n.d. | 4,77 | 5 | |
| XS0171812547 | BBB+ | BAT | 5,75 | 09.12.2013 | GBP | 0,000 | 0,000 | n.d. | 5,54 | n.d. | |
| XS0145758040 | BBB+ | BAYER | 6 | 10.04.2012 | EUR | 0,000 | 0,000 | n.d. | 3,82 | 4 | |
| XS0141451764 | A+ | BMW | 5,125 | 26.01.2009 | EUR | 0,000 | 0,000 | n.d. | n.d. | 1 | |
| XS0219769386 | n.d. | BMW | 3 | 15.12.2009 | EUR | 0,000 | 0,000 | n.d. | 3,34 | 3 | |
| XS0230243221 | A+ | BMW | 2,75 | 23.09.2010 | EUR | 0,000 | 0,000 | n.d. | 3,40 | 3 | |
| XS0189497414 | A+ | BMW | 3,875 | 06.04.2011 | EUR | 0,000 | 0,000 | n.d. | 3,57 | 3 | |
| XS0261718653 | A+ | BMW | 4,125 | 24.01.2012 | EUR | 0,000 | 0,000 | n.d. | 3,72 | 4 | |
| XS0162732951 | A+ | BMW | 4,625 | 20.02.2013 | EUR | 0,000 | 0,000 | n.d. | 3,77 | 4 | |
| XS0173501379 | A+ | BMW | 5 | 06.08.2018 | EUR | 0,000 | 0,000 | n.d. | 4,16 | 9 | |

Nella videata potete vedere che nella prima colonna vi è rappresentato il codice identificativo dell'obbligazione, nella seconda invece è rappresentato il rating S&P (che è quello che ci interessa), poi a seguire c'è l'ente emittente, il rendimento annuale, la data di scadenza, la divisa, e a seguire altre informazioni specialistiche.

Per maggiori informazioni e avere i dati aggiornati sul rating dei vari stati e aziende, potete andare sul sito ufficiale dello **S&P** al seguente indirizzo: **http://www2.standardandpoors.com**
N.B: Il sito è in inglese.

Alla luce della tabella dello S&P possiamo adesso capire come mai è scoppiato il caso dei bond argentini: esponendo i risparmiatori a rilevanti perdite a fronte di lauti guadagni solamente presupposti. Queste tabelle sono aggiornate ogni 6 mesi circa, ma difficilmente vi sono variazioni sostanziali di categoria da un aggiornamento all'altro.

A questo punto si capisce perché un'obbligazione tripla A ha rendimenti molto bassi (intorno al 1% annuale) mentre il rendimento cresce via via che il rischio aumenta. In Italia con il doppia A siamo al 2,5% di media, nelle tripla B si va sui 5-6%. Si può notare subito che la percentuale non segue in modo lineare il rischio, e quindi è molto pericoloso puntare soldi su obbligazioni che siano sotto le A. Alla luce di queste informazioni che conclusioni possiamo trarre? Ovviamente che le obbligazioni sono adatte solo come parcheggio momentaneo di denaro in attesa di momenti migliori con altri strumenti. Infatti mantenere investimenti di tipo obbligazionario senza una giusta considerazione porta ad aumentare i propri rischi in modo sostanziale. Chi investe in obbligazioni governative italiane è soggetto a un rischio di oltre il 2% (l'Italia ahimé è nella parte bassa del doppia A, cioè AA-) in 15 anni e il rischio aumenta considerevolmente con l'aumentare degli anni.

**SEGRETO n. 3: utilizzate l'investimento obbligazionario principalmente come posteggio dei vostri capitali in attesa di momenti migliori per utilizzarli con altri strumenti d'investimento.**

A questo proposito vi cito una massima di un manager della banca in cui ho lavorato: «Le obbligazioni sono come il vino novello: bevuto durante l'anno è buono, ma se lo conservi a lungo rischi di berti l'aceto».

**Altri aspetti da considerare nel mercato obbligazionario**
Ci sarebbero altri due aspetti da valutare quando si parla di mercato obbligazionario (validi anche per quello azionario). Uno

di questi è l'effetto dell'erosione inflazionistica nel tempo. Un'obbligazione che vi rende il 2,5% annuo, che per noi è soggetta ad un'inflazione del 2,5%, in realtà non rende niente perché 2,5% annuo meno 2,5% di inflazione è uguale a 0%.

Cioè i vostri soldi non hanno reso nulla, anzi a dirla tutta, sulle rendite da obbligazioni come su tutti gli strumenti finanziari dovete pagare il capital gain, pari al 12,50% sull'interesse, e il rendimento effettivo scende pertanto a 2,125% al netto delle tasse. Inoltre considerate anche le spese di commissioni che possono variare dallo 0,2% allo 0,7% di media, e alla fine della fiera potreste ritrovarvi con una perdita addirittura dell'1% annuo.

Un altro aspetto da considerare nell'investimento obbligazionario, specialmente se si punta su bond no euro-zone, sia privati che governativi, è l'effetto cambio di valuta. Prima con la lira, prendendo bond di stati forti, potevamo contare oltre che al rendimento dello stesso anche alla svalutazione della nostra moneta, mentre adesso con l'euro si verifica l'effetto contrario, cosicché le obbligazioni statunitensi o inglesi rischiano di essere a forte rischio perdita, e sorvolo su quelle delle nazioni cosiddette "emergenti". Chiaramente vi sono numerosi altri parametri valutabili ma non occorrono al risparmiatore medio, in quanto utilizzabili solo da professionisti del settore. Comunque non sono influenti ai fini della vostra autoconsulenza; chi è interessato può sempre approfondire la materia su testi specialistici.

## Come funzionano le azioni?

Abbiamo visto che chi ha delle obbligazioni possiede in realtà una parte del debito dell'ente che le emette, che in cambio dei soldi ricevuti vi pagano una cedola periodica o a scadenza. Adesso vediamo cos'è un'azione.

In pratica è una compartecipazione che un risparmiatore comune effettua con l'azienda che si quota, cioè il risparmiatore possiede un pezzo stesso dell'azienda proporzionalmente alla quantità di azioni detenute. Ad esempio, se un risparmiatore riesce a comprare (potendoselo permettere) il 10% delle azioni circolanti di Mediaset, esso diverrebbe proprietario del 10% di quell'azienda, con tutto ciò che ne consegue. Esistono diverse tipologie di regolamentazioni delle azioni, anche se le azioni in sé e per sé sono tutte uguali. Un tipo danno diritto di voto nel consiglio di amministrazione e queste sono quelle che comprano gli investitori istituzionali o le aziende più grosse che vogliono diventare compartecipanti oppure prendere il controllo stesso dell'azienda tramite le cosiddette "scalate" (a questo tipo di azione il risparmiatore comune non arriverà mai).

Un altro tipo, dette Stock-Options, sono azioni date in genere ai dipendenti delle stesse aziende quotate (ad esempio manager, capi settori o anche agli operai, elargite come premio produzione o come benefit aziendali aggiuntivi). Infine le azioni ordinarie che sono quelle che tutti possiamo comprare nei mercati finanziari tramite banche o SIM (Società Intermediazione Mobiliari).

Non l'ho detto prima perché mi sembrava ovvio, tuttavia meglio dirlo ugualmente a scanso di equivoci; si possono quotare solo aziende private o a partecipazione statale, ma non si possono quotare gli stati stessi. Infatti esistono le obbligazioni statali ma non le azioni statali perché sarebbe come dire che lo stato vende la proprietà di un pezzo di se stesso. Visto che chi possiede un'azione possiede un pezzo dell'azienda stessa, costui avrà diritto di percepire una parte proporzionale degli utili che essa realizza (se va in attivo s'intende). Questo diritto di ottenere la parte degli utili si chiama "Dividendo Azionario". In soldoni: se possedete il 10% di Mediaset (come visto nell'esempio precedente), avrete diritto anche al 10% degli utili netti dell'azienda, in compenso se dovesse andare in passivo non dovrete dare nulla in cambio (compenseranno il passivo con un emissione di bond).

I dividendi sono differenti per le tipologie di azioni viste in precedenza. Per compensare i diversi diritti dei possessori, le azione ordinarie, visto che non danno diritto di voto, avranno un dividendo più alto rispetto alle stock-option e ancora più alto alle azioni con diritto di voto. Se l'azienda è florida percepirete almeno una volta l'anno il dividendo da essa elargito e inoltre questo influenzerà positivamente il mercato facendo aumentare il valore dell'azienda stessa e con essa il valore complessivo delle vostre azioni.

Se invece l'azienda va male, voi molto probabilmente non percepirete dividenti anche per molti anni, o mai se va verso il fallimento. Il mercato se ne accorgerà decretando la caduta del valore delle azioni stesse.

**SEGRETO n. 4: un'azione consiste in un contratto che dà al suo possessore la proprietà di un pezzo dell'azienda quotata e ne dà il diritto di percepire gli utili legati ad essa in modo proporzionale tramite i dividendi.**

### Come mai un'azienda si quota in borsa?

Un'azienda perché dovrebbe sentire il bisogno di vendere una parte di se stessa a degli sconosciuti? Infatti non lo sente, lo fa principalmente per i seguenti motivi:

- il proprietario vuol fare un realizzo personale vendendo una parte dell'azienda (così come un possidente di terreni ne vende un pezzo per ricavarne guadagni);
- servono dei soldi (senza voler ricorrere ad un prestito con interessi) per l'ampliamento dell'azienda stessa (si vogliono aprire nuove linee produttive, comprare capannoni o fare il salto di qualità);
- subisce pressioni da parte dei governi o dall'Antitrust.

Qualunque sia il motivo il meccanismo è lo stesso. Innanzitutto si deve far valutare l'azienda nel suo insieme per sapere quanto vale, quindi si calcolerà il valore degli immobili e delle infrastrutture, dei macchinari, dei capitali e dei possedimenti detenuti (a nome dell'azienda), del suo know-how (la sua tecnologia, i suoi brevetti e le sue esperienze nonché le risorse umane) e infine, ma non meno importante, il valore del suo brand (marchio). Ne scaturirà un valore complessivo (ad esempio un miliardo di euro). Considerate inoltre che i periti della borsa sovrastimano abitualmente il valore effettivo dell'azienda che viene quotata.

A questo punto si decide quanto deve valere un'azione inizialmente, cioè quante azioni creare. Per fare questo si cerca di capire qual è il target di risparmiatori al quale ci si vuole proporre: se si punterà a un risparmiatore neutro (senza un target particolare) si proporrà un prezzo di 1 € ad azione (nell'esempio di prima si creeranno pertanto 1 miliardo di azioni).

Altrimenti si può decidere per un taglio da 5 € o 10 € (realizzando quindi 200 milioni o 100 milioni di azioni rispettivamente) oppure possono creare azioni ancora più care, tipo da 100 €

(emettendo quindi 10 milioni di azioni). La cifra è un'operazione di puro marketing e serve a far credere ai risparmiatori che un'azienda è più o meno affidabile. Ricordiamo che in Europa un'azienda viene quotata in Borsa solo se è effettivamente affidabile.

Il risparmiatore comune, e suppongo anche molti di voi che state leggendo, pensa che un'azienda con i valori delle azioni a 50 € sono più sane e solide di quelle che magari hanno azioni a 20 centesimi ciascuna. Questo è normale (è un inganno inconscio), la gente è abituata a valutare gli oggetti secondo un prezzo di listino, così come un'automobile che costa 40.000 € vale sicuramente di più di una che ne costa 10.000. In borsa questo non è sempre vero, in quanto l'azienda potrebbe avere azioni da 20 centesimi ma prima le aveva a 50 € o viceversa !

Per capire meglio questo concetto vi suggerisco un trucco che utilizzano spesso le aziende quotate in borsa: per trarre in inganno i risparmiatori, le aziende utilizzo i cosiddetti *"SPLIT"*, cioè un'operazione che serve a dividere un'azione in più azioni di minor valore oppure al contrario a fondere diverse azioni in una sola. Il motivo è semplice: pensate a una azione che vale 250 €, chi di voi sarebbe disposto a comprarla (prima di leggere questo libro)? Io penso pochissimi, perché tutti avreste pensato di comprare con i vostri soldi poca merce (come se comprate le arance a 10 € al chilo): quindi l'azienda decide di splittare a 10 e creare per ogni azione da 250 €, 10 da 25 €. A questo punto è molto probabile che ve le compriate perché vi sembrano a un buon prezzo.

Esiste anche il caso inverso: avete un'azienda che va maluccio e le sue azioni sono a 50 centesimi. La gente, visto il prezzo basso, pensa che non possa risollevarsi e non le compra. A questo punto l'azienda decide di fonderle e per ogni 20 azioni ve ne dà 1 da 10 €; la gente vede questo nuovo valore ed è più propensa a comprarle.

In definitiva di un'azione non si deve controllare il suo valore effettivo ma il suo andamento nel tempo, e questo si calcola in percentuale: un'azienda che passa da 20 € ad azione a 22 € ha effettuato una performance del 10%, inferiore a un'azienda che è salita da 30 centesimi a 36 che ha una performance del 20%. Se avete capito questo concetto avrete già evitato un quarto degli errori che compie un risparmiatore medio quando acquista le azioni per metterle in portafoglio.

A questo punto il proprietario o il consiglio di amministrazione decide quanta parte della sua azienda vuole cedere agli azionisti privati. In genere si quota il 20 o il 30% dell'impresa, ma si può andare anche oltre. In ogni caso molto difficilmente andrà oltre il 49% in modo da detenerne il controllo ed evitare le scalate dall'esterno.

Si può anche quotare in diverse trance, prima magari un 10%, poi dopo tempo un altro 10% e così via: considerate sempre che un'azienda che effettua questi aumenti continui di capitale lanciando **IPO** (Investiment pubblic offert), in genere non naviga in buone acque (in quanto se vende è probabile che abbia debiti). Quindi è sempre meglio non tuffarsi a pesce come fanno in molti, abbagliati da sconti sulle azioni (vedremo dopo in cosa consistono).

Deciso quanto cedere dell'azienda si va al collocamento, cioè a una fase di contrattazione che precede il debutto vero e proprio nella borsa, dove si lancia un **IPO** per far in modo che vengano vendute tutte le azioni circolanti (che si è deciso di far circolare).

Dovete sapere – ed è una cosa che pochi sanno anche se è lapalissiana – che non esistono azioni invendute, cioè ogni qual volta che comprate o vendete un'azione nel mercato, evidentemente c'è qualcuno che ha venduto o comprato la vostra azione. Per fare ciò serve necessariamente che al collocamento vengano vendute tutte le azioni circolanti.

Visto che non è semplice vendere tutte (in particolar modo di grosse realtà industriali), si abbinano a queste IPO dei regali del tipo: se ti compri il pacchetto minimo (IPO) di azioni della mia azienda e le tieni in portafoglio 18 mesi, al diciottesimo mese e un giorno te ne regalo un altro 15%: cioè se vi comprate ad esempio 5000 € di azioni XY a 5 € ciascuna (1000 azioni) e li tenete 18 mesi, ve ne regaleranno altre 150 alla scadenza prevista.

Apparentemente è un affarone (15% di guadagno garantito in 18 mesi!), ma nella realtà pratica prendete un rischio; infatti è statisticamente più facile che nel periodo iniziale di contrattazione (i primi anni insomma) le azioni perdano valore per i motivi citati prima. Cioè la sovrastima dei periti riguardo il valore dell'impresa, il fatto che spesso l'azienda si quota per ampliarsi (quindi in sostanza contrae un debito) e potrebbe non avere i risultati sperati o necessitare di molti anni per avere risultati apprezzabili lasciandovi in perdita alla scadenza dell'IPO. Per completare la vendita di tutte le azioni spesso l'azienda stessa si compra le proprie azioni, altrimenti non può andare alle contrattazioni.

Con questo non voglio dire che non dovete mai acquistare IPO, ma state attenti ai suggerimenti che vi ho dato e acquistate solo quelle di aziende a cui credete fermamente riguardo la loro stabilità o nei prodotti. Inoltre fatelo solo se siete disponibili a vincolare capitali anche per parecchi anni.

**Come funziona la Legge della domanda e dell'offerta?**
Finalmente si parte! Da questo momento (azienda quotata in borsa), il prezzo delle azioni e quindi dell'intera azienda è

soggetta all'andamento del libero mercato e nella fattispecie alle leggi di domanda e offerta. Come funziona il meccanismo?

Dovete sapere che un'azione (un qualunque prodotto in generale), vale tanto quanto la gente è disposta a spendere per averlo. Facciamo un esempio pratico: la nostra azienda XY entra nel mercato e le sue azioni dovrebbero valere 5 € ciascuna, tuttavia nei mesi del collocamento molte cose possono accadere: l'azienda può aver avuto ottimi risultati e le sue azioni sono molto richieste, oppure esserci stati dei segnali negativi e chi aveva comprato le IPO nel frattempo vuole sbarazzarsene.

Nel primo caso, al primo giorno di contrattazione, ci sarà una domanda di azioni da parte di chi non ne possiede (o ne possiede meno di quanto ne vorrebbe), maggiore della disponibilità di chi già li possiede a cederle, quindi il prezzo sale fino ad arrivare a una cifra in cui il primo possessore di azioni è disposto a darle via. Ammettiamo sia disposto a vendere a 5,10 €, le azioni saliranno a quel valore. Di contro, se l'offerta di azioni da parte di chi le possiede è maggiore rispetto alla domanda, allora chi le vuole vendere è costretto a vendere al prezzo del migliore offerente, ad esempio 4,85 €, facendo pertanto scendere la quotazione di tutte le azioni a quel valore.

Per questo motivo nel primo giorno di contrattazione il prezzo delle azioni può essere notevolmente differente rispetto al prezzo di collocamento, addirittura si possono vedere casi di azioni dimezzate o raddoppiate il giorno del debutto. Per tutto il resto della loro vita nel mercato le azioni saranno sempre soggette a questa legge.

**SEGRETO n. 5: è sconsigliabile aderire a delle IPO in quanto è facile ritrovarsi con azioni anche dimezzare nel valore sin dall'avvio delle contrattazioni oppure che subiranno una flessione se vengono immesse in trance successive nel mercato.**

**Per quale motivo il valore delle azioni oscilla?**
Sono sicuro che quasi tutti voi, quando pensate alle azioni, immaginate un grafico oscillante che sale e scende apparentemente senza un senso logico. In realtà, come tutte le cose che accadono nell'universo, la sua logica ce l'ha.

Sicuramente tutti, guardando il telegiornale, avrete sentito pronunciare dai giornalisti che commentano le notizie di economia o spesso anche quelle legate alla politica le seguenti frasi:

- siamo in una fase di *"Espansione dei mercati"*;
- siamo in una fase di *"Crisi dei mercati"*;
- siamo in una fase di *"Recessione dei mercati"*;
- siamo in una fase di *"Ripresa dei mercati"*.

Infatti queste sono le quattro fasi in cui si può trovare l'economia delle nazioni o più in generale del mondo intero. Se vogliamo rappresentare questo ciclo economico otterremo il seguente grafico:

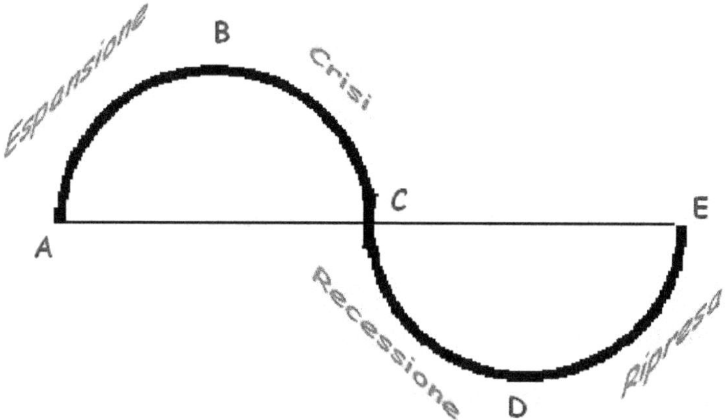


Fig. 1

Analizzandolo potete sicuramente vedere una retta che congiunge i punti A-C-E, che rappresenta quello che dovrebbe essere il normale valore dell'economia se non fosse influenzata dal ciclo economico. Il punto "B" rappresenta il massimo relativo del ciclo, mentre il punto "D" il minimo relativo. Nella porzione A-B siamo in presenza di una fase di espansione dei mercati, cioè un periodo (di tempo) in cui l'economia tira fortissimo e le aziende quotate in borsa sono in realtà sovrastimate rispetto al loro effettivo valore. Il punto "B" rappresenta quindi il momento in cui scoppia la bolla speculativa che ha portato tutte le aziende quotate ad avere valori elevatissimi.

La porzione di grafico B-C rappresenta invece l'inizio della discesa del ciclo nota come la crisi dei mercati, che riporta al punto "C" i valori delle aziende e dell'economia in generale a quotazioni più reali. Tuttavia la repentina discesa delle quotazioni fa scattare "l'effetto panico" negli investitori facendo precipitare le azioni ben sotto l'effettivo valore delle "realtà" economiche (si può notare nella parte del grafico C-D detto periodo di recessione).

Il punto "D" rappresenta il momento di svolta e l'inizio della ripresa dei mercati D-E che finirà la sua corsa su "E", punto in cui termina il ciclo economico e ne inizia un altro. Quest'ultima fase viene detta di "ripresa" dei mercati. Avrete sicuramente notato che mi riferisco alle azioni e all'economia come fossero due sinonimi. Infatti i mercati azionari rispecchiano l'economia dei paesi che sono quotati tramite le loro borse valori (i cosiddetti indici, ad esempio MIBTEL, DAX, DOW JONES ecc.).

**SEGRETO n. 6: gli indici nazionali o internazionali di borsa rappresentano l'andamento dell'economia di quella specifica nazione o insieme di nazioni (EuroStoks per l'intera CEE).**

A questo punto qualcuno si chiederà: «Perché l'economia deve creare sempre quel ciclo e non forma invece una salita "a gradini" o una semplice linea retta ?» La risposta ha poco di scientifico e molto di psicologico. Infatti l'unico motivo per cui avvengono queste oscillazioni e le relative fasi del mercato sono tutti dovuti ad atteggiamenti tenuti dagli investitori al verificarsi di eventi che per loro natura sono ciclici.

A loro volta questi eventi sono ciclici per via della natura umana e della sua psicologia… un po' come un cane che si morde la coda.

Vediamo quest'altro grafico che riguarda il ciclo delle emozioni dell'uomo:

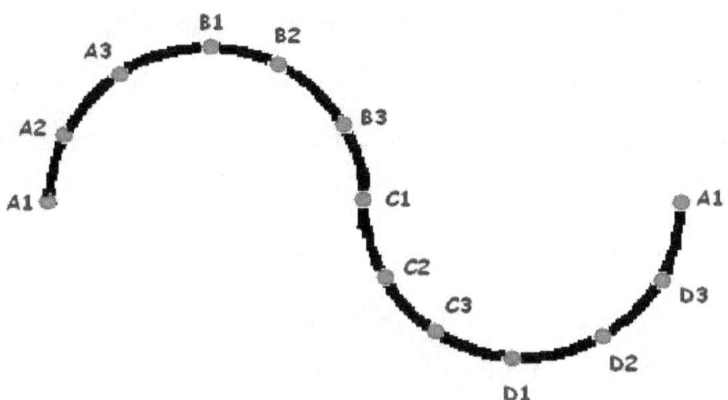


Fig. 2

Il ciclo inizia dal punto A1 caratterizzato dall'*Ottimismo*; questo è il punto dove entrano tutti gli investitori comuni (cioè non professionisti) e i risparmiatori più smaliziati.

Grazie a questa domanda di azioni, le quotazioni salgono (legge della domanda e dell'offerta), ed essendo la massa di denaro entrante più consistente del ciclo (sono una popolazione numerosa) rappresenta anche un punto dove il grafico sale in modo vertiginoso; in matematica rappresenta il punto di flesso.

Il mercato sale e arriva nel punto A2, caratterizzato dall'*Eccitazione*; chi ha investito vede già i primi profitti e in televisione cominciano a enfatizzare questa fase di rialzi. Grazie a questo fatto cominciano a entrare nel mercato azionario anche i non abitudinari di questo strumento finanziario. Quest'iniezione di nuovi liquidi nel sistema fa alzare ancora le quotazioni, ma con una pendenza meno elevata (la domanda non è forte come prima).

Il punto A3 è rappresentato dall'*Esaltazione:* entrano nel mercato i risparmiatori comuni, tuttavia questa categoria non è generalmente propensa all'azionario quindi i capitali che immettono sono pochi e l'andamento delle azioni comincia a plafonarsi. In questa fase chi ha investito nel punto A1 pensa generalmente di essere un genio della finanza.

Arriviamo quindi al punto B1 dove si manifesta l'*Euforia*: qui i media gridano a gran voce dei record che gli indici battono giorno dopo giorno e anche chi non è mai entrato in Borsa vi entra (ma farebbe bene a rimanere dov'è). Infatti in questo punto siamo in presenza del massimo rischio finanziario. Ora che i capitali che dovevano entrare sono entrati, gli investitori istituzionali, e parte di quelli privati, cominciano a vendere le loro quote (a poco a poco senza far crollare il sistema) e le quotazioni scendono fino al punto B2.

Incomincia la fase dell'*Ansia*. Qui disinvestono quelli entrati in A1 (tutti), buona parte di quelli entrati in A2 (guadagnando non molto) e ciò fa scendere ancora i mercati portandoli al punto B3 dove comincia la fase del *Rifiuto*. Chi esce fuori qui sono quelli entrati nel punto A2, e lo fanno senza guadagnare un soldo (ci rimettono pure le commissioni), e i più furbi entrati nel punto A3 (mitigando le perdite). Gli unici a non uscire sono quelli entrati in B1, che fra se e se, prendendosi in giro da soli pensano: «Aspetto, tanto ho investito a lungo termine...».

Il punto C1 è caratterizzato dal *Timore*. Qui anche quelli entrati in B1 stanno perdendo le speranze, e ormai gli investitori istituzionali hanno spalmato completamente le loro azioni e cominciano a uscire anche i primi entrati in B1. Si arriva alla fase della *Disperazione* nel punto C2 e incominciano a uscire via via tutti quelli entrati nei dintorni di B1 facendo precipitare i mercati al punto C3, dove comincia il cosiddetto ***Panico.*** Chi e rimasto dentro pensa invece: «Come ho potuto sbagliarmi così ?»

Qui inizia lo ***Sconforto:*** tutti coloro che pensano di speculare sono usciti e rimangono solo gli azionisti aziendali e i cassettisti di lunghissimo periodo. Iniziano a rientrare gradatamente gli investitori istituzionali. Siamo al punto D1 della svolta.

Le azioni cominciano a riprendersi e si apre la fase della ***Speranza***: entrano a mano a mano ulteriori capitali delle istituzioni (D2) portando le quotazioni a D3, dove entrano gli investitori più preparati; così fanno salire ulteriormente le quotazioni provocando il ***Sollievo*** e infine si arriverà al punto di partenza A1 dove si ripresenterà l'***Ottimismo***.

NB: il grafico è stato preso da un inserto di Milano Finanza del 19/10/02 e disegnato da Francesco Priore, docente di marketing finanziario dell'Università di Ferrara.

Per terminare la parte che spiega l'andamento dei mercati posso solo aggiungere che in genere la durata di un ciclo economico medio è di circa cinque anni (osservando i grafici storici di lunghissimo periodo).

**SEGRETO n.7: il ciclo economico presenta un andamento oscillante per via delle reazioni psicologiche umane e ha una durata media di poco inferiore ai 5 anni.**

### Quanto rendono le azioni?

Abbiamo visto perché le azioni oscillano, ma qualcuno si starà chiedendo adesso: «Perché tutti dicono che le azioni rendono molto nel lungo periodo se invece prima o poi tornano sempre al punto di partenza ?» **La risposta è che quella linea tracciata nel grafico (fig.1) che congiungeva i punti A-C-E, in realtà non è orizzontale ma presenta una pendenza come in fig.3: il ciclo è rappresentato in scala logaritmica in modo tale che la retta di congiunzione A-C-E venga dritta, perché nella realtà dei fatti avrebbe un andamento esponenziale e il grafico sarebbe apparso strano e di difficile comprensione. Infatti quando gli economisti devono rappresentare l'andamento storico di un titolo o di un indice (su un arco temporale lungo) preferiscono utilizzare questo tipo di rappresentazione.**

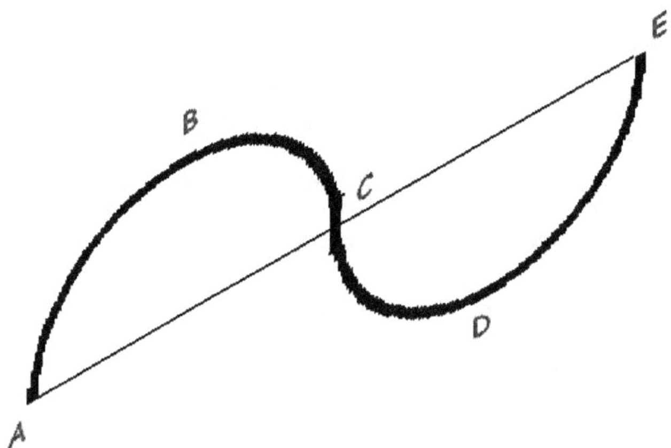



Fig. 3

Quello che ci interessa, cioè quanto rendono le azioni in realtà, non è altro che calcolare la pendenza di quella retta. Per fare ciò ci serve sapere quali sono e quanto valgono gli elementi che influenzano tale pendenza.

Gli elementi che la influenzano sono tre più uno. Sì, avete capito bene, sono tre in modo diretto e un altro da considerare anche se in modo indiretto.

Vediamo quali sono:

- inflazione;

- crescita del mercato;
- crescita delle aziende;
- dividendi.

Ogni azienda possiede sicuramente degli stabilimenti, dei macchinari, dei terreni ecc. Queste proprietà sono senz'altro legate all'inflazione. Ricordate quando ho spiegato le fasi di un'azienda che si vuole quotare in borsa? Una delle fasi era la stima del valore di tutta l'azienda, bene! Questa stima cresce con il crescere dell'inflazione nei paesi in cui sono presenti questi beni e in conseguenza il valore stesso dell'azienda cresce di anno in anno seguendo l'andamento dell'inflazione, ripercuotendosi sul prezzo delle azioni.

Possiamo quindi affermare che l'andamento delle azioni nel lungo periodo è influenzato dal tasso d'inflazione. Se vogliamo sapere quanto incide questo elemento nel rendimento medio mondiale del mercato azionario bisogna fare prima queste considerazioni: la Borsa, dal punto di vista globale, è formata dall'insieme di tutte le nazioni che presentano aziende quotate. Non bisogna considerare l'inflazione di un singolo paese o del paese in cui viviamo ma l'inflazione media presente a livello mondiale (se invece ci interessa l'andamento del mercato italiano, dovremmo considerare l'inflazione italiana).

L'inflazione mondiale non è la media aritmetica delle inflazioni dei vari pesi ma la media ponderata al peso che i mercati hanno nel mondo. Quindi l'inflazione nord americana peserà per il 40% dell'inflazione totale e quella europea per il 32% e così via.

L'inflazione media (ponderata) totale nel mondo è di circa il 3%. Consideriamo che gli USA hanno un valore intorno all'1% e l'Europa naviga poco al di sopra del 2%. Inoltre ci sono una miriade di nazioni dei "mercati emergenti" con inflazioni anche superiori al 20%, ma con bassa presenza nei mercati e che quindi non fanno spostare molto la media complessiva. Il secondo elemento è la crescita del mercato cioè, in soldoni, quanto fatturano le aziende. Anch'esso deve essere considerato in modo ponderato come per l'inflazione. La crescita, altro non è che la progressione in percentuale dei dividendi al netto dell'inflazione.

Ogni anno vengono distribuiti i dividendi e questi, se la crescita dell'azienda è nulla, saranno esattamente come l'anno prima maggiorati dell'inflazione, ma se l'azienda cresce saranno più alti rispetto a quelli dell'anno precedente. Il calcolo di tale progressione (in percentuale) ci dà la crescita del mercato. Si stima che nel mondo sia intorno al 4% annuo.

Il terzo elemento è la crescita delle aziende, da non confondersi con la crescita del mercato. Questo rappresenta il valore di espansione dell'azienda nel tempo: quest'ultima comprerà nuovi macchinari, avrà aggiunto linee produttive e incrementato la sua tecnologia nonché il suo know-how, influenzando quindi il prezzo effettivo delle azioni. Si stima che questa crescita in media sia intorno al 3-4% annuo per ogni azienda.

Avevo accennato prima a un quarto elemento indiretto: i dividendi. Essi non fanno parte della quotazione, ma quando si parla di economia, anche i soldi guadagnati tramite questo strumento rientrano nell'andamento perché nulla ci impedisce di non reinvestirli insieme alle azioni già possedute. I dividendi mediamente sono pari al 3% annuo su scala mondiale e abbiamo quindi che *la borsa mondiale guadagna la media del 13% annuo nel lungo periodo.* (N.B.: 3% di inflazione + 4% di crescita dei mercati + 3% crescita delle aziende + 3% di dividendi = 13%). Tuttavia quando calcolate il rendimento previsto delle azioni nel vostro portafoglio dovete considerare l'erosione dell'inflazione del paese in cui vivete, che, in Italia è fra il 2% e il 3%.

Le azioni quindi possono essere a rischio se si utilizzano per periodi brevi (meno di cinque anni), ma sono molto vantaggiose nel lungo periodo (oltre i dieci anni). Questa considerazione ovviamente è valida solo per i risparmiatori, in quanto esistono gli investitori speculatori che guadagnano nella compravendita di azioni anche per durate inferiori alla settimana.

A conferma di quanto detto fin qui, posso dirvi che nei peggiori trent'anni di andamento borsistico (il periodo che va dal massimo prima della crisi petrolifera del 74, al minimo due anni dopo le torri gemelle, intorno alla fine del 2003, cioè acquisto su di un grosso massimo e vendendo su un forte minimo), la borsa a livello mondiale ha guadagnato in media il 12,60% annuo. Considerando il caso medio, meno sfortunato dove non centravamo il massimo all'acquisto e il minimo alla vendita, essa avrebbe superato agevolmente il 20% annuo. Ovviamente ricordiamo che le inflazioni e i tassi di crescita negli anni '70 e '80 erano molto più alti di quelli dei giorni nostri.

In conclusione possiamo aggiungere che il periodo minimo per tenere in portafoglio le azioni e poterle sfruttare con quel tipo di rendimento è un intero ciclo economico. Infatti se compriamo e vendiamo nello stesso punto del ciclo, le azioni presenteranno i guadagni previsti, mentre se usciamo prima, possiamo essere fortunati e guadagnare anche il 100% in un paio di anni (casi estremi), oppure perdere il 50% in altrettanto tempo (cosa più frequente alla luce dei cicli emozionali). Per essere tranquilli considerate di tenere le azioni almeno per dieci anni (due cicli), così facendo anche se comprate in un punto qualsiasi del ciclo e vendete nel minimo, ne uscirete certamente con un guadagno.

**SEGRETO n. 8: la borsa nel lungo periodo (oltre i 10 anni) guadagna mediamente il 13% all'anno.**

RIEPILOGO DEL CAPITOLO 1:

- SEGRETO n. 1: un'obbligazione è un debito degli stati o delle aziende, e voi quando li utilizzate ve ne prendete carico di una parte.

- SEGRETO n. 2: acquistate obbligazioni a tasso VARIABILE quando i tassi sono vicino ai minimi storici e a tasso FISSO quando sono vicini ai massimi rispetto agli ultimi anni.

- SEGRETO n. 3: utilizzate l'investimento obbligazionario principalmente come posteggio dei vostri capitali in attesa di momenti migliori per utilizzarli con altri strumenti d'investimento.

- SEGRETO n. 4: un'azione consiste in un contratto che dà al suo possessore la proprietà di un pezzo dell'azienda quotata e ne dà il diritto di percepire gli utili legati ad essa in modo proporzionale tramite i dividendi.

- SEGRETO n. 5: è sconsigliabile aderire a delle IPO in quanto è facile ritrovarsi con azioni anche dimezzare nel valore sin dall'avvio delle contrattazioni oppure che subiranno una flessione se vengono immesse in trance successive nel mercato.

- SEGRETO n. 6: gli indici nazionali o internazionali di borsa rappresentano l'andamento dell'economia di quella specifica nazione o insieme di nazioni (EuroStoks per l'intera CEE).

- SEGRETO n. 7: il ciclo economico presenta un andamento oscillante per via delle reazioni psicologiche umane e ha una durata media di poco inferiore ai 5 anni.

- SEGRETO n. 8: la borsa nel lungo periodo (oltre i 10 anni) guadagna mediamente il 13% all'anno.

# CAPITOLO 2:

## Quali sono le fondamenta del risparmio

Nel primo capitolo abbiamo visto quelle che sono le basi su cui si costruisce il risparmio, cioè i due pilastri su cui si reggono tutti i prodotti che in seguito analizzeremo. Vedremo alcuni nuovi strumenti finanziari che non abbiamo trattato prima e analizzeremo i concetti di diversificazione, rischio e il rendimento al variare della composizione del portafoglio. Infine parleremo delle assicurazioni e il loro possibile utilizzo nel campo del risparmio e investimento.

### Le Obbligazioni Strutturate

Abbiamo visto che le obbligazioni bancarie sono emesse da tali enti non per coprire dei debiti, ma per guadagnare. Questo tipo di obbligazione si chiama "strutturata" e, come si evince dal nome, è composta da una struttura interna che comprende principalmente un paniere di strumenti finanziari (in genere misto azionario e obbligazionario) e ha lo scopo di apparire all'investitore come un bond classico. Queste sono rese appetibili mediante una resa sufficientemente elevata per il risparmiatore e contemporaneamente permettono ottimi guadagni per la banca stessa. Il loro funzionamento è semplice: si creano delle obbligazioni con diverso profilo di investimento (detto di rischio) e poi si forma il paniere di prodotti selezionati fra le obbligazioni governative e private e un lotto di titoli azionari, seguendo il mercato in modo passivo (vedremo quest'ultimo concetto nei prossimi paragrafi).

Facciamo degli esempi pratici: creiamo due obbligazioni strutturate, una a medio profilo di rischio quindi con 75% di obbligazionario e 25% di azionario, e un'altra a elevato rischio, cioè con il 50% di azionario e 50% di obbligazionario.

Quanto rende l'obbligazionario in genere? Sappiamo che rende intorno al 3%. Quanto rende l'azionario in media (anche se nel lungo periodo)? Il 13% circa. La media ponderata nel nostro primo caso porta a un rendimento teorico del 5.50% mentre nel nostro secondo caso dell'8%. Il calcolo della media ponderata, nel primo caso si effettua moltiplicando il rendimento del primo strumento per la sua presenza in percentuale, sommato il rendimento del secondo strumento sempre moltiplicato la sua presenza in percentuale, e il tutto diviso per 100. In definitiva avremo:

[(3% x 75%) + (13% x 25%)]/100 = [225 + 325]/100 = 5,5%

nel secondo caso:

[(3% x 50%) + (13% x 50%)]/100 = [150 + 650]/100 = 8%

Adesso alla banca basta dare un rendimento migliore dei bond classici ma minore di quello previsto potenzialmente e otteniamo la nostra obbligazione strutturata che fa guadagnare entrambi. Vi proporranno nel primo caso un 3,50% fisso al primo anno e un variabile con 2% di minimo negli anni a seguire (variabile secondo un indice azionario, guarda caso) mentre nel secondo caso vi proporranno un 5% il primo anno e variabile senza un minimo in seguito.

Per far sì che tutto funzioni però, l'obbligazione strutturata deve durare almeno un intero ciclo economico (come abbiamo visto nel capitolo precedente) e quindi non avranno durata mai inferiore ai cinque anni (in genere sono di sei anni) e li potete liquidare anzitempo solo se trovate un altro acquirente che si compra la vostra contestualmente. Se vi servono i capitali prima del previsto, oltre al fatto che dovete pagare una penale e aspettare almeno un anno dalla data della stipula, il valore effettivo dell'obbligazione strutturata non è quella del momento in cui l'avete contrattata, ma la somma del valore della parte obbligazionaria più quella azionaria nel giorno in cui volete cederla.

Questo strumento, ve lo posso assicurare, è inutile: infatti vedremo più avanti che potete crearvi la vostra obbligazione strutturata in modo autonomo guadagnando l'intero ammontare senza lasciare la parte migliore alle banche.

**Le obbligazioni Convertibili**

Sono lo strumento obbligazionario più interessante dal punto di vista del rendimento e per questo motivo vengono spesso utilizzati dagli investitori esperti per bilanciare il portafoglio e tentare di guadagnare di più contemporaneamente. Il convertibile sta a significare che si possono convertire: ma in che cosa? Ovviamente in azioni. In pratica l'obbligazione convertibile viene emessa da un'azienda che, per renderla appetibile in un momento di crisi, garantisce al sottoscrittore il "diritto" (non il dovere) di convertire la cifra investita in azioni di quella stessa azienda a un prezzo concordato durante la sottoscrizione e incassare la cedola nel frattempo.

Facciamo un esempio: immaginate che Eni si trovi un po' in crisi e voi pensate che sia solo un problema momentaneo. L'azienda per questa crisi ha le azioni che scendono dagli attuali 30 € a 10 € ed emette delle obbligazioni convertibili a 12 € per azione (N.B.: il prezzo è almeno il 20% più alto del valore dell'azione in quel momento). Voi andate in banca e comprate 12.000 € di queste obbligazioni, che però dovrete tenere 5 anni se volete il diritto di conversione (anche se potrebbero essere convertibili anche una volta l'anno a data prefissata) e, durante questi anni, vi intascate comunque il 3% annuo di cedola.

Alla fine dei 5 anni possono verificarsi due eventi: le azioni sono sotto i 12 € e in questo caso voi lascerete perdere la convertibilità (si sono comportate come delle normali obbligazioni), oppure le azioni sono ad un prezzo maggiore di 12 € e esercitate il diritto di conversione guadagnando, come è logico, sia con le cedole che con la differenza fra i 12 euro e quello che valgono le azioni in quel momento. Se valgono 20 €, voi avrete 1.000 azioni prese a 12 e rivendute 20 (sempre che le vogliate vendere) guadagnando così 8.000 € .

Queste obbligazioni sono sempre tenute ben nascoste dalle banche e dovete andarci armati di buona volontà per ottenerle. Per trovare le informazioni necessarie a valutare questi strumenti vado sempre a controllare nella sezione finanziaria di Yahoo che trovate al seguente link: http://it.finance.yahoo.com/

**ETF, ETC e Strutturati**
Indice, Quotazioni, Guida ETF, Notizie, Forum

**Internazionale & Valute**

| Valuta | Tasso di cambio |
| --- | --- |
| Dollaro | 1.5662 |
| Sterlina | 0.7749 |
| Yen | 155.0743 |

Converti: 1 Euro
in: Dollaro USA    Converti
FTSE100, Cac40, DAX30, Dow Jones, Nasdaq, Nikkei
Europa, Nord America, Asia, Convertitore valute, **altro...**

**Obbligazioni**
**Titoli di Stato:** BTP, CCT, BOT, CTZ, Notizie
**Obbligazioni:** ABS, BOC, Convertibili

**Derivati**
**Covered Warrant:** Quotazioni e Guida
**Warrant:** Quotazioni
**Futures:** petrolio, oro, argento, rame, alluminio

Cliccate quindi nella sezione "Obbligazioni" su "Convertibili" e vi apparirà il listato delle convertibili quotate nel mercato italiano. Se volete quelle di altri mercati potete cambiare la nazione dal menù a tendina in alto.

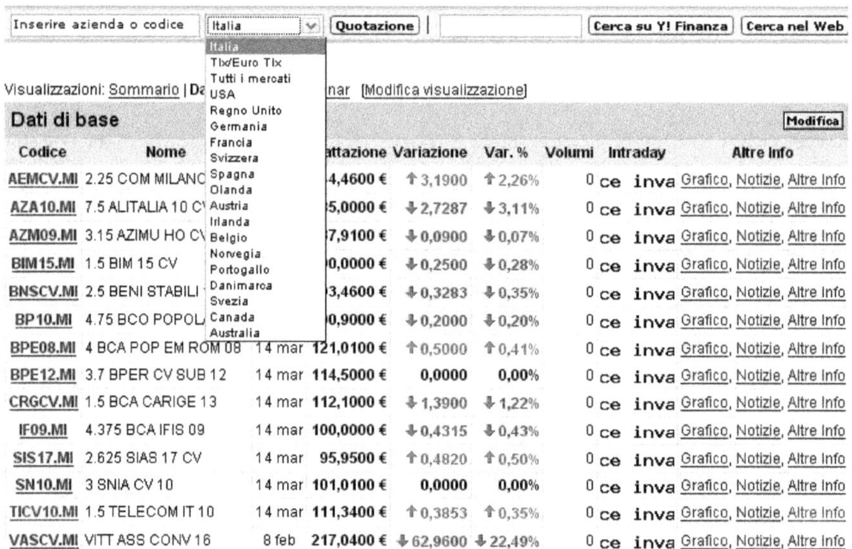

## Come effettuare la diversificazione obbligazionaria?

Un vecchio proverbio contadino dice: «Non mettere tutte le uova nello stesso paniere! Così se il paniere prende un urto non le rompi tutte...». Negli investimenti vale la stessa regola e questo lo sanno tutti, anche chi non ha mai investito, ma quello che non sanno è perché questo principio vale anche in qui. Vediamo come funziona la diversificazione nel campo obbligazionario.

Quando abbiamo visto il rating dello S&P per le obbligazioni, avrete notato che i migliori rendimenti erano legati inequivocabilmente a indici poco rassicuranti. Questo va contro quello che desideriamo in quanto vorremmo ottenere rendimenti elevati con basso rischio correlato. Ma come fare per ottenere alti rendimenti con basso rischio? Spalmando le possibilità peggiori.

Facciamo un esempio: se noi acquistiamo un bond che rende il 5% annuo e questo presenta un rischio di insolvenza pari al 20% in 15 anni (rating BBB+), significa che se teniamo i soldi 15 anni fermi c'è una probabilità su cinque che non prenderemo un soldo alla fine. Ma dobbiamo considerare che quest'eventualità possa verificarsi nell'ultimo anno (siamo veramente sfortunati che per poco non ci siamo salvati), abbiamo comunque ripreso il 70% dell'investimento (5% annuo per 14 anni), per non contare il fatto che l'insolvenza dell'emittente non è detto che sia totale ma potrebbe essere anche parziale, cioè vi rendono la cifra solo decurtata a causa di una parziale insolvenza.

Vediamo con delle formule semplici qual è il rischio del titolo obbligazionario nell'esempio precedente. Abbiamo un rischio di 20% in 15 anni ma noi dobbiamo tenere presente che statisticamente questo rischio si presenterà a metà del periodo, quindi nell'ottavo anno. Da qui possiamo dire che per almeno per 7 o 8 anni percepiremo la nostra cedola (tranne che sia una "zero coupon" e che ci darà gli interessi soltanto a scadenza, ma noi eviteremo di prenderne di questo tipo) facendo quindi tornare indietro il 35% del capitale (5% x 7 anni).

A questo punto il nostro rischio iniziale scende al 20% di probabilità di perdere il 65% del capitale (100% - 35%). Abbiamo anche detto che l'insolvenza può essere parziale quindi, nel caso migliore, non ci daranno soltanto le cedole e, nel caso peggiore, non ci daranno niente (neanche il capitale investito).

Statisticamente prenderemo solo il 50% dell'investito, a cui sommeremo il 35% delle cedole percepite in precedenza. In totale abbiamo un rischio del 20% di perdere il 15% (cioè 65% - 50%) del nostro capitale puntando su quel bond. In quest'ottica non sembra poi così catastrofico come pensavamo inizialmente ma questo è vero solo per la statistica. Infatti può capitare che perdiate il 100% del capitale se l'insolvenza si verifica nel primo anno, oppure guadagnare il 75% (5% x 15 anni) se non accade nulla per tutto il periodo. Ovviamente per diminuire il rischio eviteremo di fiondarci su bond di lunga scadenza ma ci concentreremo magari su quelli a breve (annuali o al massimo quinquennali).

**SEGRETO n. 9: quando acquistate delle obbligazioni a rischio (sotto la A dello S&P), selezionate solo quelle di breve durata con cedola periodica (semestrale o annuale) e mai quelle con cedola a scadenza tipo zero coupon.**

Ora spieghiamo cosa intendo con il concetto di "spalmare". Questa regola vale quando si opera su molti bond in contemporanea (in statistica viene chiamata legge dei grandi numeri) e nel vostro portafoglio avete molte obbligazioni di enti differenti. Ammettiamo che avete 50.000 € da investire nella componente obbligazionaria, sarebbe quantomeno sciocco puntare tutto sullo stesso bond, ma molto più ragionevole invece puntare 5.000 € in 10 obbligazioni di diverso emittente. Con tale numero di obbligazioni diverse possiamo approssimare il rischio per ogni singolo bond con il calcolo illustrato prima.

Infatti con un singolo titolo potete perdere tutto, mentre con 10 differenti bond, il rischio di ognuno è quello calcolato prima e anche se uno fa verificare l'ipotesi peggiore, è statisticamente meno probabile che questo avvenga con altri e quasi impossibile che accada con tutti contemporaneamente. Maggiore è il numero di titoli obbligazionari in portafoglio e minore è la probabilità statistica di perdere tutti i soldi.

Ora che abbiamo introdotto il concetto di portafoglio diversificato possiamo continuare con i calcoli del rischio e dei guadagni. Quando sono presenti diversi titoli, ognuno deve essere approssimato a una probabilità di successo o di perdita, perché non ha senso parlare del 20% di perdere il 15% del capitale, ma dobbiamo sapere qual è la probabilità totale (cioè sul 100% del capitale). Facciamo alcuni calcoli. Se abbiamo 1 probabilità su 5 (che deriva da 100% diviso 20%) di perdere il 15% del capitale, allora possiamo dire che questo titolo nel paniere ti fa perdere il 3% "sicuro" (il 100% di capitale) in 15 anni (15% di perdita diviso il "5" calcolato precedentemente). Il "sicuro" è da prendersi solo come estrapolazione, infatti, deriva da un calcolo statistico e non è per nulla una certezza matematica: è solo un modo più pratico di trattare il rischio (è più facile dire il 3% di probabilità di perdere 100 che non il 20% di probabilità di perdere 15).

In definitiva le operazioni da fare sono le seguenti:
1)  controllare l'indice S&P del bond;
2)  controllare la percentuale di insolvenza su 15 anni dalla tabella nel cap.1 che chiameremo "SP";
3)  calcolare il rapporto di rischio facendo 100 / SP e lo chiameremo "RAP";
4)  controllare il rendimento annuale della cedola in percentuale e chiameremo questo dato "CED";
5)  calcolare l'interesse "statistico" che chiameremo "INT" effettuando la seguente operazione: CED x 7;
6)  calcolare quindi il rischio "sicuro" che chiameremo "RS" con la seguente formula: (100 - 50 - INT) / RAP.

Se ora prendiamo un secondo bond, con le medesime caratteristiche (ma non dello stesso emittente del precedente) e con lo stesso peso (gli stessi soldi puntati in entrambi), il rischio di perdere tutto in modo "sicuro" è 3% diviso 2, cioè 1.5%. Questo risultato si ottiene applicando la media aritmetica dei rischi di ciascun bond, diviso il numero stesso dei differenti bond presenti in portafoglio, quindi:

$[(3\% + 3\%) / 2] / 2 = [6 / 2] / 2 = 1,5\,\%$

Se invece i soldi investiti hanno un peso differente, 5000 € nel primo e 10.000 € nel secondo, avremo il 3% di perdere 5000 € sul primo bond, ma anche il 3% di perdere 10.000 € nel secondo bond, cioè 6% di perdere 5000 euro (visto che il peso del secondo bond è il doppio del primo).

Per calcolare il rischio si deve fare, a questo punto, la media aritmetica dei due rischi (calcolati a pari peso) e dividerla per il numero di bond in portafoglio:

$[(3\% + 6\%) / 2 = [9 / 2] / 2 = 2,25\%$

Dai calcoli precedenti vediamo che non è una cosa intelligente inserire titoli con diverso peso all'interno del proprio portafoglio, ma è sempre meglio averne uno bilanciato. Se noi abbiamo 10 titoli con medesimo peso all'interno del nostro portafoglio, allora il rischio sarà la media aritmetica dei singoli rischi, diviso 10 (nel nostro caso avremo 0. Mentre 3% di rischio di perdere soldi "sicuro" con bond tutti del medesimo rischio), con un numero abbastanza grande di titoli diversi il rischio tenderà verso lo zero (ricordo ancora che il "sicuro" è un'estrapolazione).

**SEGRETO n. 10: è consigliabile investire in quanti più titoli obbligazionari di diverso emittente ci possiamo permettere e in modo tale che il capitale puntato per ogni titolo sia il più omogeneo possibile onde ridurre al massimo il rischio di insolvenza.**

Visto che noi dobbiamo tendere ad un rischio "sicuro" uguale a zero, agevolerà sicuramente avere obbligazioni che sono già vicino al rischio zero e quindi dovremmo scegliere bond sicuri (doppia o tripla A), con rischi del 0,6% in 15 anni ma che presentano rendimenti solo del 1% annuo. Scegliendo un bond

AAA e facendo i calcoli come nel primo esempio, otterremmo un rischio "sicuro" per questo tipo di obbligazione pari allo 0,25%. Inserendo nel portafoglio questo bond insieme a quello visto in precedenza (con rischio "sicuro" del 3%), avremo che il rischio complessivo scende allo 0.81% (3% + 0,25% diviso 2, diviso ancora per 2). Si evince che se abbiamo pochi soldi è meglio diversificare con titoli a basso e ad alto rischio in proporzioni uguali in modo da avvicinarci al rischio "zero" più velocemente. N.B.: Ricordatevi inoltre di considerare sempre l'incidenza del cambio valuta (come visto nel primo capitolo) pur mettendo i titoli in un paniere ben diversificato.

**SEGRETO n. 11: se non avete a disposizione grosse quantità di capitali è conveniente costruire un portafoglio obbligazionario contenenti titoli sia a basso che a medio/alto rischio in parti uguali.**

Fin ora abbiamo calcolato i rischi dell'operazione ma non i profitti. Infatti se è vero che dobbiamo tenere conto dei rischi è altrettanto vero che facciamo questi calcoli per guadagnare e quindi dobbiamo prevederne il rendimento. Questa operazione è molto più semplice, una volta deciso la composizione del portafoglio partendo dai presupposti del rischio (cioè in base a quello). Calcoleremo i guadagni del portafoglio facendo una normale media ponderata, proporzionale al peso di ciascun titolo posseduto.

Riprendiamo i 3 casi visti in questo paragrafo: nel caso dei due bond con uguale rischio abbiamo 5% di interesse annuo per ciascuno con 5000 € per titolo, quindi (5% x 5.000 + 5% x 5000) diviso (5000 + 5000) che fa 5% ovviamente. Nel secondo caso è uguale, perché avevamo due titoli che danno il 5% anche se uno aveva un peso doppio (la media ponderata rimane uguale). Nel terzo caso invece avevamo il primo bond con 5% e 5000 € puntati e il secondo con 1% e 5000 €, la media ponderata fa 3%.
Un paniere composto da titoli a basso rischio fa diminuire il rischio complessivo velocemente ma anche il guadagno quindi è una cosa che non dovete dimenticare.

Un'altra regola da tenere in mente nella diversificazione, non calcolabile matematicamente ma solo frutto del buon senso, è quella di diversificare con titoli di differenti nazioni e aree geopolitiche. Infatti, non ha senso avere titoli tutti sudamericani perché se scoppia una guerra in quell'area si rischia il coinvolgimento di tutte quelle nazioni contemporaneamente e anche se si è fatto una vasta diversificazione (fra tutte le nazioni di quell'area) questa verrebbe compromessa comunque. Allo stesso modo sarebbe opportuno diversificare il portafoglio con titoli sia governativi che privati (tenendo sempre conto di dove sono ubicate le aziende). Quest'ultima considerazione nasce dal fatto che all'insolvenza di una nazione non è legata la contemporanea insolvenza di tutte le aziende con sede in quella stessa nazione; infatti quando vi fu l'insolvenza Argentina, non divennero insolventi anche tutte le aziende argentine…

**SEGRETO n. 12: diversificate il portafoglio dei vostri titoli obbligazionari in modo da coprire tutte le aree del pianeta (nei limiti delle vostre capacità finanziarie) e tenendo conto anche del rischio di cambio valuta.**

Quindi in definitiva, per calcolare il rischio e il rendimento del nostro portafoglio completamente obbligazionario effettueremo le seguenti operazioni:

- calcoleremo i rischi "sicuri" di ogni singolo bond posseduto con le operazioni passo-passo viste in precedenza e abbineremo ad ogni bond dei nomi sequenziali come RS1, RS2,..., RSn;

- effettuiamo la media aritmetica di tutti gli "RS" considerando i valori a pari peso nel portafoglio e chiameremo il risultato "RStot" effettuando il calcolo: (RS1 + RS2 + ... + RSn) / n;

- effettuiamo ancora Rstot / n e otteniamo il rischio "sicuro" complessivo;

- calcoliamo il rendimento previsto effettuando la media ponderata dei rendimenti come visto in precedenza.

## Come funziona la diversificazione azionaria?

Come con l'obbligazionario anche nell'azionario si può diversificare, ma calcoli e situazioni da tenere in considerazione sono completamente differenti. Abbiamo già visto in precedenza che le azioni sono un prodotto utile nel lungo periodo. Se consideriamo i bond come un vino novello, possiamo assimilare le azioni a un barolo, quindi è inutile calcolare i rischi di un portafoglio azionario a breve termine in quanto non sarebbe più un investimento/risparmio ma una vera e propria speculazione.

Nel lungo periodo il rischio di perdere i soldi investiti in un singolo titolo è uguale a quello dei bond. Anche qui perderete tutto il capitale solo se l'azienda quotata fallisce, similmente a quanto visto per i bond, e il rischio di fallimento lo si calcola con il solito indice S & P. Chi dice che non punta sulle azioni perché pensa che siano molto più rischiose delle obbligazioni sbaglia per mancanza di cultura finanziaria.

Per controllare l'indice S&P dell'azienda quotata, andate a controllare le obbligazioni emesse da quest'ultima come spiegato nel capitolo precedente. Sappiamo che i mercati mondiali o i singoli oscillano attorno a un asse crescente nel tempo del 10% annuo e 13% se consideriamo anche i dividenti.

Basterà avere un paniere di titoli che rappresentano tutto il mondo e tenere questi titoli per tempi sufficientemente lunghi (ad esempio 10 anni) per assicurarsi guadagni di quell'entità. Semplice a dirlo ma difficile a farlo! Sfido chiunque a comprare i titoli di tutti i mercati mondiali (anche se vedremo dopo come è possibile farlo). Il nostro obiettivo finale è quello di ricalcare l'indice mondiale (oppure statale come il MIBTEL) per essere certi di ottenere il suddetto rendimento, tuttavia il risparmiatore medio non può avere soldi sufficienti per effettuare una diversificazione totale, pertanto, deve essere necessariamente costretto a trovare un compromesso. Quando prendiamo in considerazione un titolo in borsa possono accadere due cose: il titolo va meglio del suo indice di riferimento, oppure il titolo va peggio. Da notare che sto considerato l'andamento rispetto all'indice di riferimento e non rispetto a uno zero assoluto (cioè il titolo va in positivo o in negativo). Qui di seguito possiamo osservare i possibili comportamenti di un titolo rispetto al proprio indice di riferimento:

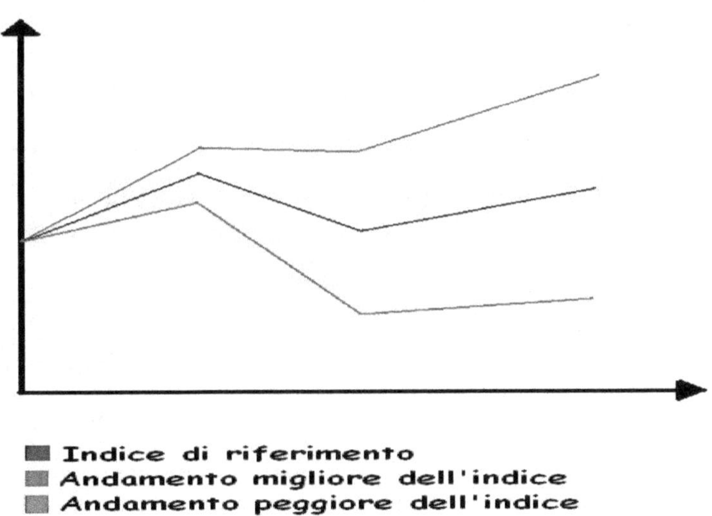

In blu vi è tracciato l'andamento dell'indice di riferimento (ad esempio un MIBTEL oppure un DOW JONES), mentre in verde è rappresentato l'andamento di un titolo (contenuto nell'indice) che batte l'indice stesso, mentre in rosso è evidenziato l'andamento di un titolo che va peggio dell'indice di riferimento.

Inizialmente l'indice di riferimento sale e quindi il titolo che fa meglio dell'indice sale anch'esso, con una pendenza più elevata mentre il titolo che va peggio nel confronto con l'indice sale in modo più pacato.

Nella seconda parte del grafico possiamo vedere l'indice di riferimento che scende e in corrispondenza il titolo in verde perde di meno (quindi batte l'indice), mentre quello in rosso perde in modo più marcato. Nel terzo tratto si ripresenta la situazione vista inizialmente.

In genere le azioni seguono sempre l'indice anche se difficilmente si possono sovrapporre ad esso e, se l'indice sale, tenderanno a salire tutte le azioni di quel specifico settore, mentre scenderanno nel caso opposto. Inoltre è comunque possibile che l'indice vada bene ma quella specifica azienda abbia dei problemi o viceversa: l'indice scende ma quell'azienda è solida (ad esempio perché ha brevettato qualcosa di innovativo ecc.).

Se nel nostro portafoglio abbiamo un singolo titolo la probabilità che segua perfettamente l'indice è pari allo 0% (in genere non è esattamente sovrapponibile). Ma cosa accade se abbiamo due titoli nel portafoglio che chiameremo, per comodità, A e B?
Possono verificarsi i seguenti casi:

- A e B salgono        (25%) [cioè entrambe battono l'indice];
- A sale e B scende    (25%) [cioè A batte l'indice e B fa peggio];
- A scende e B sale    (25%) [cioè B batte l'indice e A fa peggio];
- A e B scendono       (25%) [cioè entrambe fanno peggio].

Le combinazioni possibili sono pertanto 4 e ognuna ha ovviamente il 25% di probabilità. A noi interessa seguire l'indice, quindi dobbiamo puntare ai casi in cui le azioni si neutralizzano. Nel nostro esempio guarderemo alle 2 opzioni centrali con A e B in disaccordo. In questo caso la probabilità di avere dei titoli che seguono l'indice è pari al 50% (cioè 25% + 25%). Con 2 titoli in portafoglio (presi sempre con logica, quindi differenziazione per settore merceologico se volgiamo ricalcare un indice statale oppure differenziati per nazione se vogliamo ricalcare un indice internazionale), abbiamo una probabilità di seguire l'indice del 50% ma anche un rischio di non seguirlo pari al 50%. Sicuramente troppo elevato.

Se invece prendiamo in considerazione 3 titoli e facciamo lo stesso ragionamento di prima, il rischio scende a 25%.

- A sale, B sale, C sale                [12.5%];
- A sale, B sale, C scende              [12,5%];
- A sale, B scende, C sale              [12,5%];
- A sale, B scende, C scende            [12,5%];
- A scende, B sale, C sale              [12,5%];
- A scende, B sale, C scende            [12,5%];
- A scende, B scende, C sale            [12,5%];
- A scende, B scende, C scende          [12,5%].

Per "sale" s'intende, come di consueto, che vanno meglio dell'indice di riferimento e con "scende" che vanno peggio. Con 4 titoli si va al 12,5%, con 5 titoli al 6,25% e così via. In definitiva, il rischio in percentuale di non seguire l'indice di riferimento è pari a:

$$[1 / (2^\wedge n)] \times 2 \times 100$$

dove con "n" indicheremo il numero di titoli a nostra disposizione, e il simbolo "^" sta ad indicare l'operazione di "elevazione", cioè in quel caso si leggerebbe «due elevato a n ». La differenza fra 100 e la percentuale così ottenuta ci dà invece la percentuale di probabilità di seguire l'indice.

A questo punto capite bene che se abbiamo dieci titoli per seguire l'indice MIB30, avremo la probabilità di ricalcarlo in modo perfetto pari a circa 99,8%, mentre con un solo titolo la probabilità sarebbe dello 0%. Tuttavia, per quanto possiamo ben diversificare il nostro portafoglio, con 10 titoli possiamo al massimo ricalcare in modo efficace un indice di riferimento con massimo un centinaio di titoli (quindi questi possono andare bene per simulare un MIB30, un CAC 40, UN DAX 50 od un FUTSE 100), ma sono comunque insufficienti per garantirci quel tipo di affidabilità per un indice con migliaia di titoli (come ad esempio il DOW JONES o un indice MSCI World) in quanto entrano tantissimi altri aspetti da tenere in considerazione: la loro capitalizzazione (cioè quant'è grossa l'azienda rispetto alle altre), il numero di settori che possiamo rappresentare (nel DOW JONES esistono molti più di 10 settori merceologici) ecc.

Quindi quel calcolo prima esposto va bene per indici settoriali non molto grandi, altrimenti rischiamo di trovare un risultato lontano dalla realtà. In ogni caso, come per l'obbligazionario, anche nell'azionario dovremmo cercare di formare un paniere di titoli che permettano di avere un rischio quanto più possibile vicino allo 0%.

Come sull'obbligazionario anche nell'azionario bisogna tenere in considerazioni le aree geopolitiche dove sono presenti le aziende quotate, la loro affidabilità e inoltre i settori che rappresentano (petrolifero, chimico, alimentare ecc.).

**SEGRETO n. 13: la diversificazione azionaria di un portafoglio di investimento/risparmio deve contenere titoli di**

**diverse aree geopolitiche e diversi settori (nel caso di paniere internazionale) oppure solo di diversi settori nel caso di paniere nazionale.**

Per controllare gli andamenti degli indici azionari potete collegarvi con il sito di MSN Finanza a questo indirizzo:

http://money.it.msn.com/borsa/default.aspx

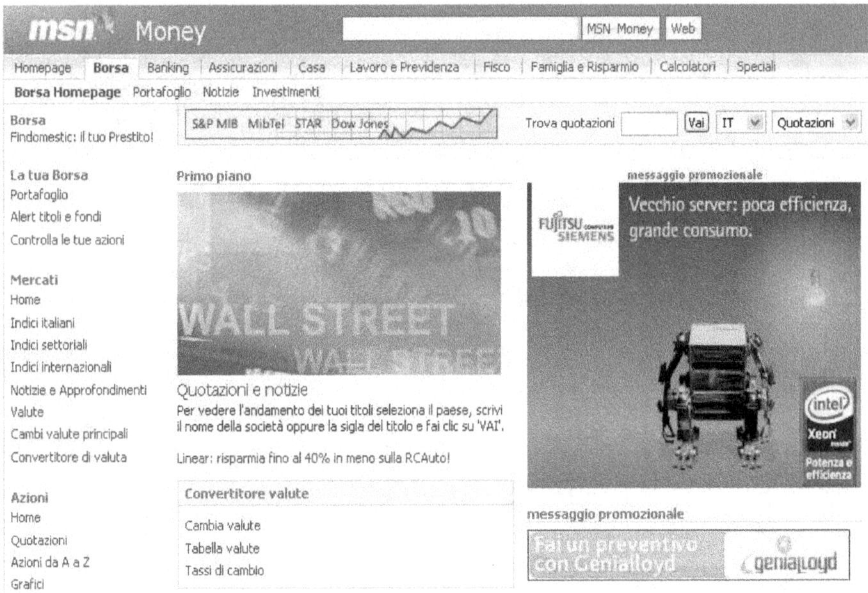


Nel menù a sinistra, nella sezione "Mercati" trovate di seguito le seguenti scelte: Indici italiani (per il MIBTEL, MIB30 ecc.),

Settoriali (Banche, Automobili ecc.), Internazionali (DOW JONES, CAC40 ecc.) e altre sottosezioni che non fanno parte degli andamenti azionari. Se volete osservare l'indice DOW JONES cliccherete su quelli internazionali.

Indici internazionali

**Borse internazionali**

| Nome | Livello | Var. | Var. % |
|---|---|---|---|
| CAC 40 | 4.592,15 | -38,04 | -0,82% |
| Dow Jones Industrial (US) | 11.951,09 | -194,65 | -1,60% |
| Frankfurt DAX | 6.451,90 | -48,66 | -0,75% |
| FTSE 100 | 5.631,70 | -60,70 | -1,07% |
| FTSE EUROTOP 100 INDEX | 2.625,38 | -31,37 | -1,18% |
| Hang Seng (Hong Kong) | 22.237,11 | -64,53 | -0,29% |
| MIB30 | 32.211,00 | -304,00 | -0,93% |
| MibTel | 24.223,00 | -222,00 | -0,91% |
| MIDEX | 28.982,00 | -352,00 | -1,20% |
| SP/MIB | 31.659,00 | -318,00 | -0,99% |
| Nasdaq Combined Composite Index | 2.212,49 | -51,12 | -2,26% |
| S&P 500 | 1.288,14 | -27,34 | -2,08% |
| Straits Times Industrials (Singapore) | 3.344,53 | unv. | unv. |
| S&P/TSX Composite Index | 13.252,84 | -190,66 | -1,42% |

**Indici internazionali**

| Nome | Livello | Var. | Var. % |
|---|---|---|---|
| Amex Hong Kong | 457,97 | +0,64 | +0,14% |
| Amex Giappone | 130,27 | -2,05 | -1,55% |
| Amex Messico | 258,00 | -5,67 | -2,15% |
| WEBS Australia | 25,28 | -0,59 | -2,28% |
| WEBS Austria | 32,93 | -0,45 | -1,35% |
| WEBS Belgio | 22,77 | -0,37 | -1,60% |
| WEBS Francia | 33,55 | -0,64 | -1,87% |
| WEBS Germania | 30,58 | -0,61 | -1,96% |
| WEBS Hong Kong | 17,07 | -0,67 | -3,78% |
| WEBS Italia | 28,93 | -0,55 | -1,87% |
| WEBS Giappone | 11,53 | -0,82 | -6,64% |
| WEBS Malaysia | 11,12 | -0,24 | -2,11% |
| WEBS Messico | 55,65 | -1,67 | -2,91% |
| WEBS Paesi Bassi | 27,01 | -0,65 | -2,35% |
| WEBS Singapore | 11,71 | -0,19 | -1,60% |
| WEBS Spagna | 58,50 | -0,93 | -1,56% |
| WEBS Svezia | 28,53 | -0,64 | -2,19% |
| WEBS Svizzera | 25,14 | -0,46 | -1,80% |
| WEBS Regno Unito | 21,40 | -0,66 | -2,99% |

A questo punto cliccate su "Dow Jones Industrial (US)" e si aprirà la scheda corrispondente all'indice selezionato. Nella scheda compaiono sulla sinistra le informazioni sulle performance dell'ultimo giorno di contrattazione e sulla destra un piccolo grafico, con sotto la scelta del periodo che vogliamo studiare. Clicchiamo ad esempio su 10 anni:

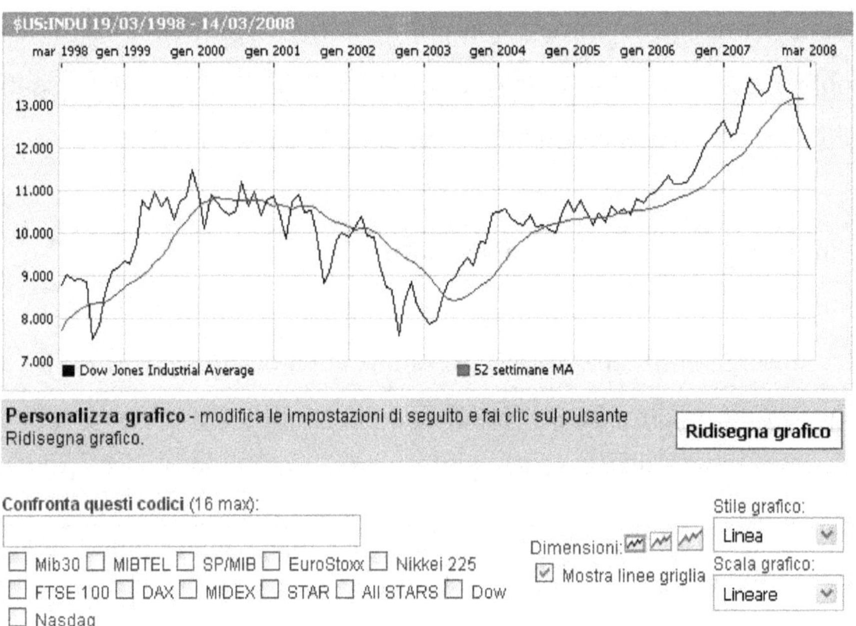


In questa schermata potete cambiare la dimensione del grafico (vi consiglio di metterlo al massimo della grandezza), lo stile (lasciatelo in "Linea"), la scala di rappresentazione (Lineare o Logaritmica), e inoltre potete confrontare l'indice con altri 16 fra titoli o indici (molto utile se volete crearvi un paniere da soli). Dopo aver effettuato le scelte cliccate su "Ridisegna Grafico".

Puntando con la freccetta del mouse sul grafico e trascinando tenendo premuto il tasto destro potete zoomare in un periodo particolare. Quella linea rossa che vedete nel grafico è la media mobile che potete, se volete, disattivare su delle opzioni presenti più in basso (ma che non ho riportato nello screenshot).

## Come effettuare la diversificazione Mista

Nulla ci vieta di avere un portafoglio titoli, contenenti sia azioni che obbligazioni, anzi, questa è una pratica comune se si punta a ottenere un rischio basso (purché la parte obbligazionaria sia ben strutturata) e un rendimento migliore dovuto alle azioni. Questo è il principio su cui si basano le obbligazioni strutturate viste prima. Se noi intendiamo tenere il nostro portafoglio per 15 anni (durata utilizzata per il calcolo del rischio S & P e perfetta per l'azionario), possiamo con una semplice media ponderata calcolare i rendimenti previsti. Facciamo degli esempi: se il portafoglio è tutto obbligazionario andiamo su un 3% annuo mentre sappiamo che è circa il 13% con l'azionario. Quindi, se abbiamo 100.000 € investiti e li bilanciamo a metà, avremo un rendimento del 3% per i 50.000 € obbligazionari e il 13% per i 50.000 € azionari. Se facciamo la media ponderata dei rendimenti avremo 8%.

Se invece consideriamo solo l'aumento di capitale scorporato dalla parte a rendimento periodico, quindi con cedole e dividendi non reinvestiti, la parte obbligazionaria renderà 0% (le obbligazioni non aumentano di valore nel tempo a esclusione delle zero coupon) mentre l'azionario il 10% (ricordiamo il capitolo 1), quindi l'aumento capitale sarà, in media ponderata, il 5% del totale all'anno, ma percepiremo anche un 3% annuo di introito periodico (media ponderata fra 3% delle cedole obbligazionarie e 3% dei dividendi azionari).

Nel caso in cui il nostro portafoglio di investimento prevede una parte obbligazionaria con un peso del 75% e azionaria del 25%, il rendimento totale annuo, sempre calcolandolo con la media ponderata, sarà del 5,5%. Nel caso opposto con l'azionario presente al 75% del peso, il rendimento annuo sarà invece del 11,6%.

Se vogliamo calcolare il rischio di un portafoglio di questo tipo, dovremo innanzitutto separare idealmente le due componenti interne, e quindi calcolarne, come spiegato nei precedenti paragrafi, il rischio totale della parte obbligazionaria e della parte azionaria. Fatto ciò, possiamo calcolare il rischio totale del nostro portafoglio come la media ponderata (alla percentuale di presenza di ognuno dei due strumenti) dei rischi delle singole componenti.

Quindi se consideriamo, ad esempio, una parte obbligazionaria con un rischio "sicuro" dello 0,2% e una parte azionaria con rischio dello 0,5%, allora nel caso esso sia perfettamente bilanciato (50% di presenza per ogni componente), il rischio totale sarà 0,35%, mentre nel caso di presenza obbligazionaria al 75% il rischio sarà di 0,27% e nel caso opposto di 0,43%.

## Come funzionano i Fondi Comuni

Il problema della diversificazione in finanza è molto sentito e avete visto prima che per creare un buon portafoglio diversificato servono parecchi soldi. Se vogliamo una diversificazione fra 20 titoli azionari e altrettanti obbligazionari, dobbiamo avere a disposizioni capitali di molto superiori ai 100.000 € per attuare il nostro progetto. Infatti non potete puntare 100 € sulle obbligazioni (in quanto generalmente vanno a multipli di 5000 € anche se esistono tagli di soli 500 €) e, quando comprate le azioni, dovete sempre considerare le commissioni (così come sui bond) in genere pari al 2 per mille delle transazioni con fissi di almeno 6 € (se avete conti correnti competitivi come, ad esempio, quelli on-line).

Ciò equivale a dire che se non comprate almeno per 3000 €, le commissioni cominceranno a farsi sentire in modo preponderante rispetto all'investimento e, in tale caso, per avere quel tipo di diversificazione dovrete acquistare non meno di 120.000 € di titoli per comporre quel portafoglio.

I fondi sia che siano azionari, obbligazionari, o misti, superano questo problema. Infatti è chi istituisce il fondo a creare il paniere dei titoli, e successivamente li vende in quote ai risparmiatori. Sarete sicuramente d'accordo con me che una banca o un istituto finanziario ha capitali a disposizione di molto superiori a quelli di un singolo risparmiatore e pertanto può permettersi di anticipare somme rilevanti (per noi) per costruire un paniere che permetta di prendere anche tutti i titoli di un settore (ad esempio tutti quelli del mib30 o del dax50), oppure un campione elevato nel caso di fondi specializzati (tipo euro-governative, industry, paesi emergenti...).

Ammettiamo che chi istituisce il fondo investe 100 milioni di euro: l'istituto finanziario creerà una suddivisione in quote (in genere da 5 €) che venderà al risparmiatore (anche come frazione delle quote stesse). Il risparmiatore dal suo punto di vista, potrà accedere a questa enorme diversificazione anche con pochi soldi e, in base al fondo, potrà scegliere anche se percepire le cedole periodicamente oppure se puntare su un fondo che reinveste in automatico (molto più redditizio alla lunga).

I fondi tuttavia hanno la peculiarità di cercare di battere gli indici di riferimento, quindi degli analisti periodicamente in automatico, senza che i risparmiatori siano avvertiti, sostituiscono i titoli nel paniere meno favorevoli e ne inseriscono altri di cui si aspettano rendimenti migliori. Questa tecnica viene detta *gestione attiva*. Il lato negativo di questo tipo di gestione è il loro alto costo di esercizio (ovviamente a carico di chi vi accede), che può anche andare oltre 1,5% annuo. Questi costi servono a pagare tutti gli analisti che lavorano al fondo, ma d'altro canto, questi fondi, pur se costosi, possono essere utilizzati per altri scopi indispensabili al risparmiatore e che vedremo nel prossimo capitolo. Di recente per evitare i costi dei fondi sono stati creati gli ETF che riproducono l'andamento dell'indice di riferimento con una gestione passiva (quindi non vi è nessun analista che apporta cambiamenti al paniere di titoli) e il loro costo di utilizzo da parte del risparmiatore è circa un terzo dei fondi e inoltre si negoziano come delle normali azioni.

**SEGRETO n. 14: quando effettuate un risparmio o un investimento non speculativo che sia completamente obbligazionario o azionario, o misto, è fortemente consigliato utilizzare i Fondi Comuni o gli ETF in modo da ottenere una diversificazione di titoli utilizzando capitali limitati che in nessun caso potreste ottenere con il "fai da te".**

Sia per i fondi comuni che per gli ETF, nella sezione finanza di Yahoo, trovate i listati e le informazioni su tutti quelli esistenti nel mercato. Per concludere il discorso dei fondi, vorrei aggiungere un dettaglio a cui nessuno fa mai caso. Tutti pensano che se un fondo è sufficientemente diversificato, quest'ultimo porti ad avere la sicurezza di un portafoglio ben strutturato e diversificato. Invece non si considera che le aree geografiche possano essere soggette a crisi e mandare in malora i nostri propositi.

Ai miei clienti, per spiegare questo concetto, dico sempre: «Ricordate che i soldi sono come la materia in fisica dove nulla si crea e nulla si distrugge ma tutto si trasforma. In economia abbiamo invece che i soldi passano da tasca in tasca, da nazione a nazione, ma fuori dal mondo non escono mai»; pertanto ecco il motivo per cui è meglio puntare sempre su un fondo che preveda la copertura mondiale o che segua (anche solo in modo passivo) l'indice MSCI World.

Per chiarire quest'ultimo concetto vi propongo un esempio pratico: ipotizziamo che esistano nel mondo solo 5 aziende automobilistiche (Fiat, Opel, Renault, Mercedes e BMW) e queste ovviamente hanno il monopolio del mercato con una quotazione di 5 € per l'azione di ciascun'azienda: in totale la somma delle 5 singole azioni da un totale di 25 €. Bene! Putiamo caso che una delle industrie fallisca. La quota di mercato detenuta da quest'ultima viene riassorbita dalle altre quattro che aumentano le vendite (gli appassionati del marchio che fallisce non smetteranno di utilizzare automobili ma cambieranno soltanto marchio), facendo aumentare anche la loro quotazione, ad esempio, a 6,25 € ciascuna, mentre l'azione della malcapitata si azzera. La somma totale delle azioni sarà sempre 25 € e quindi non è cambiato nulla a livello mondiale, ma si sono solo spostati i soldi.

Lo stesso principio vale per qualunque settore: se la gente non usa più idrocarburi, significa che hanno scoperto un altro combustibile e le aziende che producono il primo scendono ma salgono le seconde e così via. Tutto questo accade perché la gente dovrà comunque soddisfare le proprie necessità.

**SEGRETO N. 15: Per avere un rischio pari a zero conviene sempre puntare su fondi che ricalcano l'indice mondiale.**

## Le Assicurazioni

Queste non sono uno strumento finanziario pertanto non servono guadagnare denaro, ma la loro funzione è quella di proteggere. Le ho inserite nella parte dedicata agli strumenti finanziari perché vengono spesso utilizzate in abbinamento ad essi e, inoltre, prendendoli con il piglio giusto, sono un aiuto per il risparmiatore (a cui in definitiva è dedicato questo corso) ma anche, in alcuni casi, all'investitore. Le assicurazioni possono principalmente essere applicate a:

- persone;
- cose (oggetti);
- capitali.

Le assicurazioni sulle persone si dividono a loro volta in altre due tipologie:

- assicurazione sulla Vita;
- assicurazione sugli Infortuni.

Le assicurazioni sulla vita, dette anche "Caso Morte", sono assicurazioni che rimborsano gli eredi in caso di decesso dell'assicurato. Queste ultime servono a tutelare gli eredi in modo che essi non si ritrovino senza un reddito. In genere la loro durata si calibra in modo tale che copra (ad esempio nel caso sia il marito a morire) la moglie fino a quando non percepirà una pensione sua: quindi il tempo necessario affinché la moglie compia 60 o 65 anni, o se la scadenza è più lontana, rispetto la maggiore età dell'ultimogenito.

Eventualmente possono prevedere (sempre basandosi sull'età dei figli) la copertura fino all'età prevista per laurearsi e trovare un lavoro e, in ultima analisi, sulla durata di un mutuo o fino al ritorno di grossi capitali ratealizzati, se questi scadono in date posteriori ai casi citati prima.

Le assicurazioni sugli infortuni coprono invece dai rischi di menomazione fisiche irreversibili (infortunio permanente). In cambio possono darvi un grosso capitale o una rendita che copra i mancati introiti da lavoro oppure ancora una compensazione del reddito se l'infortunio provoca solo un abbassamento del reddito (dimostrato) e infine possono pagare anche le spese mediche conseguenti.

Le assicurazioni si dovrebbero impostare in modo tale da coprire il compenso da reddito e da spese mediche fino alla vostra età pensionabile, e poi, solo per le spese mediche, dopo tale età. Tuttavia in quest'ultimo caso, essendo probabile il rischio salute con l'avanzare degli anni, è difficile che le assicurazioni vi rinnovino ancora il contratto (questo varia in base allo stato di salute del contraente).

Le assicurazioni sulle cose o in genere sugli oggetti, sono quelle che coprono i beni materiali (ad esempio la macchina, la casa, il negozio) e si possono prevedere il rischio di furto, il vandalismo, l'incendio o il sinistro.

Sarebbe opportuno assicurare i beni che hanno un costo elevato e di cui non potete farne a meno: quindi la macchina nei primi anni di vita (costa molto e se ve la rubano rimanete a piedi senza poterla ricomprare), i mobili (sono necessari in casa), e eventualmente le opere d'arte visto che, pur non essendo strettamente necessarie, il loro eventuale furto causa generalmente un danno economico elevato. Il rischio furto non ha senso per la casa (come fanno a rubarla?), ma ha senso tutelarsi per i sinistri, le calamità naturali e il vandalismo (se non abitate in zone molto tranquille).

Le assicurazioni sui capitali sono contratti che tutelano somme di denaro in diverse situazioni: sono applicabili ai mutui (l'assicurazione continua a pagare a posto vostro in caso di decesso o infortunio oppure in caso di licenziamento, evitandovi di andare a finire sotto i ponti).

Sono applicabili anche alla compravendita di immobili, tutelandovi l'acquisto in caso di frode (basta pensare a coloro che hanno comprato casa da una cooperativa che successivamente fallisce e all'acquirente tolgono la casa per metterla all'asta, mentre l'assicurazione rifonde il valore per eventualmente comprarne un'altra).

Possono coprire anche dei capitali (ad esempio associandoli a fondi comuni o piani di accumulo capitale) che garantiscono la somma iniziale qualora l'investimento sia andato male. Vedremo di quest'ultimo le applicazioni più avanti nel corso.

## Gli investimenti assicurativi

Questo è lo strumento più utile in assoluto per il risparmiatore, che purtroppo in Italia è molto bistrattato per vari motivi. Tutti si focalizzano sugli alti costi e sul fatto che chi li piazza spesso si reca presso il domicilio del cliente (che erroneamente lo scambia per un venditore porta a porta), quindi per mancanza di competenza dei promotori stessi oppure perché la gente li sottovaluta, non vengono utilizzati e vengono addirittura scherniti. Se non ci credete andate sul sito di opinioni www.ciao.it oppure nel sito dell'ADUC www.aduc.it e cercate uno di questi prodotti per farvi un'idea.

La gente generalmente non immagina che questi prodotti possono offrire grossi vantaggi. Infatti la legge prevede che se un investimento, anche se totalmente azionario (quindi molto speculativo) è accompagnato da una assicurazione (anche solo caso morte) che copra tutta la durata dell'investimento, assicurandovi il rientro dell'investimento stesso con un profitto di almeno 1% totale entro la fine del periodo previsto, a questo punto non venga più considerato come investimento ma come risparmio e quindi viene tutelato dalla Costituzione.

In pratica cosa vuol dire? Significa che se voi fate un investimento ad esempio 100% azionario, con un fondo che vi dà contemporaneamente un'assicurazione caso morte che vi restituisce il capitale investito + 1% (che ha un costo relativamente basso come assicurazione), allora questo non è più considerato un investimento ma un risparmio vero e proprio. Voi direte: «E dopo! Che me ne importa se è considerato un risparmio anziché un investimento?»

La legge dice che in questo caso i beni sono impignorabili e insequestrabili (perché il risparmio è un diritto di tutti) per l'articolo 1923 del codice civile. Quando risparmiate lo fate per avere un gruzzolo accumulato da usare più in là e penso che a nessuno piaccia l'idea di vederselo soffiare perché qualcuno si appropria di quel fondo come risarcimento in sede processuale.

Faccio degli esempi concreti di miei clienti che hanno usufruito di questi vantaggi. Il primo è un cliente che ha pensato bene di tradire la moglie con l'aggravante di essere stato trovato con l'amante sotto il tetto coniugale (la moglie è tornata prima…). Bene! La moglie con la successiva causa di divorzio gli tolse tutto, ma non ha potuto fare niente per togliergli i soldi vincolati in questo tipo di "risparmio".

Il secondo caso invece è un altro cliente proprietario di un'officina di artigianato che un bel giorno, a causa degli attrezzi lasciati in giro da un manutentore, vide un cliente inciampare e rompersi una gamba. Quest'ultimo gli fece causa (vincendola) per 150.000 € di danni. Anche in questo caso il tribunale pignorò tutti i soldi (non beni immobili perché non ne aveva), ma non poté sottrargli i risparmi assicurativi. Badate che l'impignorabilità copre anche la parte di reddito prevista per l'alimentazione futura dei prodotti assicurativi.

Capite adesso l'importanza di questo strumento? **La prima regola dell'investitore o del risparmiatore è quella di non perdere quello che si è già acquisito.** Ovviamente questo servizio di investimento assicurativo ha un costo: ma quanto sareste disposti a pagare in un momento come quelli citati prima pur di non farvi togliere tutto?

La legge prevede che, se l'investimento è progressivo, cioè un tot annuo e con scadenza commisurata alla data dell'inizio della vostra età pensionabile, potete dedurre questo risparmio fino a un massimo di 5164,35 € (10 milioni delle vecchie lire) e quindi rientrare in possesso, nella busta paga di luglio (se siete dipendenti) oppure alla prima dichiarazione dei redditi (per i liberi professionisti), dell'ammontare delle tasse pagate rispetto alla vostra aliquota sui soldi messi a risparmio in tal modo.

Facciamo un esempio. Se risparmiate 1200 € all'anno e avete un'aliquota irpef del 27%, allora rientrerete in possesso di 324 €, che potrete godervi o reinvestire a spese dello stato. Oppure se risparmiate 5000 € annui, e avete un'aliquota al 43%, rientreranno indietro ben 2150 €. Una bella rendita non vi pare? Sicuramente vi farà sembrare i costi trascurabili adesso. Un altro vantaggio dato dalla copertura assicurativa ai prodotti di risparmio è che li rende esenti della tassa di successione a prescindere da chi eredita e da quanto eredita, fatto salvo per quelli deducibili (in cui l'erede deve essere per forza legittimo) ma restano invariati tutti gli altri benefici.

**SEGRETO n. 16: quando accumulate denaro per il vostro futuro o per degli obiettivi importanti, utilizzate in modo massiccio gli investimenti assicurativi che vi permetteranno di ottenere un'impignorabilità, un'insequestrabilità e un'esenzione dalla tassa di successione, nonché, nel caso sia una pensione complementare, anche una deducibilità fiscale.**

Un ultimo caso da considerare sono le polizze miste. Per coprire anche il rischio infortunio, lo stato italiano ha imposto che la somma destinata all'investimento debba essere solo obbligazionario statale italiano, che, abbinato ad altissimi costi dovuti all'assicurazione sugli infortuni e le elevate commissioni iniziali, rendono di fatto questo prodotto una perdita di soldi dal punto di vista strettamente economico.

Queste polizze erano ottime quando furono introdotte sul mercato italiano all'inizio degli anni 70, con rendimenti dell'obbligazionario che erano intorno al 20% annuo. Via via che sono scesi i tassi d'interesse è diventato impossibile guadagnarvi e, nell'ultimo decennio, si sono trasformati in una sicura perdita di soldi.

Per rendere appetibili questi prodotti e per far piazzare i titoli statali, il legislatore ha consentito di portarli in deduzione, a prescindere dalla data di scadenza, del 19% per un massimo di 1291,14 € (due milioni e mezzo di lire).

**SEGRETO n. 17: invece di utilizzare una polizza mista è preferibile stipulare un'assicurazione infortuni "pura" e eventualmente avviare un piano di risparmio separato con la sola copertura caso morte; otterrete guadagni sicuramente migliori e spese nettamente inferiori.**

N.B.: vorrei comunque precisare che in tutti questi prodotti la legge dell'impignorabilità e dell'insequestrabilità non si applica nel caso in cui la giustizia condanni il sottoscrittore per questi reati: mafia, terrorismo oppure truffa aggravata.

RIEPILOGO DEL CAPITOLO 2:

- SEGRETO n. 9: quando acquistiamo delle obbligazioni a rischio (sotto la A dello S&P), selezionate solo quelle di breve durata con cedola periodica (semestrale o annuale) e mai quelle con cedola a scadenza tipo zero coupon.

- SEGRETO n. 10: è consigliabile investire in quanti più titoli obbligazionari di diverso emittente che ci possiamo permettere e in modo tale che il capitale puntato per ogni titolo sia il più omogeneo possibile onde ridurre al massimo il rischio di insolvenza.

- SEGRETO n. 11: se non avete a disposizione grosse quantità di capitali è conveniente costruire un portafoglio obbligazionario contenenti titoli sia a basso che a medio/alto rischio ma in parti uguali.

- SEGRETO n. 12: diversificate il portafoglio dei vostri titoli obbligazionari in modo da coprire tutte le aree del pianeta (nei limiti delle vostre capacità finanziarie) e tenendo conto anche del rischio di cambio valuta.

- SEGRETO n. 13: la diversificazione azionaria di un portafoglio di investimento/risparmio deve contenere titoli di diverse aree geopolitiche e diversi settori (nel caso di paniere internazionale) oppure solo di diversi settori nel caso di paniere nazionale.

- SEGRETO n. 14: quando effettuate un risparmio o un investimento non speculativo che sia completamente obbligazionario od azionario, o misto, è fortemente consigliato utilizzare i Fondi Comuni o gli ETF in modo da ottenere una diversificazione di titoli utilizzando capitali limitati che in alcun caso potreste ottenere con il "fai da te".

- SEGRETO n. 15: per avere un rischio pari a zero conviene sempre puntare su fondi che ricalcano l'indice mondiale.

- SEGRETO n. 16: quando accumulate denaro per il vostro futuro o per degli obiettivi importanti, utilizzate in modo massiccio gli investimenti assicurativi che vi permetteranno di ottenere un'impignorabilità, un'insequestrabilità e un'esenzione dalla tassa di successione, nonché, nel caso sia una pensione complementare, anche una deducibilità fiscale.

- SEGRETO n. 17: invece di utilizzare una polizza mista è preferibile stipulare un'assicurazione infortuni "pura" e eventualmente avviare un piano di risparmio separato con la sola copertura caso morte; otterrete guadagni sicuramente migliori e spese nettamente inferiori.

# CAPITOLO 3:

# Quali tecniche utilizzare per il Risparmio e l'Investimento?

Nei precedenti capitoli abbiamo visto gli strumenti che si possono utilizzare per risparmiare e investire. In questo invece vedremo le tecniche e le situazioni in cui utilizzarli. Cominciamo spiegando la differenza tra un piano di investimento e uno di accumulo. In seguito farò vedere in modo dettagliato i loro funzionamenti e i prodotti correlati, indicandone i rendimenti medi e il loro trattamento fiscale e legale.

**Differenza tra Investimento e Accumulo**

Nel capitolo precedente abbiamo discusso sulla differenza tra un investitore e un risparmiatore (secondo le nostre leggi), adesso vedremo quella tra un investimento e un accumulo di capitale. Qualcuno potrebbe pensare, che essi siano legati e che l'accumulo faccia parte del risparmio. Invece no! L'investimento è solo una tecnica con cui noi possiamo impiegare i nostri soldi e l'accumulo ne è un'altra.

La prima prende il nome tecnico di PIC (Piano di Investimento Capitale) mentre la seconda si chiama PAC (Piano di Accumulo Capitale): in tutti e due i casi si tratta sempre di un metodo per investire i propri soldi tramite un fondo comune (motivo per cui abbiamo trattato quest'ultimo in precedenza).

Il PIC consiste nell'investire una somma di denaro tutta in una volta (ad esempio 10.000 € in un'unica soluzione) dal quale deriva il nome "Investimento Capitale". Il PAC, invece, consiste nell'investire una somma di denaro in modo dilazionato nel tempo: i vostri 10.000 € (come nell'esempio precedente), verrebbero spalmati in investimenti più piccoli nel corso ad di 5 anni ad esempio. Quindi 2000 € all'anno, oppure 1000 € a semestre o ancora 500 € a trimestre e così via: questo metodo di investire a trance prende il nome di "Accumulo Capitale" proprio perché si accumula nel tempo.

Tutte e due i metodi, possono far parte legalmente sia della categoria dei prodotti per il risparmio, sia di quella dei prodotti per l'investimento, dove l'unica differenza è data dalla presenza o meno di una copertura assicurativa all'interno del fondo.

## Come funzionano i PAC?

I PAC nascono da una tecnica di investimento inventata da Charls Dow (cofondatore dell'omonimo indice Dow Jones) chiamata "Dollar Cost Average". N.B: la parola "dollar" significa per gli statunitensi sia dollaro, inteso come moneta, sia come sinonimo di investimento, che è il significato qui usato; dunque la traduzione è Investimento Medio Costante). L'economista ha notato che in un mercato con prezzi oscillanti, comprando a scadenze periodiche e ravvicinate, si può guadagnare anche se il mercato è fiacco (detto in trend laterale), dove le oscillazioni avvengono attorno a un asse non in pendenza (vedesi fig. 1 e 3 del capitolo 1). Vediamo un esempio; se abbiamo un mercato con l'andamento seguente:

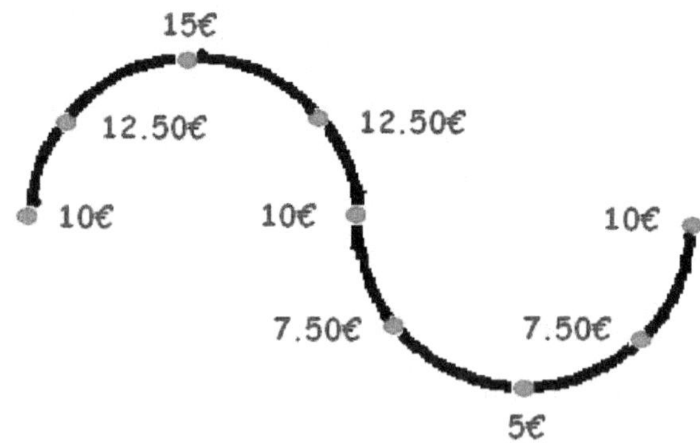



Fig.4

Possiamo notare che questo è il classico ciclo dell'economia al quale, per dare un senso pratico, ho abbinato il valore di un'ipotetica quota legata ad un indice economico.

Il grafico presenta 9 punti rossi ognuno dei quali rappresenta a sua volta la scadenza in cui il nostro PAC acquista le quote.

Se noi avessimo comprato 900 € di quote all'inizio del ciclo, saremmo rimasti in pareggio in corrispondenza della sua fine.

Infatti, dopo un periodo iniziale dove il fondo prende valore portandosi al suo massimo (15 € per quota) con una performance del +50%, segue un periodo dove (scende a 5 € per quota) avremmo registrato una perdita del 50% rispetto al punto di partenza.

Dopo di che il nostro fondo ritorna al valore iniziale.

Adesso investiamo le nostre 900 €, inserendo 100 € per ogni scadenza, e alla fine facciamo il conto delle quote comprate e del loro valore complessivo:

| Versamento | Costo Quota | Numero Quote |
| --- | --- | --- |
| 100 € | 10 E | 10 |
| 100 € | 12,50 € | 8 |
| 100 € | 15 € | 6,66 |
| 100 € | 12,50 € | 8 |
| 100 € | 10 € | 10 |
| 100 € | 7,50 € | 13,33 |
| 100 € | 5 € | 20 |
| 100 € | 7,50€ | 13,33 |
| 100 € | 10 € | 10 |
| Vers. Totale | . | Totale Quote |
| 900 € | 10 € | 99,33 |

Alla prima scadenza con i nostri 100 € compreremo 10 quote a 10 € ciascuna, alla seconda compreremo 6,66 quote a 12,50 € ecc.; alla fine avremo investito 900 € e comprato 99,33 quote che, al valore di 10 € ciascuna, fanno 993,33 €, con un incremento, a mercato rimasto invariato, del 10,4%. Questo effetto del Dollar Cost Average, si ha per il principio di media ponderata applicata al valore oscillante delle quote. Ci permette di mediarne il loro valore nel tempo, facendo sì che il valore medio delle quote sia più vicino al più basso dei valori delle quote acquistate, cioè, se noi facciamo una normale media aritmetica delle quote acquistate, otterremmo come risultato 10 €, mentre con la media ponderata otteniamo 9,06 € a quota (valore, quest'ultimo, in cui effettivamente abbiamo comprato le nostre quote).

In conclusione, questo sistema di investimento permette di sfruttare al meglio il momento in cui le quote sono basse facendo il carico di acquisto e poi scambiarle quando il valore è più alto. Visto che sfruttiamo i ribassi per caricarci di quote è opportuno rendere le scadenze quanto più ravvicinate possibile, in modo da centrare quanti più minimi.

Nel grafico ho tracciato un'oscillazione perfetta ma, nella realtà, gli indici azionari di qualunque settore si presentano in modo parecchio frastagliato e in ogni settore dell'oscillazione principale saranno presenti ulteriori oscillazioni che a loro volta conterranno altre oscillazioni. A ogni minimo di questi minimi delle oscillazioni avremo un'opportunità di acquistare quote a prezzi vantaggiosi.

È bene ricordare che questo metodo funziona solo se l'accumulo dura per tempi abbastanza lunghi, cioè almeno superiori ai 10 anni. Vi consiglio di non controllare di quanto si è in attivo mese dopo mese poiché, se calcolate il controvalore nella fase di carico, cioè quando le quote sono basse, vi impaurite pensando a una forte perdita (rischiando di disinvestire proprio nel momento che invece è più utile per fare il successivo grosso guadagno).

Per esperienza personale quest'ultimo è proprio l'errore tipico che fa il risparmiatore medio inesperto, che magari avvia un piano di accumulo consigliato dal suo consulente e poi, nel momento in cui la borsa scende, si spaventa e disinveste (mandando a quel paese il consulente).

Dal canto suo, il consulente non ha evidentemente spiegato il funzionamento del prodotto al cliente con l'ansia di chiudere il contratto oppure dando per scontato che avesse effettivamente capito. Questa tecnica si può applicare solo ed esclusivamente a un mercato di tipo oscillante, e non ha senso utilizzarlo con un mercato che presenta un andamento costante nel tempo (come quello obbligazionario). A questo proposito facciamo un esempio con mercato costante:

| Versamento | Valore Quota | Numero Quote |
|---|---|---|
| 100 € | 10 € | 10 |
| 100 € | 10,20 € | 9,80 |
| 100 € | 10,40 € | 9,61 |
| 100 € | 10,61 € | 9,42 |
| 100 € | 10,82 € | 9,24 |
| 100 € | 11,04 € | 9,06 |
| Vers. Totale | | Totale Quote |
| 600 € | 11,04 € | 57,13 |

Qui ho considerato un acquisto all'anno di quote con un tasso di incremento del 2% medio un investimento di 600 € che ha permesso l'acquisto di 57,13 quote scambiate a 11,04 € fanno 630,71 €, con una performance di 5,1%. Se avessimo investito tutti i 600 € subito, con un interesse composito del 2% annuo, alla fine avremmo avuto 662,45 € con una performance del 10,4%. In questo caso è evidente che, non essendoci oscillazione, conviene investire la somma tutta in una volta all'inizio visto che esso coincide con il minimo delle quote.

**SEGRETO n. 18: un PAC è uno strumento che permette di guadagnare in lunghi periodi con un mercato fortemente oscillante come quello azionario, ma non è adatto per i mercati a incremento lineare come quello obbligazionario.**

### Quanto rendono i PAC?

Innanzi tutto precisiamo che i PAC si possono presentare con la formula detta ad *accantonamento fisso* oppure ad *accantonamento indicizzato.* Nel primo caso abbiamo dei versamenti costanti nel tempo (ad esempio 100 € al mese per tutta la durata del piano) mentre nel secondo caso, la somma versata si incrementa nel tempo con una percentuale fissa, di solito impostata al 3%. Questo serve a compensare l'effetto dell'inflazione sui versamenti: infatti, tra 10 anni, 100 € varranno molto meno di oggi e quindi un versamento che aumenta nel tempo permette di mantenere inalterato il potere d'acquisto del nostro risparmio periodico. In alcuni casi, i PAC prevedono addirittura un aumento del versamento del 3+3%, cioè il 6%, per compensare oltre all'inflazione sui versamenti, anche quella sui rendimenti. Basta pensare che un incremento medio del 13% annuo della borsa nel lungo periodo, a netto dell'inflazione corrisponde al 10%. Ai miei clienti consiglio sempre questo tipo d'indicizzazione.

Nel capitolo 1 abbiamo visto il comportamento di un ciclo ideale in presenza della rivalutazione media azionaria nel lungo periodo (13%) con la rappresentazione logaritmica (Fig 3). Adesso, vediamo l'andamento che hanno questi cicli in lassi di tempo più lunghi inserendo un ipotetico indice di borsa (stile DOW JONES) per un periodo di 25 anni (ma voi mentalmente considerate che continui così all'infinito).

Esso è composto da dei cicli economici di quattro anni e mezzo (54 mesi) che si susseguono con un guadagno medio del 10% annuo. Ho considerato un incremento del 10% perché per semplificare i conti non ho tenuto in considerazione l'influenza dell'inflazione sui rendimenti azionari (come visto nel capitolo 1), così come andrò a calcolare i rendimenti di un ipotetico PAC non indicizzato; ovviamente i calcoli che farò qui di seguito non cambiano nel complessivo se considero un incremento annuale del 13% e un PAC indicizzato.

Fig.5

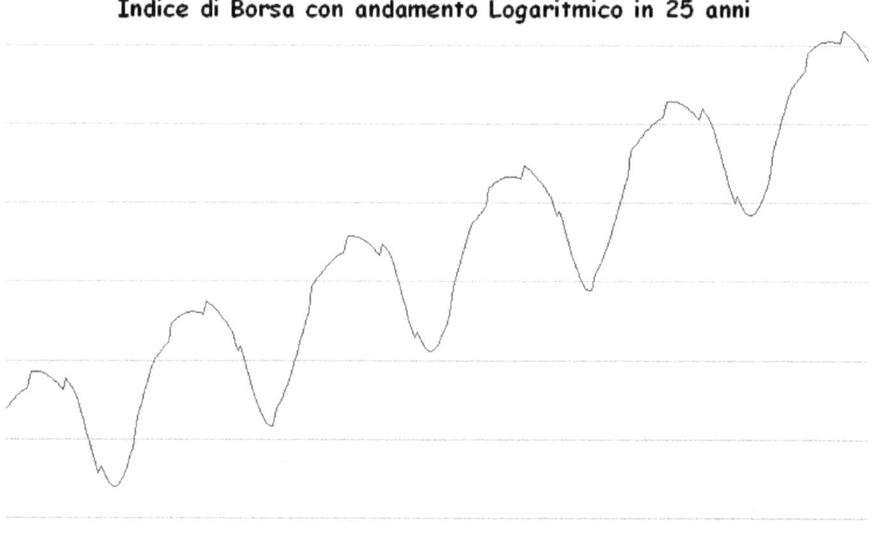


Consideriamo quindi un piano di accumulo che prevede l'acquisto di 100 € effettive di quote ogni mese per una durata complessivamente di 10, 15, 20, 25, 30, 35 e 40 anni e inoltre vediamo la differenza che c'è tra iniziare il nostro piano quando il ciclo è in una fase di minimo relativo, in una fase di massimo relativo, oppure a metà del trend rialzista o ribassista:

| Anni | A | B | C | D | Media |
|---|---|---|---|---|---|
| 10 | 127 % | 101 % | 4 % | 69 % | 75 % |
| 15 | 200 % | 101 % | 44 % | 184 % | 132 % |
| 20 | 268 % | 89 % | 178 % | 324 % | 214 % |
| 25 | 303 % | 142 % | 418 % | 491 % | 338 % |
| 30 | 281 % | 362 % | 717 % | 661 % | 505 % |
| 35 | 352 % | 843 % | 1099 % | 808 % | 775 % |
| 40 | 721 % | 1455 % | 1519 % | 778 % | 1118 % |

Nella prima colonna sono mostrati gli anni di durata del nostro piano, le colonne A, B, C, D, rappresentano i punti di partenza del piano rispetto al ciclo ideale rappresentato nel capitolo 1 (Fig. 1), "Media" rappresenta appunto la media dei valori ottenuti per ciascuna durata.

Già dal piano a 10 anni possiamo notare che, a secondo di quale sia il punto in cui noi cominciamo a fare i versamenti, ci sono notevole differenze nel rendimento. Andando da un misero 4% (almeno 5 volte meno di quanto avrebbe fatto un semplice obbligazionario), ad addirittura un 127% se avessimo cominciato quando il ciclo è ha metà del trend rialzista. Queste situazioni capitano in pratica nei piani di tutte le durate, anche se a volte è meglio iniziare in A e altre volte in B e così via. Inoltre si può vedere anche che alcuni piani iniziati nel momento migliore rendono più di piani di durata superiore, ma iniziati in un momento non propizio.

Ma allora che cosa facciamo? Iniziamo il piano in uno dei 4 punti ideali in base alla durata? No! Il motivo dei rendimenti così strani non è prevedibile anzitempo in base alla durata: infatti ho considerato cicli di 54 mesi, ma nella realtà ogni ciclo può durare qualche mese in più o in meno e far fallire i nostri propositi. Il motivo per cui partendo da C il piano a 10 anni rende solo il 4%, sta a significare che abbiamo scambiato le nostre quote nel momento meno indicato dove la borsa era in prossimità di un minimo del ciclo.

Quello a cui dobbiamo puntare è semmai scambiare le quote nel momento propizio, cioè in prossimità di un punto di massimo relativo. Per fare ciò ci serve un piano che abbia la clausola che permette di chiuderlo anzitempo oppure di allungarlo un po', fino ad arrivare nel punto desiderato. In genere tutti i PAC hanno l'opzione per allungare i termini del contratto, infatti le banche guadagnano sulla gestione dei vostri soldi e più li tenete e meglio è per loro, mentre spesso non vi permetteranno di toglierli prima (sempre per lo stesso motivo), magari potete bloccare i versamenti, ma i soldi restano comunque vincolati e il loro valore varierà nel tempo.

Per ovviare a questo problema potete, quando arrivate nel punto migliore del ciclo, fare uno scambio di quote da completamente azionario a completamente obbligazionario, garantendovi così il risultato fino al termine previsto.

Se non potete fare neanche il cambio da azionario a obbligazionario, ascoltatemi bene: bloccate il piano e attivatene uno con un'altra società perché ne possedete uno pessimo davvero.

Adesso vediamo lo stesso piano, con le stesse durate e gli stessi punti di partenza, ma andando a scambiare le quote, anticipando o posticipando la data di scadenza, facendola coincidere però con un massimo relativo in modo da vedere le differenze di rendimento.

Nella seguente tabella ho aggiunto accanto ai rendimenti un'altra serie di colonne che rappresentano il numero di mesi di anticipo o di posticipo di scadenza:

| Anni | | A | | B | | C | | D | Media |
|---|---|---|---|---|---|---|---|---|---|
| 10 | >2 | 149% | <11 | 148% | <23 | 147% | >14 | 178% | 155 % |
| 15 | >1 | 225% | <11 | 211% | <23 | 198% | >14 | 213% | 211 % |
| 20 | <11 | 327% | <23 | 316% | >16 | 414% | >2 | 372% | 357 % |
| 25 | <11 | 471% | >23 | 441% | >13 | 612% | >1 | 543% | 517 % |
| 30 | <22 | 663% | >18 | 854% | >6 | 824% | <8 | 744% | 771 % |
| 35 | <23 | 946% | >13 | 1267% | >1 | 1213% | <11 | 1083% | 1127 % |
| 40 | >25 | 1892% | >13 | 1767% | >1 | 1646% | <20 | 1480% | 1696 % |

Salta subito all'occhio che non ci sono più discrepanze nei rendimenti. Questo avviene perche si esce sempre nel momento propizio. In seconda battuta potete notare che adesso i redimenti a parità di durata sono grossomodo uguali a prescindere dal punto di partenza. Esistono comunque delle differenze, ma sono da considerarsi fisiologiche e non prevedibili a priori.

**SEGRETO n. 19: in un piano di accumulo non è importante la scelta del punto di partenza, ma lo è il punto in cui termina.**

Inoltre possiamo sicuramente notare che, in alcuni casi, si hanno rendimenti marcatamente più elevati, anticipando, anche di parecchio, la scadenza (fino a 2 anni) mentre in altri basta posticipare di un solo mese per avere differenze notevoli. Ho chiamato questa tecnica **"Gestione Dinamica"**. Per esperienza ho notato che il massimo range di mesi per anticipare o posticipare la chiusura di un PAC è di 27 mesi, anche se nella dimostrazione non ho mai superato i 25.

Le ultime 2 colonne di entrambe le tabelle rappresentano la media dei rendimenti a prescindere dai punti di partenza. Le ho inserite per far vedere quanto ci possiamo aspettare di rendimento medio per un PAC in un andamento realistico di un indice di borsa.

L'indice di borsa l'ho simulato, come ho detto prima, da una serie di cicli da 54 mesi (durata media di un ciclo nella storia dell'economia) e con un'oscillazione che va da + 25% a -50%

rispetto a l'asse del ciclo (quello famoso A-C-E di Fig. 1) che presenta un incremento medio annuale del 10%.

Il ciclo mostrato in figura ha addirittura un'ampiezza sotto la media e cicli con oscillazioni più marcate portano a medie ponderate più basse con rendimenti migliori, mentre ho voluto considerare un caso di mercato che non sia troppo favorevole per il mio esempio precedente. Analizziamo adesso la seguente tabella:

| Anni | Inv. | P. Stat. | Tot P.S. | P.Dinam. | Tot P.D. | Rap. Pac |
|---|---|---|---|---|---|---|
| 10 | 12.000 | 75% | 21.000 | 155% | 30.600 | x 2,06 |
| 15 | 18.000 | 132% | 41.700 | 211% | 56.000 | x 1,59 |
| 20 | 24.000 | 214% | 75.300 | 357% | 110.000 | x 1,67 |
| 25 | 30.000 | 338% | 131.400 | 517% | 185.100 | x 1,53 |
| 30 | 36.000 | 505% | 217.800 | 771% | 313.600 | x 1,53 |
| 35 | 42.000 | 775% | 367.500 | 1127% | 515.300 | x 1,45 |
| 40 | 48.000 | 1118% | 584.600 | 1696% | 862.000 | x 1,52 |

Nella prima colonna sono rappresentati gli anni di durata di un PAC, nella seconda l'ammontare degli accantonamenti, nella terza e quinta invece ci sono le medie viste nelle due tabelle precedenti. Accanto ad esse il capitale medio che andremo a riscuotere e infine, nell'ultima, il rapporto di miglioramento con la strategia di cambio.

Possiamo vedere due cose molto interessanti: la prima è che il tempo conta molto più del denaro, infatti il piano incrementa il suo rendimento in modo esponenziale. La seconda è che con il piano dinamico si ottiene mediamente un risultato migliore del 50%, rispetto a quello che chiamerò, a questo punto, "**statico**", e addirittura +100% se la durata del piano è breve. L'aumento degli interessi così elevati con il passare del tempo è dovuto all'effetto "interesse composito" che è stata considerata da Einstein alla stregua dell'ottava meraviglia del mondo applicata all'economia.

Adesso qualcuno si chiederà: «Come faccio a sapere se devo aumentare o diminuire la durata del piano?». Ovviamente lo spiegheremo in seguito, in questo momento serve solo capire i concetti su cui si basa il piano d'accumulo, le durate che deve avere, gli interessi che possono scaturirne. Vedremo in seguito come applicare la gestione dinamica al vostro piano utilizzando la tecnica del "**timing**" e tutti gli altri trucchi che applico personalmente per far rendere al massimo questi e altri.

Un'ultima cosa: le performance del piano con gestione dinamica si ottengono considerando la vendita delle quote nel punto di massimo relativo, quindi nel caso ideale, mentre nella realtà è quasi impossibile da attuare. Bisogna considerare performance leggermente inferiori rispetto a quelle dichiarate prima. Quelle performance calcolate nel punto ideale le ho messe per sottolineare la differenza di rendimento fra un piano statico e uno dinamico. Considerate mediamente una performance di 1/5 inferiore (in percentuale) rispetto a quella dichiarata.

## I PAC Misti

Abbiamo visto che un PAC può essere azionario o obbligazionario, ma, in realtà, i promotori finanziari tendono a consigliare quelli misti con una presenza di entrambi. Questo perché temono di dire al loro cliente di puntare tutto su l'azionario (in quanto il cliente potrebbe non capirne i vantaggi) o ottenere bassi rendimenti (se il cliente puntasse tutto su l'obbligazionario). Inoltre le banche hanno sempre parecchio interesse a piazzare da un lato le obbligazioni (spinte dalle istituzioni governative) e dalle aziende (che potrebbero risentirsene), e dall'altro piazzano anche le azioni perché con tale strumento ci sono commissioni generalmente più elevate.

Se consideriamo gli stessi investimenti fatti nell'esempio precedente, con un PAC a 25% azionario e uno a 50% avremmo sicuramente rendimenti molto inferiori, corrispondenti più o meno alla seguente tabella:

| Anni | M.25% Stat. | M.25% Din. | M.50% Stat. | M.50%Din. |
|---|---|---|---|---|
| 10 | 18,75% | 39% | 37% | 77% |
| 15 | 33% | 53% | 66% | 106% |
| 20 | 53% | 89% | 107% | 178% |
| 25 | 84,5% | 129% | 169% | 258% |
| 30 | 126% | 193% | 252% | 384% |
| 35 | 194% | 282% | 387% | 564% |
| 40 | 279% | 424% | 559% | 848% |

Nella prima colonna ci sono sempre gli anni di durata del piano, poi a seguire il PAC statico misto al 25% azionario, a seguire lo stesso con gestione dinamica, e infine quello misto al 50%. I rendimenti sono al netto dell'inflazione quindi rappresentano guadagni effettivi in potere d'acquisto.

Le percentuali sono sensibilmente più basse rispetto a un piano totalmente azionario, in quanto la parte obbligazionaria, in pratica, non rende in quanto il suo 2,5% medio d'interesse, va a compensazione dell'inflazione. Similmente i rendimenti dei piani a 25% e 50% sono rispettivamente un quarto e un mezzo rispetto a quelli totalmente azionari.

**SEGRETO n. 20: non investite mai i soldi in piani di accumulo misti ma solo in quelli totalmente azionari per l'intera durata del piano tranne che nell'ultimo periodo, dove, se non è previsto l'interruzione anticipata e la tecnica del timing lo consiglia, andrete in totalmente obbligazionario.**

**Quanto rendono i PIC?**

Vi ricordo qui che i PIC prevedono l'investimento in un'unica soluzione. Il PIC così come il PAC, è basato su l'utilizzo di un fondo comune, ma a differenza dei piani di accumulo sono sfruttabili anche per brevi lassi di tempo (sempre che il piano ve lo permetta).

I PIC infatti possono essere caratterizzati da una scadenza indeterminata dove è possibile staccarlo in qualunque momento senza pagare nessuna penale, anche se pagherete comunque una percentuale annuale per la sua gestione oppure possono avere una scadenza determinata che non può più essere cambiata. Infine quest'ultima può essere cambiata dietro pagamento di una penale che in genere ne penalizza e anche pesantemente, l'opportunità di farlo.

Questi ultimi sono, in genere, accompagnati dalla copertura assicurativa e hanno spesso durate fra i 5 e i 10 anni. Vediamo una tabella con i rendimenti legati sempre all'ipotetico andamento simulato nell'esempio del paragrafo precedente:

| Anni | A | B | C | D |
|---|---|---|---|---|
| 1 | 24% | -10% | -48% | 71% |
| 2 | 22% | -51% | -15% | 169% |
| 3 | -28% | -32% | 45% | 178% |
| 4 | -15% | 25% | 57% | 75% |
| 5 | 67% | 42% | 46% | 70% |
| 6 | 98% | 3% | 61% | 254% |
| 7 | 57% | -27% | 87% | 340% |
| 8 | -2% | 58% | 95% | 290% |
| 9 | 102% | 114% | 114% | 329% |
| 10 | 192% | 102% | 136% | 304% |
| 11 | 188% | 15% | 101% | 419% |

Anche qui nella prima colonna abbiamo gli anni di durata del piano e nelle altre quattro il punto di partenza rispetto al ciclo ideale visto nella fig.1 del capitolo 1.

Si notano subito che le colonne B e D si differenziano dalle altre: infatti, nell'investimento partendo da B (cioè quello corrispondente al massimo relativo), il controvalore delle nostre quote scende bruscamente fino a perdere addirittura oltre il 50% nei primi 2 anni e comunque i rendimenti per tutti gli 11 anni sono sempre al di sotto rispetto ai piani iniziati in un qualunque altro momento. La colonna D, invece, presenta guadagni subito imponenti e, contrariamente alla colonna B, ha dei guadagni nettamente superiori alla media in qualunque scadenza.

La colonna D rappresentava la partenza rispetto al minimo del ciclo mentre le altre due colonne (A e C) hanno andamenti fortemente oscillanti e apparentemente senza motivo. Considerando che nei PIC abbiamo visto che in una colonna si presentano rendimenti sempre migliori rispetto alle altre, possiamo affermare che *la data di inizio investimento è fondamentale per la massimizzazione dei rendimenti*, al contrario dei PAC dove era inutile oltre che imprevedibile. Ovviamente, nel caso dei PIC oltre al punto di partenza, è fondamentale disinvestire quanto più vicino possibile ad un massimo relativo (come accade per i PAC).

**SEGRETO n. 21: in un investimento di capitale (PIC) è fondamentale investire quanto più possibile vicino a un minimo e disinvestire quanto più possibile vicino a un massimo.**

Nell'ultimo capitolo vedremo come calcolare con buona approssimazione i punti di minimo e di massimo con la tecnica del **"timing"**. Nella tabella seguente ho rappresentato la differenza, a parità di tempo, di rendimento tra un PAC dinamico e un PIC anch'esso dinamico. Nell'ultima colonna c'è il rapporto di rendimento tra i due prodotti:

| Anni | PAC Din. | PIC Din. | Rapp. |
| --- | --- | --- | --- |
| 10 | 155% | 613% | x 3,95 |
| 15 | 211% | 1031% | x4,89 |
| 20 | 357% | 1582% | x4,43 |
| 25 | 517% | 2576% | x4,98 |
| 30 | 771% | 3844% | x4,98 |
| 35 | 1127% | 6210% | x5,51 |
| 40 | 1696% | 9251% | x5,45 |

Possiamo subito notare che la scadenza dinamica del PIC porta a rendimenti stratosferici e voglio precisare che questi numeri non sono frutti di un caso, ma della vendita delle quote con i valori presi come riferimento dal grafico usato per l'acquisto delle quote del PAC, quindi a pari mercato. Sottolineo questo punto perché sono sicuro che qualcuno di voi è diventato scettico leggendo questi valori: si può notare che il PIC è sempre vincente e il suo rapporto di performance è da 4 a oltre 5 volte migliore rispetto ai PAC.

Questo è logico, poiché nel PAC mediamo le quote in modo ponderato fra i massimi e i minimi dei cicli, mentre qui abbiamo preso le quote tutte al minimo del primo ciclo (quello più basso in assoluto). Inoltre nel PAC le quote restano a fruttare sempre meno, cioè i versamenti del primo anno restano per tutti gli anni successivi (ad esempio 25) mentre quelle del secondo anno per 24 anni e così via fino agli ultimi che restano pertanto meno di un anno. Invece nei PIC restano tutti per 25 anni e questo porta ai rendimenti visti in tabella.

Come per il PAC, i calcoli del PIC prevedono la vendita delle quote nel punto migliore, cosa che ovviamente è praticamente impossibile da attuare mentre nel PIC ho previsto anche l'acquisto nel minimo assoluto. In realtà, questi guadagni dovrebbero essere decurtati di circa un 1/3, perché non esiste un modo per centrare i massimi e i minimi con precisione, ma solo con una buona approssimazione.

Tuttavia il rapporto di rendimento tra PAC e PIC resta grossomodo invariato a favore dei PIC di circa quattro volte. Questo significa che, per ottenere il rendimento di un PAC con 48.000 € in 40 anni (con versamenti mensili di 100 € a netto di inflazione), bisogna vincolare in un PIC 12.000 € immediatamente per gli stessi 40 anni. Se invece consideriamo un PIC completamente obbligazionario, al netto di inflazione, non otterremo nessun guadagno perché così come accadeva con i PAC, il rendimento dell'obbligazionario compensa l'erosione da inflazione. Come per i PAC, i PIC misti vanno a segare i rendimenti di questo prodotto. Se andiamo ad acquistare un PIC al 25% azionario, otterremo guadagni per un quarto dell'azionario puro mentre se presenta il 50% di azionario, andremo a performance di metà rispetto all'azionario puro (fermo restando che il timing sia corretto come nel mio esempio precedente).

**SEGRETO n. 22: un piano di investimento capitale rende quattro volte di più rispetto ad un piano di accumulo capitale, se esso è azionario, mentre è indifferente per quelli obbligazionari.**

## Piani di Risparmio e Pensionistici

Dopo aver visto i due principali metodi di investimento adottabili per i propri risparmi vedremo quali sono i principali usi che ne possiamo fare.

Il PAC è massicciamente utilizzato per i piani pensione oppure di risparmio in generale. Infatti in entrambi i casi, è previsto un accantonamento periodico di soldi e questa caratteristica concilia alla perfezione con i piani di accumulo. Esistono principalmente tre tipi diversi di piani di accumulo:

- piani di accumulo senza scadenza (o di risparmio);
- piani Individuali di Pensione;
- piani Individuali di Pensione deducibili.

*I piani di accumulo* senza scadenza sono dei PAC che non prevedono particolari limitazioni e presentano una data di inizio (ovviamente), ma non hanno una data di scadenza (cosa molto interessante) e possono prevedere eventualmente una copertura assicurativa. Quando andiamo a scegliere un prodotto del genere dovremmo tenere conto di alcune caratteristiche fondamentali per la massimizzazione dei rendimenti e per la flessibilità del loro utilizzo (cosa che potrebbe ritornarci utile se dovessimo incappare in problemi personali); vedremo le caratteristiche in seguito.

Ho detto precedentemente che questi prodotti non hanno una durata, ma tuttavia possono presentare alla stipula un numero di trance predeterminato (ad esempio 120, 180 ecc.), cioè un numero automatico di versamenti alla fine della quale il piano si interrompe salvo diversa disposizione. Questo particolare limite si riscontra generalmente nei piani accompagnati da una copertura assicurativa.

Infatti per calcolare la trattenuta (dell'assicurazione) devono sapere necessariamente per quanto tempo deve andare avanti il contratto. In questo particolar tipo di piani risparmio deve essere possibile una liquidazione anche prima del previsto, senza dover pagare una penale o prelevare anche solo una parte del capitale senza doversi motivare.

Attenzione! Personalmente ho notato nella mia attività che spesso le banche o i promotori piazzano i piani pensioni come fossero piani di risparmio facendovi lievitare di parecchio i costi. Potete verificarlo facilmente se il vostro piano richiede delle precise e inderogabili motivazioni per prelevare una parte del capitale oppure siete costretti a chiudere tutto il piano (cioè ritirare tutto ciò che si è accantonato). Ricordatevi che in un vero piano di risparmio, è sempre possibile chiudere prima o dopo la data di scadenza prevista, che deve essere possibile prelevare somme di denaro in qualunque momento, per importi liberi (nei limiti di ciò che contiene) senza darne giustificazione e non debbono esserci penali per chiusure anticipate.

Altra caratteristica che deve possedere (oltre ai minimi di legge) un piano risparmio per essere utilizzato in un modo efficace (e poter applicare le strategie che ho messo a punto) è quella di poter variare a piacere l'importo dei versamenti, e interromperli senza necessariamente riprenderli, versando gli arretrati; permettere di cambiare strategia (cioè la ripartizione fra azionario e obbligazionario) almeno due o tre volte l'anno (meglio se infinite volte). Infine deve permettere di poter cambiare la cadenza dei versamenti, da mensile a trimestrale e così via.

Un piano di risparmio può presentare, come abbiamo già detto, una copertura assicurativa. In questo caso il capitale è protetto dalle leggi sul risparmio come visto nel capitolo 2, ma non possono in nessun caso essere portati in deduzione (visto che la scadenza è indeterminata e quindi non assimilabile a un piano previdenziale).

Appare chiaro che questi piani possono essere utilizzati per svariati scopi. Personalmente li consiglio per un accantonamento in vista di un progetto ben preciso (comprare la casa, la barca o mandare i propri figli in università prestigiose), oppure come riserva di denaro da cui attingere nei momenti di difficoltà e infine con lo scopo di lasciarli in eredità.

Nel caso di un progetto ben determinato, ci torna utile la scadenza variabile, infatti se raggiungiamo il capitale anticipatamente grazie agli interessi possiamo scambiarlo. Il secondo caso è favorito dalla possibilità di prendere parzialmente del denaro, anche in una piccola parte, per fronteggiare una spesa non prevista oppure potersi sostenere in periodi dove il lavoro va male. Il terzo caso, invece, sfrutta l'esenzione dalla tassa di successione anche a favore di estranei (purché il piano sia provvisto di copertura assicurativa). Anche se nei primi due casi la copertura assicurativa non è necessaria, quella caso morte (la meno dispendiosa), resta comunque molto utile.

Quando andrete a scegliere un piano risparmio, assicuratevi che si possa decidere in che mercati investe e deve essere presente la possibilità di andare in uno totalmente azionario e che successivamente si possa investire in totalmente obbligazionario (nel caso contrario, cercate meglio che esistono!). Infine se presenta la possibilità di scegliere le percentuali di ripartizione a piacere è ancora meglio, tuttavia, questa possibilità non è strettamente necessaria. Riassumendo, un piano di risparmio deve avere le seguenti caratteristiche:

- durata indeterminata o con trance variabili;

- prelevabilità dei capitali in modo parziale (senza doversi motivare);

- variazione dell'ammontare dei versamenti sia ad aumentare che a diminuire;

- poter effettuare versamenti aggiuntivi;

- variazione della cadenza delle trance;

- poter sospendere e riprendere i versamenti senza dover reintegrare i versamenti saltati anche se il piano è assicurato;

- poter investire in mercati totalmente azionari od obbligazionari;

- poter cambiare la strategia degli investimenti più volte l'anno;

- se presenta un'assicurazione, badate che sia solo caso morte.


Adesso parliamo dei piani pensione. Questo prodotto si differenzia per molti aspetti dal piano di risparmio, tuttavia la gente, e spesso anche i promotori, fanno confusione.


**Il Piano Individuale di Pensione**, come dice il nome stesso, serve a crearsi una propria pensione integrativa quindi deve avere sicuramente scadenze regolabili su tali età, deve poter essere liquidata alla sua scadenza anche in forma vitalizia e permettere una buona flessibilità di utilizzo.

Parliamo per prima dei *piani non deducibili*. Questi prodotti non possono avere una durata indeterminata: infatti l'età pensionabile è calcolabile in modo certo e in genere si stabilisce a 60 anni per le donne e 65 per gli uomini, ma non è un obbligo (motivo per cui non si possono portare in deduzione). Infatti si potrebbe benissimo impostare su altre età, sia antecedenti che successive all'età effettiva del pensionamento. Si potrebbe far corrispondere alla fine effettiva delle attività lavorative, mentre un altro tipico utilizzo è quello di far in modo che sia un integrativo allo stesso stipendio. In questo caso il lavoratore può alleggerire il proprio carico di lavoro mantenendo però il proprio tenore di vita e successivamente fungerà da integrativo alla pensione. Un altro utilizzo similmente ai piani di risparmio è l'accantonamento in vista di un progetto di cui si conosce già la data in cui servirà quel denaro.

Per far sì che si possa utilizzare per tutti gli scopi sopra indicati, i piani pensionistici devono necessariamente avere alcune caratteristiche obbligatorie e altre necessarie per noi, ma considerate facoltative (quindi sta a voi dovervene accertare). Per prima cosa, in un PIP (Piano individuale di Pensione) quando non è deducibile, deve essere possibile poter prelevare tutto il capitale a scadenza oppure beneficiare totalmente del ritorno sotto forma di rendita vitalizia (vita natural durante), sia di tutto il capitale, o con proporzioni a nostra scelta.

In caso si scelga la forma vitalizia, devono essere possibili le seguenti scelte di riscossione sicura: per 5 anni certa e poi a vita, oppure per i primi 10 anni e poi sempre fino alla morte. Importante ricordare che deve essere sempre possibile richiedere la reversibilità per il coniuge o chiunque altro, anche estranei. Quest'ultima clausola è molto utile quando si vuole lasciare un vitalizio a un partner e non si è sposati, come coloro che convivono senza un'unione legale (ad esempio coppie di fatto oppure amanti o conviventi).

Il vitalizio deve essere rivalutato nel tempo con rendimenti di tipo obbligazionari sicuri per evitare di trovarsi dopo un po' di anni con rendite erose dall'inflazione. Se il PIP è assicurato deve prevedere solo il caso morte altrimenti i costi di esercizio diventano troppo alti per rendere come previsto.

Oltre alle suddette opzioni (obbligatorie), accertarci che consenta pure: la variazione dei versamenti sia a salire che a scendere in modo da poter cambiare gli importi secondo le nostre possibilità economiche del momento, nonché si possa interrompere senza l'obbligo di reintegrare le somme non versate (compresi quelli assicurati). Si deve poter variare la cadenza delle rate prevedendo opzione mensile, bimensile, trimestrale, semestrale e annuale. Importantissima la possibilità di effettuare versamenti aggiuntivi al fine di sfruttare momenti particolarmente favorevoli del mercato. Così come per i piani risparmio, dobbiamo accertarci che per le nostre strategie di investimento sia possibile investire in mercati totalmente azionari e totalmente obbligazionari o in rapporti variabili a scelta, per poter applicare le strategie più proficue. Infine dovete badare alla possibilità che sia possibile cambiare strategia di investimento anche più volte in un anno (vedremo il perché nell'ultimo capitolo).

I motivi di tutte queste richieste Vi saranno chiari quando applicheremo le strategie di massimizzazione dei rendimenti. In definitiva, un piano individuale di pensione deve avere le seguenti caratteristiche per essere utile e/o legale:

- durata determinata del piano;

- possibilità di allungare o accorciare la durata del piano;

- possibilità di riscuotere anticipatamente il capitale senza una motivazione specifica;

- poter esercitare il diritto al vitalizio in qualsiasi proporzione;

- nel vitalizio si devono poter scegliere la condizione a 5 o 10 anni certa;

- deve essere possibile dare la reversibilità a favore di chiunque;

- poter variare i versamenti a piacere;

- poter sospendere i versamenti e riprenderli senza penali e/o reintegro obbligato delle somme non versate;

- si debbono poter fare versamenti aggiuntivi;

- si deve poter variare la cadenza delle rate;

- deve poter investire anche in mercati totalmente azionari e obbligazionari;

- si deve poter cambiare strategia di investimento più volte l'anno.

Nei **Piani Individuali di Pensione Deducibili** si devono avere caratteristiche uguali a quelli non deducibili, tuttavia ci sono dei cambiamenti e delle restrizioni imposti per legge e che i piani devono necessariamente rispettare. Una delle restrizioni è che debbono per forza scadere all'età legale pensionabile dell'assicurato e quindi non si possono utilizzare per altri scopi se non quello previdenziale.

Debbono presentare obbligatoriamente una copertura assicurativa di qualunque tipo (ma noi ci assicureremo che sia solo caso morte) e non si possono chiudere prima del termine. Si può prelevare fino al 75% del capitale anticipatamente solo se con giustificato motivo certificabile. I motivi che si possono addurre in quest'ultimo caso sono: l'acquisto della prima casa per sé o per i propri figli; la ristrutturazione delle stesse; per motivi di grave malattia per sé e per i figli e per il coniuge; per le spese matrimoniali (sempre per sé e per i figli); o infine nel caso si perda il lavoro.

In tutti i casi si possono prelevare tanti soldi quanti servono (e non di più), previa dimostrabilità, fino al limite sopra indicato. Inoltre, al termine del piano, non si può assolutamente liquidarlo tutto sotto forma capitale (cioè ritirare tutta la somma raccolta) ma c'è l'obbligo di trasformare in rendita almeno il 70% in caso di reddito basso e fino al 50% in caso di redditi già di per sé elevati.

Anche in questo caso, come per i non deducibili, devono essere presenti le condizioni di rendita certa per 5 o 10 anni, ma, a differenza di quello, non sono previste reversibilità se non agli eredi diretti (per la legge) quindi marito o moglie e successivamente gli eventuali figli, o in mancanza di questi, quelli previsti dall'asse ereditario. In cambio di tutte queste restrizioni lo stato italiano garantisce la deducibilità dei versamenti annuali fino ad un massimo di 5164,35 € dai propri redditi e limita al 3% massimo di costi, sia il preconto (ossia il costo iniziale del piano), sia il costo annuale compreso la copertura assicurativa.

In definitiva vi consiglio di controllare che un PIP deducibile debba presentare le seguenti opzioni per essere preso in considerazione:

- Durata determinata a età pensionabile del piano.

- Possibilità di allungare la durata del piano.

- Vitalizio obbligatorio almeno al 50% del capitale.

- Nel vitalizio si devono poter scegliere la condizione a 5 o 10 anni certa.

- Deve essere presente la reversibilità agli eredi (solo legittimi).

- Si deve poter variare i versamenti a piacere.

- Si devono poter cessare i versamenti e riprenderli senza penali e/o reintegro obbligato delle somme non versate.

- Si debbono poter fare versamenti aggiuntivi.

- Si deve poter variare la cadenza delle rate.

- Si deve poter investire anche in mercati totalmente azionari e obbligazionari.

- Si deve poter cambiare strategia di investimento più volte l'anno.

- Deve essere deducibile fino a un massimo di 5165,35 euro.

- Non deve costare più di 3% annuo compreso l'anno di sottoscrizione.

- Deve avere la copertura assicurativa (solo caso morte).

**SEGRETO n. 23: i piani di risparmio devono essere utilizzati per degli obiettivi, i piani pensioni non deducibili per l'integrazione dei redditi e i piani deducibili per la creazione di una pensione.**

**Quanto hanno reso i PAC nella storia?**

Fino ad ora abbiamo visto il rendimento del PAC in un mercato ideale con cicli tutti simili, sia in magnitudine (escursione fra minimo e massimo) sia in durata, e con un rendimento medio costantemente al 13% incluso dividendi. Nella realtà queste condizioni non avvengono sempre, in quanto cicli e magnitudini sono variabili per il noto fatto che l'economia è influenzata pesantemente dai risvolti socio-politici.

A conferma di ciò, nello scorso secolo, la prima e la seconda guerra mondiale hanno alterato parecchio l'andamento previsto dell'economia, probabilmente perché durante le due guerre la produzione ordinaria si è fermata e la gente non ha investito, anche perché le fabbriche sono state bombardate.

In secondo luogo, in quanto nei due dopoguerra è servito parecchio tempo agli stati per riprendersi dai danni subiti e dai costi sostenuti: le industrie hanno avuto bisogno di oltre un decennio per ritornare ai ritmi di prima e, in ultima analisi, la gente, a causa dell'inflazione susseguente le guerre, non aveva più soldi.

Lo scopo di questo paragrafo è analizzare l'andamento di un PAC in periodi storici particolarmente difficili dal punto di vista economico, e vedremo infine il loro comportamento anche negli ultimi anni, in modo da capire come vanno oggi.

Per rendere realistica al massimo la simulazione, ho considerato in tutti e tre i casi che andremo a vedere dei piani venticinquennali (durata media in Italia di un piano pensionistico) e inoltre ho considerato il piano basato sull'indice DOW JONES, che è il più rappresentativo degli indici attualmente esistenti nel mercato mobiliare e facile da ottenere se volete ripetere la simulazione.

Il grafico è tracciato in forma logaritmica con base 10, come si può facilmente notare dalla scala di valori alla sinistra. Nelle ascisse è rappresentato il tempo mentre nelle ordinate l'ipotetico valore di una quota che, come potete vedere, decuplica ogni due linee. Infine, per analizzare il grafico stesso, ho inserito alcuni anni specifici sopra gli andamenti per evidenziare degli eventi storici.

Il grafico è stato depurato dall'inflazione non considerando la distribuzione dei dividendi azionari che in periodi di boom di crescita sono comunque piuttosto elevati e in genere paragonabili all'inflazione. Analizzandolo si vede bene il così detto biennio rosso, con inizio nel '29 e che ha lasciato sul lastrico un sacco di famiglie e industriali dell'epoca.

Poi sono segnati gli anni di inizio e fine della seconda guerra mondiale; l'anno della crisi petrolifera; la caduta delle borse dell'87 che probabilmente molti di voi, tra quelli che hanno almeno 40 anni ricorderanno; la crisi delle borse asiatiche del '97 e infine la fine della bolla speculativa e relativa concomitanza degli attentati delle Torri Gemelle del 2001.

Già al primo colpo d'occhio si vede che il crollo del '29 è stato spaventoso. E infatti le borse, in particolar modo quella americana, hanno perso quasi l'80% del valore.

Complice la seguente crisi dei consumi negli anni trenta, lo scoppio della guerra nel '39 (con conseguente inflazione post-bellica) e seguire la guerra in Corea (per gli USA), il D.J. ha impiegato quasi 25 anni per riprendersi. Questo è il periodo che andremo a considerare nella nostra simulazione.

Si può anche notare che tutti gli anni Sessanta e Settanta sono caratterizzati da un mercato quasi piatto, timoroso dalla possibilità di una terza guerra mondiale.

Sicuramente vi ricorderete o avrete sentito parlare della guerra fredda e della guerra in Vietnam con tutti i costi che ne sono conseguiti per gli USA: proprio per questi motivi Kennedy lanciò la sua sfida all'Unione Sovietica riguardo a chi sbarcasse per primo sulla luna, in modo da dare alla sua nazione un obiettivo comune e, contemporaneamente, fare in modo che si coordinasse (in modo da non pensare a cose negative).

In questo periodo di per sé non facile si innesta la crisi petrolifera del '74, che di certo non ha aiutato il mercato mondiale; infatti quest'ultima rappresenta la terza crisi più imponente di sempre, che conseguentemente appiattirà il mercato fino all'inizio degli anni Ottanta.

Proprio questo periodo che va dalla fine degli anni Cinquanta all'inizio degli Ottanta sarà l'oggetto di studio della nostra seconda simulazione. Per tornare ai giorni nostri, analizzeremo il grande boom economico degli anni Ottanta e Novanta, caratterizzato dai suoi tipici rimbalzi e le bolle speculative, nonché dalla seconda crisi più imponente delle borse dopo il '29 rappresentato, come tutti ben tristemente ricorderanno, dal periodo a cavallo dell'attentato delle Torri Gemelle.

Infine arriveremo alla fine del 2007 (momento in cui è già iniziata una nuova crisi dei mercati). Prima di esaminare il primo caso, volevo spiegarvi come è possibile prendere i dati necessari affinché possiate condurre delle simulazioni autonomamente.

Per prima cosa dovete andare nel sito di Yahoo nella sezione finanza al seguente indirizzo: **http://it.finance.yahoo.com/**

Cliccate su "indice Dow Jones" oppure cercate l'indice di settore che vi interessa. Quando l'avrete selezionato vi comparirà la schermata sull'andamento dell'indice che abbiamo scelto.

Come abbiamo visto nel precedente capitolo, possiamo selezionare il range di date da visualizzare nel grafico, e io, per la rappresentazione raffigurata pocanzi, ho scelto "Max".

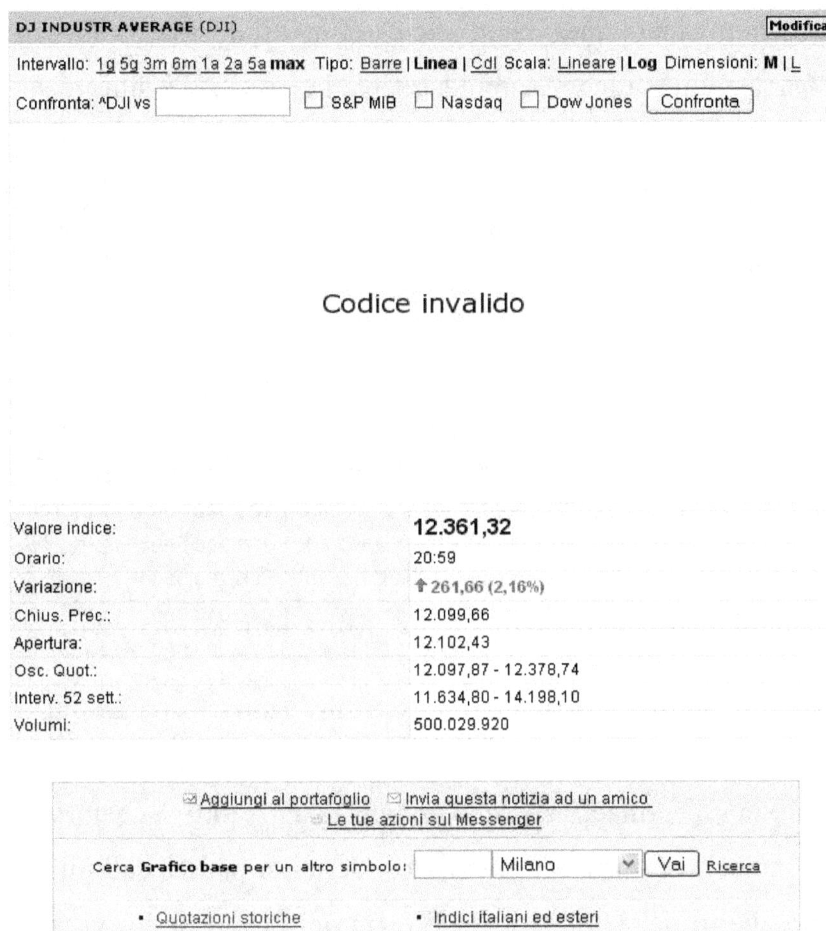


Spesso, quando si seleziona l'opzione "Max" spunta un errore di visualizzazione dove normalmente dovrebbe essere rappresentato il grafico, ma a noi questo non interessa, infatti dobbiamo cliccare su "Quotazioni storiche" completamente in basso sulla sinistra.

**Seleziona date**

Inizio: 1   Ott   1928   Es. 1 Gen 2004   ⦿ Giornaliero

Fine: 20   Mar   2008   ○ Settimanale   ○ Mensile

[ Ottieni i dati ]

Primo | Prec | **Seguente | Ultimo**

**Prezzi**

| Data | Apertura | Massimo | Minimo | Chiusura | Volumi | Chiusura aggiustata* |
|---|---|---|---|---|---|---|
| 19-mar-08 | 12.391,52 | 12.525,19 | 12.077,27 | 12.099,66 | 1.203.830.000 | 12.099,66 |
| 18-mar-08 | 11.975,92 | 12.411,63 | 11.975,92 | 12.392,66 | 1.263.390.000 | 12.392,66 |
| 17-mar-08 | 11.946,45 | 12.119,69 | 11.650,44 | 11.972,25 | 1.588.960.000 | 11.972,25 |
| 14-mar-08 | 12.146,39 | 12.249,86 | 11.781,43 | 11.951,09 | 1.049.040.000 | 11.951,09 |
| 13-mar-08 | 12.096,49 | 12.242,29 | 11.832,88 | 12.145,74 | 5.073.360.000 | 12.145,74 |
| 12-mar-08 | 12.148,61 | 12.360,58 | 12.037,79 | 12.110,24 | 4.414.280.000 | 12.110,24 |
| 11-mar-08 | 11.741,33 | 12.205,08 | 11.741,33 | 12.156,81 | 1.033.480.000 | 12.156,81 |

In questa schermata vi sono rappresentati tutti i valori di quell'indice, nel nostro caso del Dow Jones, a partire dall'ultimo giorno aperto della Borsa a risalire fino al primo in cui vi sono registrati i rilevamenti (su Yahoo).

A questo punto dobbiamo selezionare il range di date che ci interessa (oppure lo lasciate invariato se volete farlo dall'inizio al giorno in cui state operando), e sulla destra selezionerete la cadenza delle rilevazioni (giornaliero, settimanale, mensile), nel nostro caso dovendo simulare un PAC opteremo per mensile.

Adesso cliccate su "Ottieni i dati". Vi ricomparirà la stessa schermata ma ordinata con le caratteristiche che avete appena selezionato: scorrete la pagina fino in fondo dove dovrebbe essere visualizzata questa scelta:

| feb-03 | 8.003,74 | 8.189,33 | 7.002,61 | 7.091,06 | 1.400.452.000 | 7.091,06 |
| gen-03 | 8.342,38 | 8.896,09 | 7.884,66 | 8.053,81 | 1.539.433.800 | 8.053,81 |
| dic-02 | 8.902,95 | 9.076,35 | 8.214,93 | 8.341,63 | 1.289.625.700 | 8.341,63 |
| nov-02 | 8.395,64 | 8.995,78 | 8.237,65 | 8.896,09 | 1.488.161.000 | 8.896,09 |
| ott-02 | 7.593,04 | 8.607,04 | 7.181,47 | 8.397,03 | 1.717.287.300 | 8.397,03 |
| set-02 | 7.698,81 | 7.729,53 | 7.422,28 | 7.591,93 | 3.443.740.000 | 7.591,93 |

*Aggiustata per dividendi e split.

Primo | Prec | <u>Seguente</u> | <u>Ultimo</u>

<u>Preleva i dati su foglio di calcolo</u>

"Preleva i dati su foglio di calcolo". Ci cliccate sopra, e successivamente vi dirà se volete salvare un file. In questo file, sono conservati tutti i dati che ci interessano, e può essere aperto con un foglio elettronico (ad esempio Excel di Microsoft o Calc di Openoffice) o eventualmente tramite un gestore database.

Ottenute le informazioni ci potrete lavorare sopra, tracciando grafici, simulando acquisti di quote basate sui valori dell'indice ecc. Ovviamente in questa sede non mi posso soffermare su come utilizzare un foglio elettronico; tuttavia, essendo uno strumento di calcolo molto diffuso, ho ritenuto opportuno indicarvi come si possono ottenere i dati in formato foglio elettronico per potervi riprodurre i grafici in modo autonomo.

Un'ultima considerazione: spesso ho riscontrato che i valori riprodotti nel file che fornisce Yahoo sono salvati in un formato errato (per la precisione sotto forma di data a causa della prima colonna che è in quel formato), e voi, per poterlo utilizzare dovrete aprire una nuova scheda e inserire i dati della vecchia scheda moltiplicati per 24. Inoltre è utile selezionare tutti i dati è dal menù in alto cambiare l'ordine di rappresentazione in modo da averli in ordine crescente (dal più vecchio al più recente).

Personalmente utilizzo il Calc di Openoffice, che è una suite scaricabile gratuitamente dal sito del produttore con licenza libera. La potete scaricare al seguente indirizzo: **http://it.openoffice.org/**

Incominciamo ad analizzare il primo caso (28 – 53) zoomato in modo da evidenziarlo meglio: più in dettaglio nel grafico possiamo notare facilmente i cicli economici di 4,5 anni ognuno; il primo comincia in un periodo antecedente l'inizio della crisi del '29 e finisce proprio in quel grosso minimo.

Il secondo ciclo passa da quel massimo prima del '39 e si ferma sempre nel minimo.

C'è un terzo ciclo che dovrebbe finire intorno al '41, ma a causa della guerra si protrae fin verso il '43 (periodo peggiore per la guerra dal punto di vista degli alleati e in particolare degli americani). Si vedono poi anche altri due cicli e mezzo che vanno a salire con l'ultimo che non viene qui rappresentato per intero.

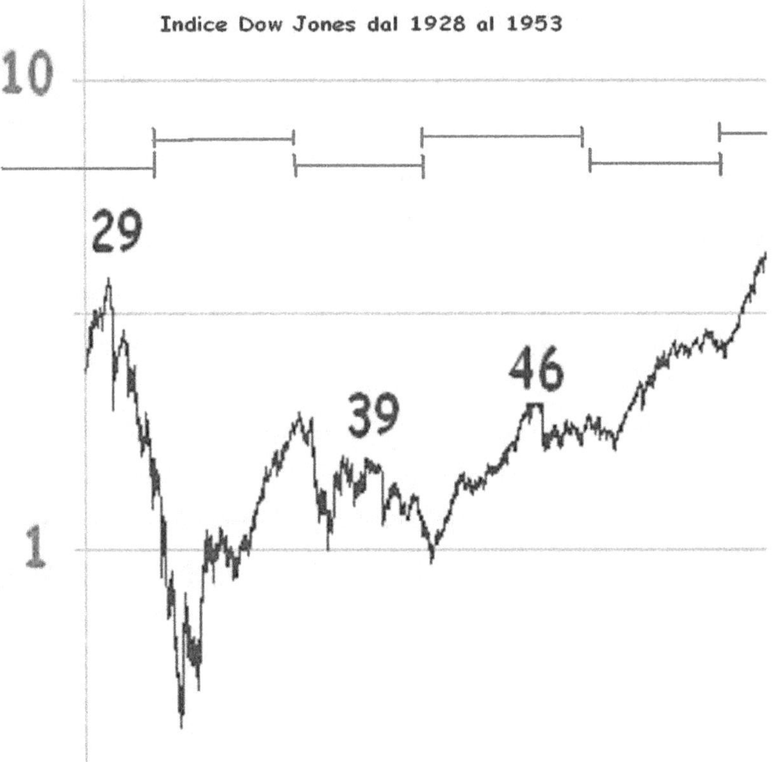



N.B.: ricordate che i cicli vanno considerati per convenzione sempre da un minimo relativo al successivo. Per meglio individuarli, in questo grafico ho tracciato dei segmenti in verde che delineano i vari cicli.

Nella simulazione ho considerato, così come poi farò nelle altre, un acquisto costante di quote (poniamo 100 dollari) con cadenza mensile, cominciando e finendo esattamente come da grafico e ottenendo i seguenti risultati, che, ricordo, sono già scorporati dell'erosione inflazionistica:

| Anni | PAC Statico | PAC Dinamico |
|------|-------------|--------------|
| 10 | 28 % | 60 % |
| 15 | 11 % | 61 % |
| 20 | 32 % | 69 % |
| 25 | 89 % | 98 % |

Possiamo subito notare che, pur avendo superato solo negli ultimi mesi il massimo di fine 1928, il piano è sempre in attivo a prescindere da quanti anni lo abbiamo tenuto. Infatti già dopo 10 anni, con i valori di borsa di molto inferiori a quelli di inizio simulazione, siamo comunque a +28% e se utilizziamo la gestione dinamica possiamo, addirittura spuntare un +60%. Purtroppo l'inizio delle ostilità con le iniziali sconfitte americane ('41) fanno quasi vanificare i vantaggi dei primi 10 anni ma il piano dinamico si difende comunque bene: impiegherà altri 5 anni prima di ritornare alle performance del decennio precedente per poi finalmente cominciare a galoppare.

Se avessimo protratto il piano per altri 5 o 10 anni ci saremmo avvicinati parecchio alle performance normali pur avendo subito un inizio fortemente sfavorevole. Questo ovviamente, è un caso limite: infatti se avessimo cominciato il piano anche solo 2 anni dopo, cioè verso il minimo, i guadagni sarebbero stati, a parità di durata, almeno il triplo. A questo proposito, vedremo nel capitolo dedicato alle tecniche per la massimizzazione dei rendimenti come si sarebbero potute sfruttare al meglio queste situazioni e renderle una catapulta per i nostri guadagni.

Il secondo periodo che andremo ad analizzare è il periodo, sempre di 25 anni, fra il gennaio '58 e il dicembre '83: si possono facilmente vedere 6 minimi relativi in corrispondenza della fine di altrettanti cicli economici, uno dei quali coincide con quello del '74. L'andamento economico di tipo quasi piatto, in gergo tecnico detto "trend laterale" è la situazione più deleteria per i piani d'accumulo, infatti pur caricandosi parecchio nei vari minimi, il

PAC non potrà mai esplodere nei rendimenti in quanto la scadenza precede il "rally" rialzista successivo.

N.B.: per "rally" si intende un particolare momento del mercato nel quale gli investitori acquistano in modo frenetico.

Ovviamente non è un caso se ho selezionato questo periodo, qui di seguito vi inserisco la tabella con i rendimenti:

| Anni | PAC Statico | PAC Dinamico |
|------|-------------|--------------|
| 10 | 27 % | 35 % |
| 15 | 20 % | 33 % |
| 20 | 2 % | 29 % |
| 25 | 51 % | 56 % |

Si vede chiaramente che i rendimenti non riescono mai a decollare proprio perché le quote comprate nei vari minimi (soprattutto quello del 74), non vengono mai rivenduti con prezzi alti. Solo verso il venticinquesimo anno si cominciano a vedere i primi rendimenti decenti. Essendo stato un periodo economico piatto, neanche il piano dinamico riesce ad avvantaggiarsi su quello statico, restando più o meno sugli stessi rendimenti.

In quest'ultimo caso, se avessimo atteso un altro po' di tempo (almeno 5 anni), il piano sarebbe esploso nel suo rendimento visto che dopo un trend laterale così lungo non potevamo non aspettarci un forte trend rialzista, come infatti è poi accaduto. In questa precisa occasione si sarebbero potuti fare ottimi risultati utilizzando particolari tecniche di gestione del piano.

Per ultimo consideriamo un periodo con diverse crisi dei mercati (ben quattro per l'esattezza) in 25 anni. Vediamo il grafico ingrandito:

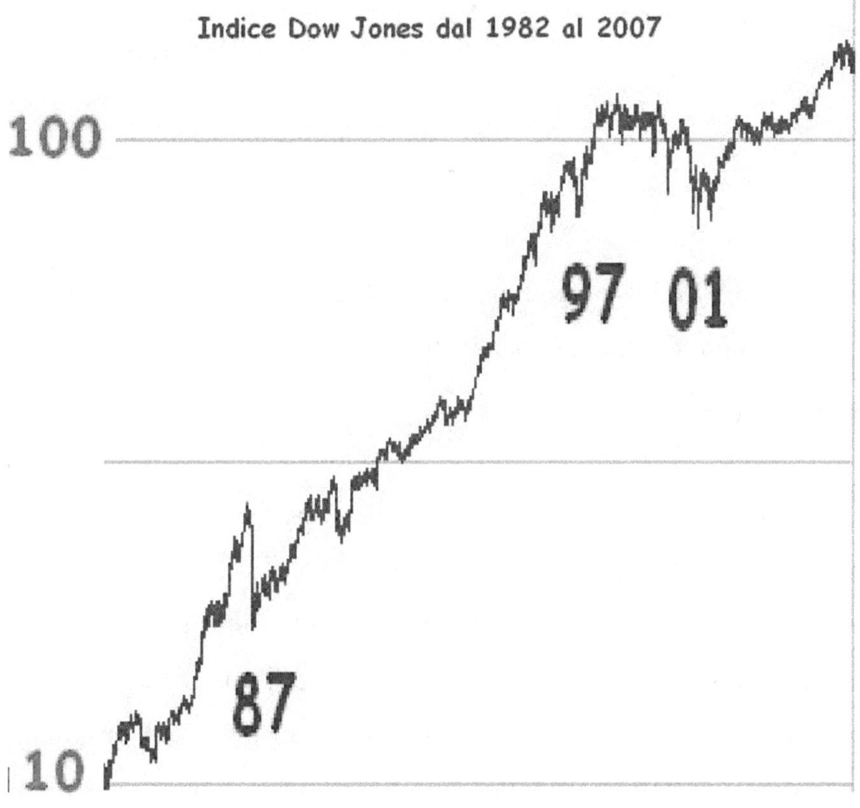


Le crisi sopra citate sono ovviamente quella dell'87, del '97, del 2001 e quella appena accennata nel grafico perché tutt'ora in corso di svolgimento, quella detta dei "Mutui".

In questo grafico, molto più vicino all'andamento di quello ideale, ci aspettiamo ovviamente rendimenti migliori dei precedenti:

| Anni | PAC Statico | PAC Dinamico |
|---|---|---|
| 10 | 89 % | 100 % |
| 15 | 245 % | 300 % |
| 20 | 182 % | 338 % |
| 25 | 280 % | 280 % |

Infatti sono molto meglio di prima e quasi in linea con quelli ideali se non fosse stato per le tre crisi subite in modo ripetuto negli ultimi 10 anni.

Nei primi 15 anni il piano si comporta da manuale, sia con la gestione statica sia con quella dinamica, anche se per via di un grafico in continua ascesa la dinamica non ha fatto un exploit nei primi 10 anni ma si è rifatto fra il decimo e il quindicesimo anno in corrispondenza della crisi asiatica mentre nel finale possiamo vedere che le "Torri gemelle" non hanno influito sui rendimenti ma, anzi, hanno dato un boost del 100% ulteriore proprio in quel periodo. Adesso stiamo risentendo un po' del ribasso dovuto alla crisi scoppiata a metà del 2007. Risultati niente male considerando che sono la simulazione di 25 anni di gestione segnata da eventi parecchio tribolati.

Come avete sicuramente notato, anche in questo grafico sono presenti diversi cicli, ma visto che l'economia è sempre ascendente, essi sono più difficilmente individuabili e sono meno evidenti agli occhi inesperti. Ce n'è chiaramente uno fra '82 e '87, un altro che termina nel '92, e il successivo appunto nel '97. In seguito si vede chiaramente quello a cavallo delle Torri che termina nel 2002/3 mentre nel 2008 o a inizio 2009 ne è prevista la fine di un altro.

A conferma di questi rendimenti, vi posso dire che mio padre, avviando un piano di accumulo previdenziale due settimane dopo l'attentato alle Torri, all'inizio dell'estate del 2007 aveva avuto un rendimento del 150% rispetto a quanto immesso all'interno del piano. Un mio cliente, che aveva aperto un piano di risparmio nel '98 di 700 mila lire al mese, aveva, sempre all'inizio dell'estate 2007, 95.000 € a fronte dei circa 39.000 inseriti nel tempo (+250%), e tutto senza particolari gestioni del piano, ma lasciandolo statico (ma ovviamente completamente azionario).

**Dove si utilizzano i PIC?**

Dopo aver parlato ampiamente dei prodotti che utilizzano i PAC, vediamo di analizzare i prodotti che utilizzano i PIC come metodo di investimento. Il fondo comune, quando non diversamente specificato è un PIC, cioè un investimento cospicuo di capitale in un'unica trance che appunto da in cambio un certo numero di quote del fondo stesso. Voglio soffermarmi su questa precisazione perché un fondo comune può essere utilizzato anche da un PAC, ma in realtà sono nati per alimentare i PIC.

Fermo restando che un fondo comune può essere sia completamente obbligazionario che azionario o anche misto e ricalca qualunque indice o settore, esso può avere svariate caratteristiche ed essere utilizzato in diversi modi.

I suoi principali utilizzi possono andare dalla creazione di una pensione integrativa (evento molto raro), al semplice utilizzo speculativo, o per godere dei soliti vantaggi legali associati alla loro copertura assicurativa. Abbiamo visto che una pensione integrativa, in genere, utilizza un PAC nel tempo per accumulare il capitale, ricordiamo che un PIC presenta notevoli vantaggi nel rendimento degli investimenti sicuramente superiori a quelli degli stessi PAC. Proprio per questo motivo diversi istituti di credito permettono di aprire un proprio fondo pensione utilizzando un PIC invece che un PAC. Per poter utilizzare questo tipo di strumento per la nostra pensione integrativa, il fondo deve godere di queste caratteristiche minime:

- Deve investire in un mercato completamente azionario.
- Deve reinvestire i dividendi.
- Deve essere possibile allungare la data di scadenza.
- Deve essere possibile chiudere il fondo in anticipo possibilmente senza pagare penali o comunque essere non eccessive.
- Sarebbe utile se si potesse prelevare parte del capitale senza darne giustificazione (non è una condizione indispensabile).

- Ci si deve accertare che la stessa banca o istituto di credito abbia in portafoglio un fondo completamente obbligazionario.
- Controllare, qualora avessero un fondo completamente obbligazionario, se si può far migrare il capitale da un fondo all'altro senza penali.

- Accertarsi se è possibile avere una copertura assicurativa, e in caso affermativo che sia solo caso morte.
- Alla scadenza si deve poter riscattare l'intero capitale o farsi dare una rendita vitalizia con le stesse caratteristiche di un PAC pensionistico.

Spiego adesso il perché di queste caratteristiche, anche se ormai sono ovvie: innanzitutto la prima condizione vuole che il fondo sia completamente azionario perché su molti anni solo con quest'ultimo è possibile avere rendimenti sufficientemente elevati. Ovviamente per sfruttare al meglio l'effetto interesse composto è necessario che anche i dividendi vengano reinvestiti nel fondo stesso, o come numero di quote aggiuntive, oppure con l'aumento del valore della stessa quota.

L'allungo della data di scadenza serve per poter avere la famosa gestione dinamica del PIC e deve essere possibile anche chiuderlo anticipatamente senza pagare penali oppure una commissione fissa che non renda questa condizione sfavorevole. Poter prelevare una parte del capitale è molto utile in caso di necessità, ma non è una condizione necessaria per far rendere l'investimento al massimo, ma ci serve solo per motivi di flessibilità. Per far rendere al massimo i nostri soldi, serve poter far migrare più volte il capitale stesso da gestioni completamente azionarie a completamente obbligazionarie e quindi dobbiamo accertarci che la banca abbia fra i suoi prodotti dei fondi anche totalmente obbligazionari e che ci sia consentito trasferire i soldi da un fondo all'altro senza pagare penali o commissioni elevate (magari chiudendo e riaprendo un altro fondo con le nuove caratteristiche oppure con un trasferimento diretto).

La copertura assicurativa al solito è utilissima per l'impignorabilità, l'insequestrabilità e l'esenzione da tasse di successione che, in un fondo a uso previdenziale, sono indispensabili per evitar di rimanere con un pugno di mosche in mano prima della fine. Vi ricordo di assicurarvi solo per il caso morte onde evitare di pagare premi annuali troppo elevati come nel caso di assicurazioni per l'infortunio.

Oltre tutte queste caratteristiche, il fondo deve poter avere tutte quelle tipiche di un normale fondo pensione, quindi poter usufruire di una rendita vitalizia con 5 o 10 anni certi, che sia rivalutabile e reversibile. Quando ho spiegato la differenza di rendimento fra un piano di accumulo e uno d'investimento abbiamo visto che, nel caso ideale, quest'ultimo rende per quattro volte il primo. Quindi se noi avessimo intenzione di aprire un piano pensione da 100 euro al mese per 25 anni (cioè 30.000 €), nel caso ideale dovremo aprire un fondo con 7500 euro subito per avere grosso modo lo stesso risultato finale.

Per meglio poter rispondere all'esigenza degli investitori sono stati creati fondi con caratteristiche particolari che permettono di guadagnare quando avvengono particolari situazioni. Vediamo quali sono i più comuni.

Il fondo comune "normale" prevede che voi compriate un certo numero di quote alla stipula e poi le rivendete alla scadenza (se hanno una scadenza) oppure quando volete, al controvalore momentaneo: quindi se sono azionari potete avere o un guadagno o una perdita (anche cospicua) mentre se sono obbligazionari avrete il rendimento tipico di questo strumento. Questi fondi possono reinvestire o meno i proventi da cedole (obbligazionarie) o dividenti (azionari), quindi se ci serve un grosso risultato finale andremo a scegliere quelli con il reinvestimento, altrimenti, per una rendita periodica sceglieremo quelli con distribuzione di interessi. Spesso questi fondi sono misti azionari e obbligazionari e hanno anche una copertura assicurativa.

Personalmente consiglio di utilizzare questo tipo di fondo comune in totalmente obbligazionario quando dobbiamo lasciare dei soldi in eredità, infatti, grazie al rendimento obbligazionario simile all'inflazione ci garantiamo che essi non verranno erosi nel tempo, e sfruttando le coperture assicurative ci garantiamo l'esenzione dalla tassa di successione nonché l'impignorabilità e l'insequestrabilità. Nella versione totalmente azionaria sono utili per l'investimento, dove utilizzeremo quelli senza copertura assicurativa per strategie nel medio termine (massimo 3 anni) e quelli con la copertura assicurativa, per le strategie a lungo termine (dai 5 anni in su).

Un altro tipo di fondo interessante è quello che permette di puntare in un mercato azionario, totalmente o parzialmente, ma che presenta una garanzia di non perdere denaro alla scadenza: per esempio investi 5000 € nel fondo con scadenza a 6 anni e se il fondo sale tu prendi il controvalore della media dei valori fino a quel periodo altrimenti, se il controvalore è più basso, non perdi nulla.

Questo tipo di fondo presenta sempre una copertura assicurativa ma è molto interessante perché permette di scommettere in mercati azionari senza prendere il rischio di rimetterci i soldi. Tuttavia se cercate di scambiarlo prima del termine otterrete il controvalore effettivo (quindi può essere più alto o più basso di quello di sottoscrizione), ma a questo dovete aggiungere in genere una penale.

Consiglio di utilizzare questo prodotto solo se siete disposti a vincolare dei capitali per molti anni, e sfruttare quindi i rendimenti potenziali dell'azionario senza prendere rischi. Tuttavia, ricordatevi che questo genere di fondo non dà il risultato finale dell'azionario, ma una media dei valori ottenuti periodicamente, quindi, il rendimento non è paragonabile a quello di un azionario puro ma ho notato che in genere si attestano a metà di quello che avrebbe fatto un fondo "normale". In definitiva lo consiglio caldamente al posto di stipularne uno obbligazionario, infatti non si perdono sicuramente soldi (nei casi peggiori non si guadagna nulla) ma si tiene la porta aperta a rendimenti interessanti.

Una variante di questo fondo è quella che vi elargisce durante il decorso del fondo una cedola periodica, ma tenete conto che l'indice di riferimento su cui si basa il fondo non prevede il reinvestimento dei dividenti (o delle cedole obbligazionarie) e quindi il rendimento finale sarà minore.

Alcuni fondi possono dare rendimenti opposti al mercato, (se l'indice azionario da +10% voi perdete il 10% o viceversa) oppure possono essere anche amplificati o smorzati (ad esempio il mercato fa +10% ma il vostro fa +5% e viceversa, oppure il mercato fa +10% e il vostro fa +20% e viceversa). Questi ultimi utilizzano il cosiddetto "effetto leva".

Il primo tipo è utilizzabile quando pensate che in un determinato periodo il mercato va a scendere, quindi durante un trend ribassista. Considerando che questo periodo difficilmente supererà i due anni vi sconsiglio di stipularne uno con copertura assicurativa, in quanto quest'ultime non hanno mai durate inferiori ai 5 anni, facendovi ritrovare in sicura perdita. Vi sconsiglio anche di utilizzare i fondi che smorzano i rendimenti perché ci si avvicina troppo alle performance dell'obbligazionario e a questo punto sarebbe più sensato puntare su quest'ultime. Invece trovo molto utile i fondi che amplificano il rendimento, ma tenete conto che questo tipo di fondo, anche se presenta una copertura assicurativa (è quindi catalogabile per legge come risparmio), è un prodotto altamente speculativo e quindi dovete trattarlo come tale. In quest'ultimo caso vi consiglio un fondo che eventualmente sia facilmente svincolabile in modo da disinvestire se ci accorgiamo che le cose non vanno per il verso giusto.

Un ultimo tipo di fondo da profitti sia se il mercato scende sia se sale (se il mercato fa +10% noi facciamo +10%, e quando il mercato fa -10% noi facciamo sempre +10%) ma attenzione: se a scadenza il mercato è vicino al punto di partenza noi facciamo quasi 0%!

Secondo la mia esperienza questo tipo di fondo è inutile. Infatti per dare questa particolare peculiarità vi è associata una copertura assicurativa un po' più complessa e quindi presenterà costi di gestione superiori. Se a questo aggiungiamo il fatto che durano almeno 5 anni e quindi la possibilità che la borsa sia inferiore alla scadenza diventa remota, è molto più conveniente passare a un fondo assicurativo di quelli visti inizialmente (con o senza cedole periodiche), che almeno avrà un costo di gestione moderato.

In realtà esistono un'infinità di tipi di fondi e ogni istituto finanziario ha i suoi con le proprie formule (per calcolare i guadagni) e le proprie peculiarità. Sono in genere accomunati da una copertura assicurativa, e scegliendoli con oculatezza, ci permettono di guadagnare nella maggior parte dei casi che si possono presentare.

## Come si sono comportati i PIC nella storia?

Nei paragrafi precedenti abbiamo visto che gli investimenti non si comportano sempre nel modo ideale, in quanto l'economia mondiale può presentare fasi anche lunghe con andamenti piatti (tipo gli anni '60 e '70) oppure è possibile che ci vogliano molti anni prima di riprendersi da una recessione (tipo dopo il '29).

Adesso vediamo come si sarebbero comportati dei PIC negli stessi periodi visti prima, a confronto con i PAC:

| Anni | PAC Stat. | PIC Stat. | PAC Din. | PIC Din. |
|------|-----------|-----------|----------|----------|
| 5 | - | -59 % | - | 155 % |
| 10 | 28 % | -36 % | 60 % | 265 % |
| 15 | 11 % | -43 % | 61 % | 286 % |
| 20 | 32 % | -26 % | 69 % | 399 % |
| 25 | 89 % | -17 % | 98 % | 894 % |

Questa tabella riporta le differenze di performance dei PIC rispetto ai PAC nel periodo storico che va dalla fine del 1928 per i 25 anni successivi; nella prima colonna abbiamo come consueto gli anni, nella seconda ci sono i rendimenti dei PAC statici che abbiamo visto in precedenza, nella terza abbiamo i rendimenti dei PIC statici, mentre nella quarta quelli dei PAC dinamici e nell'ultima quella dei PIC dinamici.

Essendo, come detto in precedenza, un periodo che ha impiegato 25 anni per riprendere i valori del dopo-crollo del 29, il PIC statico è sempre in negativo per tutti i 25 anni, andando via via da un fortissimo negativo a un pareggio. Il PAC statico invece riusciva a stare in un leggero attivo mentre si può vedere che un

PIC dinamico (cioè con l'ingresso spostato in un punto migliore) riesce a stabilire come previsto, una performance nettamente migliore, riuscendo a dare un 900%, cioè quasi 9 volte meglio del PAC dinamico. Abbiamo dimostrato quindi che anche in caso di mercato in forte crisi, entrando al momento opportuno, con un PIC si possono ottenere rendimenti elevatissimi anche su brevi periodi. Vi ricordo che non stiamo considerando il reinvestimento dei dividendi azionari. Nella seguente tabella vedremo invece il confronto nel periodo dal 1958 al 1983:

| Anni | PAC Stat. | PIC Stat. | PAC Din. | PIC Din. |
|---|---|---|---|---|
| 5 | - | 74 % | - | 74 % |
| 10 | 27 % | 115 % | 35 % | 115 % |
| 15 | 20 % | 97 % | 33 % | 97 % |
| 20 | 2 % | 83 % | 29 % | 83 % |
| 25 | 51 % | 187 % | 56 % | 187 % |

La prima cosa che salta all'occhio è che il PIC statico rende tanto quanto il dinamico e questo è coinciso solo perché l'ingresso dello statico aveva già il timing giusto e quindi ci eravamo assicurati il massimo del rendimento.

Oltre a questo possiamo vedere che il rendimento del PIC, come previsto, è almeno 4 volte superiore ai piani di accumulo. Abbiamo dimostrato che anche in mercato in trend laterale, i PIC rendono comunque molto più dei PAC. Adesso vediamo la tabella riguardanti gli ultimi 25 anni di borsa che va dal 1982 al 2007:

| Anni | PAC Stat. | PIC Stat. | PAC Din. | PIC Din. |
|------|-----------|-----------|----------|----------|
| 5 | - | 123 % | - | 123 % |
| 10 | 89 % | 279 % | 100 % | 279 % |
| 15 | 245 % | 808 % | 300 % | 808 % |
| 20 | 182 % | 858 % | 338 % | 858 % |
| 25 | 280 % | 1423 % | 280 % | 1423 % |

Avevamo visto prima che questo periodo economico è molto vicino a uno dal comportamento ideale e siccome parte già dal punto migliore, anche in questo caso il PIC statico si comporta come il dinamico, con rendimenti molto superiori a quelli del PAC.

## RIEPILOGO DEL CAPITOLO 3:

- SEGRETO n. 18: un PAC è uno strumento che permette di guadagnare in lunghi periodi con un mercato fortemente oscillante come quello azionario, ma non è adatto per i mercati a incremento lineare come quello obbligazionario.

- SEGRETO n. 19: in un piano di accumulo non è importante la scelta del punto di partenza, ma lo è il punto in cui termina.

- SEGRETO n. 20: non investite mai i soldi in piani di accumulo misti, ma solo in quelli totalmente azionari per l'intera durata del piano tranne che nell'ultimo periodo, dove, se non è prevista l'interruzione anticipata e la tecnica del timing lo consiglia, andrete in totalmente obbligazionario.

- SEGRETO n. 21: in un investimento di capitale (PIC) è fondamentale investire quanto più possibile vicino a un minimo e disinvestire quanto più possibile vicino a un massimo.

- SEGRETO n. 22: un piano di investimento capitale rende quattro volte di più rispetto a un piano di accumulo capitale se esso è azionario, mentre è indifferente per quelli obbligazionari.

- SEGRETO n. 23: i piani di risparmio devono essere utilizzati per degli obiettivi, i piani pensioni non deducibili per l'integrazione dei redditi e i piani deducibili per la creazione di una pensione.

# CAPITOLO 4:

## Come si effettua la consulenza finanziaria

Abbiamo visto nello scorso capitolo i due principali mezzi con cui si può investire del denaro: questi hanno modalità differenti così come performance. Vedremo come si deve impostare una consulenza finanziaria, cioè come auto-analizzarci, in modo da capire quali sono i nostri problemi e le nostre esigenze e quindi trovare una soluzione adeguata.

Fare (da soli) o farsi fare un'ottima consulenza finanziaria, è uno degli aspetti fondamentali per il benessere economico. Infatti con la consulenza giusta inizia la base per poter ottenere una vita serena e dignitosa, mentre sottovalutandone l'importanza si possono commettere gravi errori.

La maggior parte delle persone pensa di essere più furba degli altri perché danno per scontato che "loro sanno come devono amministrare i propri soldi", ma spesso sono in tanti ad avere problemi nel sostentamento o a dipendere, soprattutto al raggiungimento della vecchiaia, dai figli. Per non parlare dei più sfortunati che finiscono nelle mense dei senza tetto, oppure a togliersi gli agi acquisiti durante una vita, finendo col perdere anche la propria libertà e dignità.

Non voglio fare il drammatico, ma si vedono ogni giorno in TV, in vari programmi di approfondimento sulla società contemporanea, come molte persone, anche in precedenza sulla cresta dell'onda, si ritrovano in un batter d'occhio con un pugno di mosche in mano, solo perché nella loro vita non si sono affidati ad un bravo consulente, oppure si sono fidati di quelli sbagliati. Per fortuna adesso potete rimediare in tempo.

## Come si raccolgono le esigenze

Quando organizziamo un viaggio dobbiamo conoscere qual è il punto d'arrivo e perché vogliamo andare proprio lì (e non da un'altra parte) e inoltre dobbiamo sapere anche da dove partiamo, altrimenti non possiamo decidere quale strada percorrere. Impostare una consulenza finanziaria è molto simile a impostare il tragitto di un viaggio: infatti, dobbiamo sapere qual è la nostra situazione attuale (il punto di partenza) e cosa vogliamo ottenere (il punto d'arrivo) altrimenti non sappiamo come procedere (calcolare la strada da percorrere).

L'approccio sbagliato che molte persone compiono quando si fanno una consulenza da soli (quelli che pensano di saperla fare s'intende) è quello di considerare solo cosa vogliono alla fine, senza però capire da dove partono, o almeno, senza analizzare in tutti i suoi aspetti e nel modo realistico il punto di partenza.

Quest'errore è spesso compiuto anche da sedicenti consulenti finanziari improvvisati oppure da consulenti che non fanno il loro lavoro con passione e che hanno come unico interesse quello di piazzarvi qualche prodotto, come capita a volte con i freelance, oppure timbrare il cartellino nel caso di impiegati (detti dai professionisti "i signori 27 del mese").

D'altro canto, quando un cliente si trova davanti un consulente professionista che gli fa un sacco di domande sulla sua situazione presente, tende ad innervosirsi se non è abituato a questo tipo di figura professionale (ed in Italia ce n'é molta di gente non abituata).

Generalmente pensa che quest'ultimo gli stia facendo il terzo grado oppure che sia solo morbosamente curioso: in questo caso il principale meccanismo di difesa, in genere, varia dal chiudersi completamente (non ascolta neanche ciò che dice il consulente) all'omettere o mentire spudoratamente sui propri redditi o infine, ad agitarsi sulla sedia come se la stessa fosse incandescente.

Altre svariate sintomatologie comprendono: lo schiarirsi la gola, l'interrompere con pretesti che sfociano nel grottesco (offrire un bicchiere d'acqua o innumerevoli caffè), per fare un'improvvisa telefonata che prima era stata "dimenticata" ecc. Non sapendo che mentire al proprio consulente finanziario è pericolosissimo per la situazione economica futura, così come mentire al medico è pericoloso per la propria salute.

N.B.: vi ricordo che tutti i consulenti finanziari o i promotori iscritti agli albi o ai registri ISVAP sono tenuti al segreto professionale.

Veniamo alle domande che il consulente ci fa e che anche noi ci dobbiamo fare da soli per impostare la nostra consulenza.

Innanzitutto ci servono dei dati personali sui membri del nucleo famigliare (se state facendo una consulenza finanziaria generale per la famiglia) oppure personale; poi servono dei dati riguardanti le attività lavorative e degli introiti in generale.

Dovete raccogliere anche informazioni sulle attività lavorative passate nonché ragionare bene su quali sono i reali obiettivi finali che ci si prefiggono. I dati personali che dovete prendere in considerazione sono i seguenti:

- età con data di nascita (senza nascondersi gli anni);
- sesso (maschio/femmina);
- situazione personale (sposato, divorziato, single);
- situazione lavorativa (occupato, disoccupato, precario, studente).

Questo per tutti i membri della famiglia. L'età ci serve per calcolare quanto tempo manca alla pensione, quindi quando tempo abbiamo a disposizione per pianificare qualunque cosa. Infatti è quasi impossibile e comunque troppo tardi pianificare risparmi durante la pensione, se non per piccole somme. La data di nascita serve per sapere se siamo più vicini all'anno successivo o a quello in corso, cioè se abbiamo 41 anni ma li abbiamo già fatti da 9 mesi nella realtà siamo più vicini ai 42. L'età dei figli ci giova per calcolare quanti anni gli servono per finire gli studi e quant'altro. Sapere il sesso dei componenti della famiglia (lo so che lo sapete, ma bisogna tenerne conto a tavolino) è importante nei calcoli sia assicurativi che previdenziali in quanto c'è parecchia differenza come aspettativa di vita tra uomini e donne.

La situazione personale invece ci dà l'orientamento futuro della persona, se avrà spese a tempo indeterminato (assegni di mantenimento post-divorzio), se dovrà tenere conto di reversibilità (coniugato), oppure se dovrà optare per qualcosa di flessibile perché ancora non sa la strada che prenderà (single).

La situazione lavorativa, infine, serve a sapere come possiamo (se possiamo), alimentare i nostri risparmi nel caso siamo lavoratori (sia precari che non) e se c'è da tenere conto di mantenimenti indeterminati (partner disoccupato o casalinga/o) e infine per quanti anni si devono mantenere i figli e con quali costi (caso studente). Tutte queste informazioni devono essere appuntate su fogli separati, uno per ogni componente della famiglia e in alto metterete il nome, gli anni arrotondati (all'età più vicina) a fianco del nome; sotto metterete lo stato personale e a fianco quello lavorativo. Questo è il metodo che, in genere, utilizzano i consulenti per schematizzare le informazioni chiave. Adesso arriviamo alla seconda parte delle domande da porsi, quelle sulla attuale situazione lavorativa:

- tipo di lavoro (impiegato, libero professionista, precario, disoccupato...);

- reddito annuo netto e lordo (se non è fisso fare una media degli anni precedenti);

- tipo di carriera (piatta, a salire...).

Il tipo di lavoro ci serve per vedere se possiamo andare su strategie da attuare in modo sistematico oppure flessibile (anche se dovessero rendere un po' meno). Il reddito annuo lordo e netto ci serve per vedere qual è il nostro attuale tenore di vita o, meglio, quanto entra economicamente dal nostro lavoro.

Nel caso siamo a partita IVA e/o precari dobbiamo tenere in considerazione una media dell'ultimo o degli ultimi anni di lavoro per vedere qual è l'andamento del nostro reddito. Il tipo di carriera serve a capire se in futuro è previsto un aumento dei redditi oppure se essi saranno più o meno uguali per tutta la durata della nostra attività lavorativa.

Adesso bisogna considerare il nostro passato lavorativo per i membri che l'hanno avuto, altrimenti possiamo saltare questa fase. Le cose da segnarci sono:

- quando è stato la prima volta che ci hanno messo in regola (data);
- quando è stato l'ultima volta che ci hanno messo in regola (data);
- quanti anni contributivi abbiamo (anni e mesi);
- che tipo di contributi possediamo (INPS impiegati, INPS commercianti... INPDAP, ENPAM...) e per quanto tempo ognuno;
- reddito relativo del passato (nei vari periodi);
- posizioni militari e/o riscatto degli anni universitari.

Sapere quando ci hanno messo in regola la prima e l'ultima volta serve solo per sapere che tipologia di scelta si porrà per la gestione del nostro TFR mentre per il resto conta solo se dalla tale data di inizio il lavoro è stato continuativo. Quanti anni e mesi contributivi disponiamo è fondamentale per sapere a quale età andremo in pensione.

I tipi di contributi pensionistici posseduti servono a sapere (insieme alle informazioni sull'età pensionabile), quale trattamento medio percepiremo alla fine. Infine la posizione militare (leva obbligatoria), serve perché essa è sfruttabile come marca-pensione figurativa, cioè non ha valore come contribuzione ma solo come calcolo degli anni e quindi è influente per la nostra età pensionabile. In alcuni casi possiamo riscattare anche gli anni di università e anche questi sono da tenere in debita considerazione.

Ovviamente quest'ultima parte della raccolta informazioni si effettuerà solo per il capofamiglia e la relativa consorte in quanto i figli andranno per la loro strada e quindi i redditi si scorporeranno, con l'eccezione dei costi fino a tale giorno.

Tutte queste informazioni prese nelle tre fasi devono essere riportate schematicamente per ogni componente del nucleo famigliare.

## Come fissare gli obiettivi

Questa parte è la più complicata da attuare in quanto poche persone sanno veramente quello che vogliono dalla loro vita. Se io vi facessi questa domanda: «Quando potete, per quale motivo risparmiate i soldi?» La domanda è molto banale, ma sono sicuro che molti di voi ci avranno riflettuto parecchio prima di rispondere e qualcuno forse non ha saputo neanche rispondere.

Per esperienza personale so che le risposte sono ciclicamente sempre le stesse nel tempo. Fra le più gettonate ci sono: «Non si sa mai», «Se dovesse capitare qualcosa», «Paura di non avere soldi in futuro», «Mi piacerebbe comprare...», «Mi piacerebbe poter aprire un'attività», e via di seguito. Vediamo di analizzare le motivazioni che ho citato:

Il primo, il "non si sa mai", che cosa vuol dire? Con questa frase la gente pensa all'eventuale copertura in caso di eventi fortuiti e casuali che possono capitare ad una persona, o meglio, ad un qualunque elemento della famiglia durante il corso della vita. Più in generale ci si riferisce a malattie gravi, ad incidenti che possono coinvolgere o i membri della famiglia stessa oppure ai possedimenti come la casa. Questa definizione copre anche il "se dovesse capitare qualcosa" che è semplicemente la stessa frase detta in un altro modo.

La "paura di non avere più soldi" è un'altra di quelle frasi che si sentono spesso, anzi è la seconda più gettonata dopo il "non si sa mai". Questa frase in realtà cela un'altra frase nascosta, tanto ovvia quanto scomoda da dire, "paura di diventare povero": la gente cambia la frase perché non vuole dire la verità, che la loro paura è quella di ritrovarsi in tale stato. Infatti, proprio questa paura è, secondo un sondaggio fatto all'inizio di questo millennio, la più diffusa in tutto l'occidente e in particolare modo in Italia.

Le ultime due fanno parte invece della raccolta di denaro per fare un qualcosa in futuro. Questa in genere è più facile da individuare, infatti, la gente non ha "vergogna" di dire che gli piacerebbe avere una bella villa oppure che vuole aprire un negozio, ma nella realtà non è la prima cosa che dice a un consulente in quanto la paura di perdere ciò che si possiede è più forte del desiderio di ottenere quello che ancora non si ha.

In generale possiamo schematizzare tutti i vari motivi in queste tre categorie:

- copertura da un evento spiacevole;

- mantenimento del reddito;

- risparmio per un obiettivo.

Se ci fate caso, tutti i motivi per cui un uomo risparmia dei soldi che potrebbe spendere per fare altro oggi, come divertirsi o cedere a vari "capricci", serve per risolvere almeno una di quelle tre esigenze, per non dire tutte e tre. Sfido chiunque a trovare un motivo che non sia riconducibile in qualche modo a quei tre che ho elencato. Quindi in definitiva, il nostro obiettivo è vedere quale o quali delle precedenti motivazioni ci preme di più e trovare il modo per raggiungerli.

## Quanto possiamo risparmiare?

Sicuramente ognuno di voi, messo davanti allo schema del paragrafo precedente avrà potuto riflettere su cosa vuole risolvere con il proprio risparmio; tuttavia, prima di vedere come si procede, bisogna calcolare qual è la nostra capacità di risparmio e soprattutto quanto di questo risparmio vogliamo dedicare per quei motivi.

Per calcolare in cosa consiste la nostra reale capacità di risparmio dovremo innanzitutto sapere a quanto ammontano tutti i nostri introiti e per fare ciò bisogna conteggiare, solo per i due genitori (i figli in genere non partecipano al reddito totale), quanti soldi riescono a guadagnare e segnare queste entrate ognuno sul proprio foglio di riepilogo. Gli introiti da tenere in considerazione sono sicuramente quello dello stipendio (per chi ce l'ha), eventuali altri introiti come delle rendite personali (magari ereditate) oppure dei diritti d'autore o quant'altro.

In un altro foglio, non menzionato fino ad ora, metteremo invece un riepilogo generale dove andremo ad aggiungere come introiti, quelli derivanti da rendite, da eventuali affitti e tutti gli altri introiti che la famiglia può disporre ma che non sono strettamente legati ad una persona; sempre in questo foglio di riepilogo metteremo anche il totale degli introiti dei componenti che partecipano al mantenimento del nucleo famigliare e infine facciamo la somma. Sappiamo quanti soldi entrano nelle nostre casse adesso, invece, dobbiamo calcolare quanti ne escono: per fare questo, si devono considerare, per tutti i componenti della famiglia, quali costi effettivi imprimono nel bilancio.

Quindi si considererà in ogni scheda personale i costi generati, tipo la rata della macchina o del motorino, le spese del dentista, il costo degli studi ecc.; inoltre nella scheda di riepilogo andremo a considerare i costi generali della famiglia, come l'affitto, i debiti per gli acquisti generali (elettrodomestici, la ristrutturazione della casa, la spesa, le bollette), cioè quei costi non creati da un membro in particolare ma dalla famiglia in generale.

Infine, nella scheda generale, andremo a mettere le somme dei costi di tutti i componenti e di quelli generali e sapremo quanti soldi escono mensilmente dalle nostre casse. Se non avete omesso niente, alla fine, facendo la sottrazione tra ciò che entra e ciò che esce, otterremmo la nostra capacità di risparmio mensile (o annuale). Calcolato quanto possiamo risparmiare periodicamente (in media), si deve calcolare a quanto ammontano i risparmi già fatti: per fare ciò bisogna considerare quanti soldi abbiamo nei nostri conti correnti, quelli che abbiamo investito, o vincolato e segnare tutto nella nostra scheda riepilogativa.

Nei vari risparmi non vincolati, mettete accanto un asterisco per individuare quelli che non si possono o non si vogliono svincolare. Infine facciamo la somma dei soldi risparmiati svincolabili e la somma di tutti i nostri risparmi.

Adesso dobbiamo decidere quanta della nostra capacità mensile di risparmio e quanti dei nostri risparmi finora effettuati vogliamo dedicare alla risoluzione delle nostre esigenze. Per esercizio di autocoscienza, scrivete accanto i risparmi che non volete svincolare o la parte della capacità mensile di risparmio che non volete impiegare per quegli obiettivi e il motivo per cui non volete toccarli.

Quest'esercizio è molto utile per capire se sono motivazioni valide o meno (spesso è solo paura di fare qualcosa di nuovo oppure insicurezza personale). Fatto questo scorporo, scrivete la cifra che potete dedicare mensilmente ed evidenziatela con una cornice e fate lo stesso con il risparmio immediatamente disponibile. Queste cifre sono quelle che possiamo adesso disporre per risolvere le nostre esigenze.

**Come risolvere le nostre esigenze 1 (copriamoci)**

Dopo aver calcolato quanto possiamo dedicare dei nostri risparmi ai nostri obiettivi, vediamo di vedere come si risolvono le varie esigenze e con quale precedenza sarebbe opportuno risolverli. Molta gente pensa di risolvere il "non si sa mai" mettendo da parte dei soldi periodicamente, o nel libretto postale, in un conto corrente o con un piano di accumulo in genere, ma questo ha poco senso: infatti, ammettiamo che possiamo risparmiare 300 € al mese e questo "qualcosa" ci capita dopo quattro o cinque mesi, avremo risparmiato sì o no 1500 €; cosa possiamo risolvere con tale cifra? Probabilmente niente! Si evince da ciò che questo metodo non è quello adatto a risolvere quell'esigenza specifica.

I "non si sa mai" abbiamo visto che sono in genere degli esborsi di denaro per motivi di salute, tipo un infortunio che richiede una costosa operazione, oppure la casa che si incendia e cose simili. Per risolvere questi problemi basta una semplice copertura assicurativa, dove pagando un tot all'anno si viene coperti per i vari eventi fortuiti. Se siamo assicurati, anche se l'evento imprevisto capita dopo pochissimo tempo dalla stipula del contratto, siamo perfettamente coperti senza privarci di molti risparmi.

Queste coperture assicurative, da non confondere con le polizze miste, devono essere perfettamente calibrate alle nostre esigenze; come detto nel capitolo 2, dobbiamo considerare una copertura assicurativa che ci integri il reddito da lavoro finché chi fornisce il reddito stesso nella famiglia non vada in pensione. Se ad esempio il capo famiglia ha 40 anni e in base ai dati scritti nella famosa scheda personale, abbiamo calcolato che esso va in pensione a 63 anni, la copertura assicurativa per integrazione di reddito deve arrivare a quell'età (se paga un premio immediato che copre tutto il periodo), oppure deve rinnovarla fino a quell'età (se paga un tot annuo e la deve rinnovare di volta in volta).

Lo stesso dicasi per l'eventuale partner, se esso ha un reddito, altrimenti si può al limite saltare questa opzione. Infatti, se non porta reddito, un suo eventuale infortunio non andrebbe a inficiare gli introiti mensili: sempre, tenendo conto dell'esempio precedente, considereremo la copertura assicurativa per infortunio (spese mediche e di trasferta) sia per lui che per il partner (anche se non ha reddito).

Bisognerà considerare una copertura assicurativa che copra solo le spese mediche dopo che si entrerà nell'età pensionistica. Infatti, a quel punto, il reddito dovrebbe essere certo (non si lavora più) quindi non serve coprire la mancanza di reddito, ma dobbiamo comunque considerare le spese improvvise per gli infortuni o le malattie, fin quando le assicurazioni ci permetteranno di coprici.

Dobbiamo pensare a una copertura assicurativa per tutti i figli che copra l'eventuale inabilità permanente a lavorare e tutte le spese improvvise che possono scaturirne finché abitano con noi. Quando andranno via di casa dovrebbero teoricamente continuare a pagarsi le coperture assicurative da soli. È molto importante coprire il rischio furto, incendio e vandalismo della casa, nonché danno a terzi, poiché se non è assicurata, potrebbe riservarci una spiacevole batosta. Oltre a queste assicurazioni ci sono tutta una serie di coperture già accennate nel capitolo 1, riguardanti la copertura del mutuo, l'acquisto della casa (specie se con una cooperativa), gli oggetti d'arte ecc.

I costi di queste coperture assicurative variano parecchio a seconda dell'età dei beneficiari, il sesso, le abitudini di vita (i fumatori e i sedentari hanno premi più alti delle persone atletiche), il lavoro che effettuano e così via, ma sono costi sempre sostenibili.

Per coprire bene tutti i casi citati prima possono bastare anche solo 1000 € annui, ma cambiano molto le cifre in base ai servizi effettivi che pretendiamo. Se siamo degli impiegati con 1500 € mensili di reddito è inutile stipulare una copertura assicurativa che ci fornisca 5000 € al mese di rendita nel caso di infortunio. Infatti, per avere tale cifra saremmo costretti a pagare una assicurazione dal prezzo non facilmente sostenibile che dopo poco tempo ci porterà a saltare i pagamenti perdendo la copertura e indebitandoci con la compagnia assicurativa stessa (l'assicurazione è un contratto che prevede fino alla scadenza i pagamenti dei premi e non è facoltativo). Viceversa, se effettuiamo una copertura assicurativa per 500 € al mese, e noi ne prendiamo sempre 1500, essa non sarà sufficiente per sopravvivere, specie se siamo liberi professionisti che non hanno quindi l'assicurazione del proprio datore di lavoro ma solo quella dell'INAIL (parecchio insufficiente).

Quindi, per prima cosa, l'assicurazione deve essere perfettamente calibrata sui nostri redditi e alle nostre esigenze.

Lo stesso massimale assicurativo, cioè quello che l'assicurazione dà subito in caso di infortunio (per coprire le spese) e in caso di morte, deve anch'esso essere proporzionato. Non ha senso avere un caso morte da 5 milioni di € quando le spese potrebbero essere inferiori ai 100 mila € per i nostri famigliari, ma non devono essere neanche troppo pochi o nulli (un funerale o un'operazione complicata da fare all'estero costano comunque un bel po').

Qualcuno penserà: «Ma se muoio voglio sistemare i miei figli o mia moglie...» Bene! Ma se hai prima pensato a tutto non avrai sicuramente lasciato debiti, sfruttando la copertura del mutuo, dei redditi futuri per il caso morte con la reversibilità al partner e altro e quindi, teoricamente, non dovrebbero avere problemi. Il resto è facoltativo (se ce lo possiamo permettere) oppure materia dei prossimi paragrafi.

Se qualcuno pensa di poter saltare questa voce, perché in caso di infortuni gravi o handicap ci pensa lo stato, sbaglia! Le pensioni di invalidità o le cure che lo stato può fornirvi, in genere, non sono sufficienti all'effettivo bisogno, quindi attenti a non sottovalutare il problema.

Un'ultima cosa che voglio aggiungere è quella di calibrare le assicurazioni a mano a mano che i nostri redditi e le nostre esigenze cambiano; se noi la stipuliamo oggi che abbiamo un reddito da 1500 € mensili e poi, per una promozione o altro, il nostro reddito sale a 2000 €, anche l'assicurazione dovrà essere ricalibrata (versando la differenza) al nuovo tenore di vita. Farò degli esempi concreti di come bilanciare il tutto nel penultimo capitolo.

**SEGRETO n. 24: risolviamo i "non si sa mai" con delle coperture assicurative specializzate e perfettamente calibrate al nostro tenore di vita e alle nostre esigenze.**

**La gestione del TFR (perché non avremo una pensione?)**

Prima di continuare a spiegare come si risolvono le esigenze è doveroso trattare bene l'argomento TFR (Trattamento di Fine Rapporto), cioè la liquidazione degli impiegati del settore privato. Nel 2006/2007 si è parlato molto e, spesso a sproposito, su quest'argomento sottovalutandone le sue potenzialità e le loro conseguenze.

Innanzitutto è importante dire che possono a oggi (fine 2007), aderire alla gestione privata del TFR solo gli impiegati privati come i metalmeccanici, gli impiegati di concetto e in via generale tutte le categorie di lavoratori che hanno come cassa pensionistica quella dell'INPS ad esclusione dei liberi professionisti (quindi commercianti, artigiani ecc.).

Ho detto che si è parlato a sproposito di quest'argomento perché, personalmente in televisione, ho sentito dire di tutto di più, come «non dici niente, tutto resta come è», oppure che sei obbligato a decidere per forza, o ancora altre cose del genere. Insomma c'è una gran confusione dei media (che personalmente penso spesso fomentata di proposito) e la gente, per la maggior parte, ha preso decisioni rischiose senza saperlo, non capendo la reale importanza per il proprio futuro con tali scelte. Per prima cosa capiamo perché lo stato ha deciso di dare l'opportunità a queste categorie di persone di decidere del proprio TFR.

Per chi non lo sapesse, l'INPS (Istituto Nazionale Previdenza Sociale) è l'ente che si occupa di elargire le pensioni a tutta la popolazione italiana (a esclusione degli iscritti ad altri istituti tipo INPDAP). Questo avviene sia che i cittadini abbiano lavorato o meno al raggiungimento dell'età pensionistica. Paga le pensioni anche alle persone che hanno un handicap invalidante che ne infici la possibilità lavorativa. È evidente che l'ente previdenziale ha esborsi immensi di denaro per la copertura di tutte queste pensioni ogni anno.

D'altro canto l'ente dovrebbe recuperare i soldi da quelli versati dai lavoratori iscritti nei suoi registri tuttavia, siccome l'INPS dà pensioni anche a chi non ha lavorato, al contrario dell'INPDAP che invece le dà solo a chi ha lavorato, si trova ad avere sempre spese più alte degli introiti. Per tale motivo lo stato ogni anno cede una buona parte del PIL per coprirne il disavanzo.

Per dare la pensione a tutti nell'immediato dopoguerra, l'Italia, così come tutte le nazioni occidentali, ha deciso di fondare questi enti previdenziali con il sistema distributivo: cioè i lavoratori di oggi pagano la pensione ai pensionati di oggi e quindi i lavoratori di oggi avranno pagata la pensione dai lavoratori di domani.

Questo metodo è andato bene fin quando, grazie al boom delle nascite dagli anni '50 al '74, i pagamenti dei relativi contributi pensionistici coprivano le poche pensioni da elargire ai sopravvissuti delle guerre in età pensionabile.

A partire dalla fine degli anni '70 le famiglie, per via degli alti costi e della disoccupazione dilagante, cominciarono a fare meno figli, per arrivare negli anni '90, dove i pensionati esistenti dovevano essere sostenuti da un numero sempre minore di lavoratori costringendo questi ultimi a tassazioni sempre più alte e agli stati deficit sempre maggiori. Se consideriamo che il boom delle nascite si trasformerà piano piano in un boom delle pensioni e che l'età media di un uomo è aumentata notevolmente rispetto al passato, si può facilmente intuire che il sistema andrà al collasso. Vediamo nella seguente tabella le proporzioni dell'evento:

| Decennio | Lavoratori | Pensionati |
|---|---|---|
| Anni '60 | 4 | 1 |
| Anni '70 | 3 | 1 |
| Anni '80 | 2 | 1 |
| Anni '90 | 1 | 1 |
| Oggi | 1 | 1,2 |

Abbiamo negli anni '60 quattro lavoratori per sostenere un pensionato, quindi se ad esempio considerassimo uno stipendio medio di 1000 € nette e una pensione anch'essa di 1000 € nette, ogni lavoratore doveva teoricamente farsi carico di 250 € di tassazione (facciamo il calcolo come fosse al netto delle tasse, mi serve giusto per farvi capire il meccanismo). Negli anni '70 la proporzione era diventata di tre a uno quindi ogni lavoratore doveva farsi carico di 333 € mentre negli anni '80 di 500 € a testa, visto il rapporto di 2 a 1. Infine negli anni '90 di tutta una pensione, cioè un rapporto di 1 a 1.

Ovviamente, per alleggerire il carico, lo Stato ha messo soldi di tasca propria facendo aumentare di conseguenza il debito pubblico ed è stato costretto a prendere seri provvedimenti al riguardo. Il più famoso è il costante aumento dell'età pensionabile, portandola via via dagli iniziali 55 anni per gli uomini ai 60 poi 65, e oggi molti stati l'hanno già portata addirittura a 70 anni.

Questo continuo aumento dell'età pensionabile deriva dal fatto che l'età media di un uomo aumenta costantemente, statisticamente di 3 mesi ogni anno che passa (attualmente l'età media è 78 anni per gli uomini e 81 per le donne) e quindi, se continuassimo ad andare in pensione a 55 anni, dovremmo percepire quest'ultima mediamente per 23 anni, anziché gli attuali 13, raddoppiando a sfavore il rapporto lavoratori/pensionati.

Ovviamente questo provvedimento non bastava già allora, ma serviva solo a far percepire la pensione sempre per lo stesso numero di anni, e il problema lavoratori/pensionati rimaneva inalterato, quindi bisognava prendere ulteriori provvedimenti. Si è pensato di agire sull'ammontare della pensione stessa, cercando ovviamente di diminuire gli esborsi: la soluzione fu di non dare più una pensione proporzionale allo stipendio che si percepiva, ma proporzionale a quanto si era effettivamente versato nelle casse dell'ente.

Si passò quindi da una pensione calcolata con il metodo cosiddetto "Retributivo", a una pensione di tipo "Contributivo", con una legge votata nel '93, ma applicata a partire dal '96 che vide l'entrata in vigore la famosa "formula 18". Questa stabilisce che chi in tale data non avesse appunto 18 anni di contribuzione, fosse soggetto al calcolo pensionistico contributivo (per gli anni successivi).

L'effetto fu il seguente: chi è andato in pensione fino al '96, ha percepito una pensione pari al 100% del reddito posseduto nell'ultimo anno di stipendio ma dall'anno successivo questa cominciò a scendere, per arrivare nell'anno 2003 a un 80% dell'ultimo stipendio (per chi aveva una carriera piatta), ma molto inferiore per chi ha avuto un aumento dei redditi, fino ad arrivare a circa il 77% del 2007.

Questa media scenderà considerevolmente con il passare degli anni per coloro che andranno in pensione nel 2030, a un 50% dell'ultimo stipendio. Abbiamo, infatti, visto nella tabella che in futuro un lavoratore dovrà mantenere almeno due pensionati. Capite bene che un lavoratore medio che andrà in pensione fra una ventina di anni, diciamo un metalmeccanico che prende all'incirca 1200 € di stipendio, andrà in pensione con 600 €, cioè quanto la pensione sociale, sempre che essa esisterà ancora (cosa di cui francamente dubito), totalmente insufficienti per sopravvivere.

Anche gli altri enti pensionistici, se pur in situazioni non così disperate, dovranno far fronte al rapporto lavoratori per pensionati, quindi chi non fa parte dell'INPS non ha comunque niente da rallegrarsi e deve prendere provvedimenti urgenti.

## Cos'è il TFR?

Dall'analisi precedente lo stato ha deciso di prendere un provvedimento radicale che permettesse di risolvere il problema, tuttavia, i governi di qualunque parte politica hanno molta paura di fare apertamente questi conteggi in pubblico onde evitare il panico fra la gente e di essere additati come i "cattivi" che debbono prendere le decisioni impopolari. Si è quindi pensato a dare un'opportunità "semi-obbligata" in modo che automaticamente si possa risolvere il problema previdenziale senza apparire come un'imposizione ma creando, di fatto, un imbuto: chi decide di farsi gestire il TFR privatamente, non può tornare indietro (ecco la scelta semi obbligata) e chi fa parte di grosse realtà aziendali è addirittura obbligato in tal senso; questo deve far riflettere parecchio sull'importanza del problema cui stiamo andando incontro…

Innanzitutto il TFR è un contributo che dà il datore di lavoro ai suoi impiegati nel momento in cui finisce appunto il rapporto di dipendenza (sia perché va in pensione, sia perché si dimette, sia quando viene licenziato). L'ammontare di tale somma avviene con un accantonamento periodico del 6,91% del reddito annuo lordo percepito dal lavoratore. Teoricamente, ogni anno, il datore di lavoro dovrà mettere da parte tale cifra in un conto corrente e alla fine del rapporto lavorativo, versarla come liquidazione.

Ovviamente questo conto corrente dove immettere gli accantonamenti di fatto non lo possiede quasi nessuno ed è uso frequente (e permesso dalla legge) usare questi soldi per altri scopi aziendali: al posto di farsi fare un prestito, per esempio. Proprio per questo motivo, il datore di lavoro che può utilizzare i soldi del suo dipendente per lavorarseli, deve fornire a esso un interesse annuale su tale somma pari al 1,5+0,75 x (Inflazione ISTAT), cioè 1,5 % più tre quarti dell'inflazione dichiarata per quell'anno, cioè se quell'anno l'inflazione è del 2,4%, dovrà fornire un interesse del 1,5+0,75*2,4= (3,3%).

Considerando che l'inflazione è mediamente fra 1,5% al 3% annuo, i rendimenti dati dai datori di lavoro andranno fra 1,87% al 3,75%, che, al netto della stessa inflazione (N.B.: i rendimenti si calcolano sempre al netto dell'inflazione), sono fra 0,37% e il 0,75%, molto al di sotto di qualunque "decente" piano pensione privato.

A questi bassi rendimenti va aggiunta la tassazione elevata che essi debbono subire: infatti, l'intera somma versata verrà tassata con lo scaglione di aliquota risultante dalla media degli ultimi 5 anni di reddito percepito che, essendo presumibilmente a fine carriera, sarà anche il massimo scaglione pagato nella nostra vita lavorativa mentre la parte degli interessi nel tempo è tassata all'11%.

Il TFR può essere richiesto anche anticipatamente al datore di lavoro, per giustificati motivi, che poi sono quelli già visti per i piani pensioni deducibili, ma per la misura massima del 70% della somma accumulata (tranne se il datore vi fa un favore personale) e, comunque, esso può appellarsi a un limite legale per tali anticipi. Infatti, la legge gli permette di porre un limite per soddisfare un massimo di 4% di operai all'anno (uno all'anno se tale percentuale è inferiore) quindi, se in quell'anno qualcuno ha già richiesto l'anticipo, rischiate di non potervi far anticipare i vostri soldi quindi, se l'azienda ha 25 dipendenti, il datore può benissimo porre il limite a un dipendente per anno (pur potendoselo permettere). Pertanto chi decide di lasciare i soldi al proprio datore di lavoro, deve sapere che andrà incontro a:

- un rendimento annuale "ridicolo";

- una tassazione molto elevata;

- delle forti limitazioni nel qual caso servano i soldi anticipatamente.

Inoltre, specie se siete dipendenti di piccole aziende (ma anche di quelle medie), potrebbero anche esserci problemi nel farsi dare la liquidazione al momento della pensione. Infatti, capita sovente che il datore non abbia questi soldi per vari motivi (cattiva gestione, investimenti sbagliati ecc.) e diventa problematico entrarne in possesso. Se l'azienda è fallita potete attingere dalla cassa comune dell'INPS per tali eventi e il TFR ve lo darà l'ente, ma nel caso non sia fallita potreste anche dover aspettare moltissimi anni per vedere i vostri soldi, con tanto di cause giudiziarie, o di liquidazioni date nel migliore dei casi in modo rateale.

Dal punto di vista del datore di lavoro le cose non vanno molto meglio. Infatti, molti cercano di "intimidire" i propri dipendenti in modo più o meno velato per far rimanere i soldi nelle proprie casse e usufruire quindi di tali capitali a piacere pagando solo un modesto interesse (molto più basso di uno bancario), tuttavia non sanno verso che tipo di problemi vanno incontro anche loro.

Infatti, dal primo gennaio 2007, data in cui è iniziata effettivamente la gestione privata del TFR, i soldi che i datori di lavoro tengono nelle loro casse (quindi non fatti gestire privatamente dai dipendenti), vengono considerati debiti aziendali a tutti gli effetti con tutto quello che ne consegue: se essi debbono far quotare l'azienda, venderne un pezzo, cederla, o semplicemente farsi dare un prestito per il suo sviluppo, gli acquirenti o le banche vedranno tale somma come debito aziendale e quindi questo fa scendere il valore dell'azienda stessa o addirittura può pregiudicarne la possibilità di ottenere il prestito richiesto.

Inoltre l'azienda è costretta a dare un interesse annuale delle proporzioni che abbiamo già visto, a prescindere che usi o meno i TFR trattenuti. Nel corso degli anni il suddetto capitale tende ad aumentare portando l'azienda a indebitarsi per far fronte alle liquidazioni, se essa per vari motivi non è stata in grado di gestire oculatamente il capitale destinato al TFR.

**Che scelte possiamo effettuare per il TFR?**
Se non si vuole lasciare il proprio TFR al datore di lavoro si possono scegliere due strade differenti: la prima è quella di farlo gestire da un fondo di categoria sindacale e la seconda è la gestione privata tramite un istituto finanziario.

**Il fondo di categoria** è, come dice il nome stesso, un fondo in cui tutti i membri rappresentati da una determinata categoria (come metalmeccanici, impiegati ferrovie, chimici ecc.) possono far canalizzare il proprio TFR per farlo gestire tramite un istituto finanziario a loro associato.

A seconda con chi sono associati, il fondo può avere anche più forme di investimento possibili, ma in genere sono tutti di tipo obbligazionario o al più con un massimo di 25% azionario per i profili aggressivi. Il motivo di tutto questo conservatorismo finanziario è dovuto al fatto che questo fondo rappresenta un grande calderone dove tutti i sottoscrittori mettono i propri soldi e, quindi, non possono sviluppare una strategia finanziaria personalizzata ma devono per forza gestire il denaro con una soluzione che vada bene per tutti i membri di quella categoria.

Sappiamo benissimo che un impiegato che si trova negli ultimi 6/7 anni di lavoro non può andare in un investimento totalmente azionario ma si deve avvicinare a uno quasi totalmente obbligazionario; quindi il fondo lo creano totalmente obbligazionario per far sì che non sia sconveniente per nessuno (secondo loro), creando però un grosso handicap per chi non è in imminente età pensionabile. I rendimenti di questi fondi generalmente non superano quelli dovuti dal datore di lavoro e, se vi permettono (ma ve lo sconsiglieranno sempre) di andare in un profilo aggressivo, difficilmente supererete il 4,5% annui di rendimento, che al netto dell'inflazione significa a stento il 2%.

A tale proposito, vi posso dire che il più famoso di questi fondi, quello per i metalmeccanici "Fondo Cometa", ha reso nel suo migliore profilo, cioè quello aggressivo (notate che si mettono sempre nomi con connotazioni aggressive o negative) il 4,5%... ma solo 1% dei sottoscrittori ha aderito a questo profilo mentre il 70% è andato in quello obbligazionario puro, che ha reso soltanto 1% lordo circa.

Quindi, in definitiva, non si hanno vantaggi apparenti rispetto a lasciare la propria liquidazione al proprio datore di lavoro tuttavia ci sono dei vantaggi non indifferenti nell'andare in questi fondi: il più significativo è sicuramente lo sgravio fiscale, ottenendo una tassazione massima del 15% del proprio TFR versato (anziché quello delle aliquote degli ultimi 5 anni) e se facciamo gestire il fondo per più di 15 anni, ogni anno in più avremo una tassazione che scende del 0,30% annuo fino a pagare solo un 9% di tassazione; inoltre la parte degli interessi è tassata all'11% fisso. Ciò è molto conveniente per i giovani che decidono immediatamente di farsi gestire il TFR anziché lasciarlo al proprio datore di lavoro. Il secondo vantaggio è quello di non avere brutte sorprese nel momento in cui andremo in pensione.

Possiamo far gestire il nostro TFR da un **istituto finanziario privato** come una banca che fornisce questo tipo di servizio. In questo caso decideremo noi come far gestire il denaro e andremo ovviamente in un fondo pensione (i fondi TFR sono quelli che nel capitolo 3 abbiamo definito come fondi pensioni deducibili), che permette di puntare su un profilo totalmente azionario e che ne ha tutte le peculiarità.

Oltre agli altissimi rendimenti ottenibili avremo sempre una bassissima tassazione e un'incredibile flessibilità, inoltre i soldi non sono inseriti in un grosso calderone comune ma rimangono di nostra proprietà e quindi possiamo, per giustificati motivi, prelevare quel denaro senza passare da strozzature legislative ed eventualmente utilizzarli come garanzia a copertura di un prestito. Mi spiego meglio: noi possiamo prelevare i soldi per giustificati motivi, ad esempio l'acquisto della prima casa, ma con un fondo privato potremmo accendere un mutuo mettendo la parte di denaro prelevabile come copertura dello stesso, ma senza toglierli dal fondo e non perdendo quindi gli interessi che essi generano.

In definitiva la gestione privata del TFR ha innumerevoli vantaggi sia come rendimento, sia come tassazione, e infine come flessibilità, tuttavia è doveroso specificare che la quota TFR erogata dal datore può essere immessa nel vostro piano o in modo mensile (tipico delle grosse multinazionali) o trimestrale o semestrale o annualmente, cioè quando fanno la contabilità, quindi potremmo avere rendimenti inferiori rispetto a quello che un tipico PAC potrebbe garantire con un inserimento mensile del denaro, che, vi ricordo, è dovuto alla minor possibilità statistica di prendere i minimi relativi.

Devo aggiungere, per completare il discorso dei tipi di gestione, che quello sindacale di categoria può essere accompagnato da un ulteriore contributo dato dal datore di lavoro insieme a una vostra aggiunta prelevata dalla busta paga; in pratica, alcuni fondi possono prevedere l'inserimento extra fino ad un 4% annuo in più di TFR, nel senso che se il vostro TFR è 1000 € annui, il datore ve ne versa 1040, ma voi ne dovete mettere di tasca altri 40, creando un effetto psicologico di guadagno (del 4% annuo) e i gestori dei fondi caldeggiano quest'illusione ma, in realtà, questo vantaggio è del 4% il primo anno, del 2% il secondo anno (perché sarà sempre 40 €, non il 4% su tutta la somma), poi 1,33% il terzo e così via fino a diventare nullo in pratica in breve tempo. Per chi si ritrova con una gestione TFR che, a questo punto, non lo convince più (dopo aver letto queste informazioni), non si deve preoccupare: potrete cambiarlo senza spese (avrete addirittura il rimborso di quelle già sostenute) ma dovrete aspettare che siano passati almeno 2 anni dalla sottoscrizione.

**SEGRETO n. 25: è fortemente consigliato farsi gestire il proprio TFR da un istituto finanziario o da una banca in modo da ottenere grandi sgravi fiscali e alti rendimenti.**

Fino ad ora abbiamo parlato dei vari metodi di trattare il proprio TFR, adesso invece vediamo cosa prevede la legge sulla scelta della gestione. La prima cosa che si deve controllare è se siamo stati impiegati per la prima volta (nel senso di messi a regola) prima o dopo il 28/04/1993, in seguito se la nostra azienda ha meno di 50 dipendenti oppure da 50 in su. Nel caso siamo nella categoria prima del 28/04/1993, allora potrebbe partecipare in misura del 50% al fondo di categoria associato all'azienda sempre che essa superi i 49 dipendenti.

Per chi fa parte di un'azienda con meno di 50 dipendenti possiamo scegliere tra lasciare il TFR al datore oppure sceglierne uno di categoria oppure andare su una gestione privata. In caso di silenzio, i soldi non restano al datore, ma vanno nel fondo INPS, con il rischio, considerando i conti disastrosi dell'ente, che non si vedrà il becco di un quattrino alla fine (sono un tipo pessimista :-) vero?). Per le aziende con oltre 50 dipendenti non c'è la possibilità di lasciarlo al datore ma si deve fare la scelta tra fondo di categoria o privato: nel caso di silenzio va nel fondo di categoria aziendale con il maggior numero di aderenti (di quell'azienda) e nel caso non esista nessun fondo aziendale o sindacale per quell'azienda allora va al fondo INPS.

## Come risolvere le nostre esigenze 2 (Sostentamento)

Abbiamo detto prima della paura di diventare poveri e questa non è poi così infondata visto il nostro futuro pensionistico. Il mantenimento del reddito quindi è la seconda esigenza che andremo a trattare, ma vi dimostrerò che in realtà è la prima da considerare, ancora più importante che non la copertura stessa visto nel paragrafo "risolviamo le nostre esigenze 1".

In quel paragrafo, nell'esempio bastava pagare 1000/2000 € all'anno mediamente per avere una buona copertura assicurativa; ma come facciamo a pagare a vita questa copertura se non abbiamo la certezza di un reddito? Quindi, per prima cosa ci serve un reddito certo che ci permetta non solo di sopravvivere, ma anche di continuare a pagare le coperture assicurative.

Prima tratteremo la certezza del reddito dal momento in cui si va in pensione, cioè quando non lavoreremo più ed è previsto un brusco calo del reddito. Ovviamente il problema si risolve con i piani pensioni e per chi può, con la gestione del TFR aziendale (motivo per cui l'ho trattato prima di questo paragrafo).

Qualunque prodotto utilizziamo, PAC o PIC che sia, assicurativo o meno, esso dovrà accumulare una cifra abbastanza grande da poter essere convertita in una rendita vitalizia. Nella tabella successiva vedremo secondo gli indici di conversioni attuali, quanti soldi occorrono per 100 € di pensione mensile in base al sesso e all'età in cui vogliamo disporre di questa rendita:

| Anni | Uomo | Donna |
|------|------|-------|
| 40 | 52.000 € | 58.000 € |
| 45 | 46.000 € | 52.000 € |
| 50 | 41.000 € | 46.000 € |
| 55 | 35.000 € | 41.000 € |
| 60 | 29.000 € | 35.000 € |
| 65 | 24.000 € | 29.000 € |
| 70 | 19.000 € | 23.000 € |

Nella prima colonna vi è l'età in cui vogliamo iniziare a percepire la nostra rendita vitalizia, la seconda rappresentiamo quanti soldi bisogna aver accumulato in tale data per aver diritto ad una rendita di 100 € al mese per un uomo e nella terza colonna per una donna. Si vede subito che una donna deve avere, a parità di età pensionabile, un accantonamento di capitale maggiore rispetto a un uomo e questo è dovuto al fatto che la vita media di una donna è (per loro fortuna) maggiore di quella di un uomo di circa 3 anni, visto che i loro coefficienti di cambio sono più bassi. Ovviamente potete andare in pensione anche in età intermedie di quelle riportate in tabella, ma ho voluto far vedere quelle principali per far capire all'incirca a cosa andiamo in contro.

Quindi sappiamo adesso quanti soldi servono per avere 100 € al mese in più di pensione; adesso vediamo a quanto ammonterà la nostra pensione effettiva:

| Anni / Uomo | Autonomo | Operaio | Impiegato | Pubblico |
| --- | --- | --- | --- | --- |
| 30 | 34,5 % | 56,9 % | 56,9 % | 56,9 % |
| 35 | 35,2 % | 57,4 % | 57,4 % | 57,4 % |
| 40 | 37,4 % | 59 % | 59 % | 60 % |
| 45 | 41,6 % | 60,6 % | 60,6 % | 62,3 % |
| 50 | 48,5 % | 63,1 % | 63,1 % | 65,4 % |
| 55 | 57,5 % | 65,3 % | 65,3 % | 67 % |
| 60 | 64,7 % | 67,2 % | 67,2 % | 68,2 % |

| Anni / Donna | Autonoma | Operaia | Impiegata | Pubblica |
| --- | --- | --- | --- | --- |
| 30 | 25,8 % | 42,5 % | 42,5 % | 42,5 % |
| 35 | 27 % | 43,4 % | 43,4 % | 43,6 % |
| 40 | 30 % | 45 % | 45 % | 46,7 % |
| 45 | 36,4 % | 48,5 % | 48,5 % | 49,6 % |
| 50 | 46,9 % | 53,5 % | 53,5 % | 55 % |
| 55 | 55,3 % | 57,6 % | 57,6 % | 59,4 % |

La prima tabella riguarda gli uomini, la seconda le donne. L'utilizzo di questa tabella non è del tutto intuitivo. Infatti, per usarla serve sapere quanti anni avevamo nel 2006: la prima colonna rappresenta che età avevamo appunto nel 2006, le altre quattro colonne sono il tipo di lavoro che svolgiamo.

Se siamo un uomo che nel 2006 aveva 30 anni e svolgiamo il lavoro di impiegato nel settore privato, allora la nostra pensione sarà all'incirca il 56,9% dell'ultimo stipendio; se invece siamo una donna, per lo stesso lavoro e la stessa età la nostra pensione sarà del 42,5%, sempre dell'ultimo stipendio.

Questa enorme disparità fra uomo e donna è dovuta al fatto che la tabella si riferisce a persone che hanno nel 2006 quelle età e che comunque vanno in pensione con 35 anni contributivi all'età limite di 65 anni per gli uomini e 60 per le donne: quindi nella fattispecie le donne percepiranno comunque 5 anni prima la pensione rispetto a un uomo e statisticamente per più tempo (visto che vivono di più).

Se raggiungiamo la pensione prima dell'età limite, ad esempio a 62 anni per un uomo oppure a 58 per una donna, quelle percentuali si devono ritoccare al ribasso mentre se ci andiamo dopo si ritoccheranno al rialzo. Inoltre, quelle percentuali sono da riferirsi a una carriera piatta, cioè facendo sempre lo stesso lavoro (almeno come tipologia) e senza sbalzi eccessivi di reddito. Infatti, se negli ultimi 3 anni avete, ad esempio, un raddoppio di stipendio per una promozione, la percentuale non si deve considerare su quegli stipendi ma su quelli vecchi. I nuovi influenzeranno ben poco la pensione finale.

Ovviamente ho messo dei dati per farvi capire l'argomento mentre per un calcolo esatto della pensione potete rivolgervi al vostro ente previdenziale e farvi fare la proiezione. Si può subito vedere che un operaio e un impiegato hanno più o meno le stesse proporzioni ma nei casi in cui si è ancora giovani si perderanno totalmente i vantaggi dell'essere un dipendente pubblico. Hanno una percentuale di conversione molto scarsa, invece, i liberi professionisti, gli autonomi e gli imprenditori in generale: in pratica il cosiddetto popolo delle partite IVA.

Adesso siamo in grado di calcolare la nostra pensione (in buona approssimazione). Per sapere quanto dobbiamo integrare mensilmente con una pensione privata e far sì che il nostro reddito rimanga inalterato, dobbiamo vedere qual è il nostro reddito netto mensile attuale, la nostra età nel 2006, il nostro sesso e il lavoro che svolgiamo e, infine, controllare che proporzione abbiamo. A questo punto sapremo quanto sarà la nostra pensione e la differenza fra il reddito netto attuale e quello della pensione diventa il "**gap**" da colmare.

Se andremo ad avere un numero inferiore o superiore di anni contributivi, bisognerà fare il rapporto fra 35 anni e quelli che effettivamente abbiamo svolto. Di conseguenza avremo una percentuale inferiore o superiore. Inoltre, se abbiamo fatto anni in diversi settori, si dovrebbe fare una media ponderata dei vari settori per gli anni che abbiamo effettivamente svolto in ogni settore, con le percentuali previste per l'età limite.

Se attualmente abbiamo 1200 € netti al mese di reddito e un rapporto al 55%, allora avremo una pensione di 660 € e il nostro gap è di 540 €; con questo gap (e ammesso che siamo di sesso maschile) dovremo disporre nel nostro piano pensionistico di circa 130.000 € se vogliamo colmarlo e avere il vitalizio a partire dai 65 anni di età. I 130.000 € sono frutto della proporzione di 540 € del gap ai 100 € viste nella tabella di prima; 24.000 € per 100 € corrispondono a 130.000 € per 540 €. Il problema adesso è accumulare questo capitale. A tal fine possiamo usare i piani pensioni e/o il nostro TFR. Come regolare la quantità di risparmio necessaria per ottenere il risultato desiderato è materia del penultimo capitolo, dove vedremo dettagliatamente come si fanno i calcoli basati su simulazioni realistiche. Tuttavia se sapete quando manca alla pensione e sapendo i rendimenti medi dei vari prodotti (visti nel capitolo 3), potete vedere facilmente che cifre accumulare mensilmente oppure in un'unica soluzione, per ottenere il risultato sperato.

Il problema adesso è accumulare questo capitale. Per fare ciò possiamo usare i piani pensioni e/o il nostro TFR. Come regolare la quantità di risparmio necessaria per ottenere il risultato desiderato è materia del penultimo capitolo dove vedremo dettagliatamente come si fanno i calcoli basati su simulazioni realistiche.

Tuttavia se sapete quando manca alla pensione e sapendo i rendimenti medi dei vari prodotti (visti nel capitolo 3), potete vedere facilmente che cifre accumulare mensilmente oppure in un'unica soluzione, per ottenere il risultato sperato. Abbiamo visto come affrontare il problema "mantenimento del reddito" in età pensionabile, ma noi potremmo per svariati motivi voler integrare il reddito prima di tale data, ad esempio a partire da quando abbiamo 50 anni, anche se la pensione la dobbiamo riscuotere dopo altri 15 anni.

Questo è il caso di persone che vogliono ridurre il proprio impegno sul lavoro ma continuare ad avere lo stesso reddito (magari per godersi un po' la vita), oppure persone che hanno avuto un incidente e hanno percepito l'assicurazione e adesso vogliono far in modo da inserire quella cifra in un piano che permetta di avere una rendita che compensi la diminuzione (o l'annullamento) degli introiti da lavoro.

Si opera come prima, ma non si deve calcolare il gap pensionistico, ma il gap che vogliamo. Mi spiego meglio: se noi vogliamo 500 € di reddito al mese a partire dai nostri 50 anni è questo l'effettivo gap da considerare, in quanto il gap pensionistico entrerà in funzione solo a partire dai (presumibilmente) 65 anni.

Quindi dovremo avviare un piano pensionistico non deducibile per l'accumulo della somma necessaria ad avere i 500 € a 50 anni, e un altro piano (che stavolta può essere deducibile) per l'integrazione della pensione.

Si deve da considerare anche che, visto che ci siamo già procurati un reddito di 500 € al mese a partire da 50 anni, ovviamente bisognerà sottrarre questa cifra dal gap pensionistico, visto che esso andrà a sommarsi.

**SEGRETO n. 26: sfruttate i piani pensioni deducibili per crearvi la vostra pensione integrativa e i piani non deducibili per creare l'integrazione del reddito in età non pensionabile.**

**Come risolvere le nostre esigenze 3 (Obiettivi)**

A questo punto rimane solo l'ultima esigenza da risolvere, quella degli obiettivi. Nei precedenti paragrafi abbiamo anche visto che è la più semplice da far emergere, ma non per questo la più semplice da risolvere. Innanzitutto si deve considerare che quest'ultima esigenza è l'ultima a essere considerata. Infatti, prima una persona deve assicurarsi un futuro sereno, con la copertura dei rischi e il mantenimento del proprio tenore di vita e solo dopo vengono le realizzazioni dei sogni: sarebbe quantomeno stupido rischiare tutto ciò che si ha per andare all'inseguimento di un sogno che si potrebbe anche (per mancanza di coordinamento oppure perché irrealistico) non raggiungere mai.

La prima cosa che si deve fare è individuare bene quali sono questi obiettivi e questi vanno scritti, per ogni componente della famiglia, nel proprio foglio riepilogativo (se sono obiettivi singoli), altrimenti nel foglio generale se sono obiettivi famigliari.

Se l'obiettivo è mandare i propri figli in un'università costosa, bisogna scrivere il costo preventivato di tale spesa nei fogli dei singoli figli mettendo la somma che oggi ci vorrebbe per realizzare quell'obiettivo e accanto il numero di anni a disposizione, tipo 18/20 anni se sono appena nati, altrimenti gli anni che li separano da tale scadenza; se invece l'obiettivo è comprare la villa al mare, questo va inserito nel foglio obiettivi per la famiglia, in quanto la casa è per tutti, mentre l'acquisto di una barca a vela è probabilmente un sogno nostro personale e difficilmente un obiettivo famigliare. Alla fine di tutti gli obiettivi, bisogna in ogni caso riportare i singoli costi e i relativi anni di tempo per risolverli nel foglio generale; se non c'è una data limite per attuarli, come ad esempio per l'acquisto della villa, saltate questa voce (il tempo), ma in seguito bisognerà comunque piazzare la voce "tempo".

Nel foglio riepilogativo dovete adesso mettere accanto a ogni obiettivo (se sono più di uno) un ordine di importanza nella loro risoluzione e nel caso di obiettivi di pari importanza mettete lo stesso numero (ad esempio l'università per i figli ha uguale importanza per tutti).

Adesso che sono in ordine ritorniamo a considerare quanti anni ci sono a disposizione per risolverli e, nel caso non sappiate calcolare questo dato, mettete un tempo realistico senza però trascurare che gli eventi troppo a lungo termine sono psicologicamente difficili da mantenere; ad esempio: l'acquisto della villa dei sogni potrebbe essere 20 anni di tempo, ma 40 è troppo (si perde la volontà e in questo tempo possono accadere troppe cose) mentre 5 anni potrebbero essere pochi in base ai nostri redditi. Esiste poi la raccolta di capitali senza una motivazione e in questo caso si aprirà un piano di lunghezza indeterminata e molto flessibile dove andremo a mettere i soldi man mano che possiamo. Vi anticipo subito, per esperienza, che questo tipo di piano alla fine non dà mai i risultati sperati in quanto non avendo una molla che vi spinge non sarete mai in grado di coordinarvi (ricordate la storia su Kennedy e lo sbarco sulla luna!).

La risoluzione di questi obiettivi è molto simile a quella della pensione integrativa, infatti, come in quel caso, conoscete gli anni a disposizioni e la cifra che dovete raggiungere, solo che lì serviva per creare una rendita vitalizia e qui, invece, dovete ritirarla tutta in una volta. Per tale motivo occorre utilizzare un piano di accumulo di tipo non deducibile (se ve ne propongono uno con qualche tipo di deduzione non fa per voi) e dovrete calcolare l'ammontare del risparmio mensile o eventualmente immediato, in base alle tabelle dei rendimenti previste in quell'arco di tempo (visti nel capitolo 3).

**SEGRETO n. 27: per raggiungere un obiettivo bisogna saperlo fissare bene e dare dei tempi realistici per raggiungerlo e utilizzare dei piani di accumulo pensionistici o di risparmio non deducibile e/o dei PIC.**

RIEPILOGO DEL CAPITOLO 4:

- SEGRETO n. 24: risolviamo i "non si sa mai" con delle coperture assicurative specializzate e perfettamente calibrate al nostro tenore di vita e alle nostre esigenze.

- SEGRETO n. 25: è fortemente consigliato farsi gestire il proprio TFR da un istituto finanziario o da una banca in modo da ottenere grandi sgravi fiscali e alti rendimenti.

- SEGRETO n. 26: sfruttate i piani pensioni deducibili per crearvi la vostra pensione integrativa e i piani non deducibili per creare l'integrazione del reddito in età non pensionabile.

- SEGRETO n. 27: per raggiungere un obiettivo bisogna saperlo fissare bene, dare dei tempi realistici per raggiungerlo e utilizzare dei piani di accumulo pensionistici o di risparmio non deducibile e/o dei PIC.

# CAPITOLO 5:
## Come liberarsi dai debiti

Nel precedente capitolo abbiamo visto come si imposta una consulenza finanziaria e l'importanza stessa che riveste per il benessere delle famiglie. Tuttavia ci sarebbe un particolare di estrema importanza da considerare quando la si effettua, prima della stessa pianificazione del risparmio: pensare a eliminare i debiti attuali.

È inutile raccogliere denaro e scervellarsi a costruire pianificazioni del risparmio e degli investimenti per ottenere alti rendimenti se poi abbiamo debiti che, con i loro interessi passivi, si "mangiano" tutto ciò che abbiamo guadagnato e anche di più. La prima cosa che si deve fare quando si effettua una consulenza finanziaria, per sé o per i clienti, è quella di eliminare o ridurre il più possibile la componente "debito" di una famiglia (o eventualmente di un'azienda). Pertanto analizzeremo i principali motivi per cui una famiglia crea debiti e cosa comporta questo fatto per il suo patrimonio. Vedremo come evitare di farne altri e come, nella misura del possibile, estinguere quelli già contratti.

**Da dove vengono i debiti?**

Nell'ultimo decennio si è visto in tutto il mondo occidentale e in particolare modo in Italia, un aumento vertiginoso dell'ammontare dei debiti delle famiglie con tutto ciò che ne consegue. Non passa giorno che i telegiornali non facciano l'analisi di questa "moda" dilagante, ma sarebbe meglio dire "catastrofe" dilagante. Ma qual è la causa di tutto questo indebitamento?

Il problema principale sta nel fatto che il mondo capitalistico occidentale spinge la gente a misurarsi con gli altri per quello che "possiede" e quindi tende a comprare sempre di più. Questa rincorsa agli acquisti fa spendere spesso oltre le proprie possibilità, costringendo ad avviare prestiti rateali al fine di permetterci di tenere il passo con gli altri. Il problema è che si perde la cognizione di quanto si stia spendendo effettivamente, ritrovandosi sovente a fare il passo più lungo della propria gamba e in una spirale di debiti. È frequente che molte famiglie si trovino ad avere esborsi mensili maggiori delle entrate. Qualcuno dirà: «Ma allora che facciamo, non compriamo niente a rate? E se una cosa mi serve e non me la posso permettere?». Per rispondere alla prima domanda, l'ideale sarebbe non comprare mai niente a rate, e se possibile neanche la casa. La risposta alla seconda domanda è particolarmente complessa.

Infatti, bisognerebbe valutare quanto effettivamente è importante la spesa che si vuole effettuare, se per caso non ci sono altri modi per ottenere lo stesso risultato senza prestiti ecc.; tuttavia, vedremo nel corso del capitolo come affrontare alcuni casi più comuni di queste spese. Vi accorgerete che alcune spese imponenti e "obbligatorie", se prese per tempo e nella giusta considerazione, diventeranno facili da risolvere.

**Quali sono i tipi di debiti**

Secondo una statistica mondiale facilmente intuibile, i debiti provengono principalmente dall'utilizzo di tre strumenti: i mutui, i prestiti e le carte revolving. I tre tipi di "prestito" si differenziano per la quantità di denaro che gli istituti di credito mettono a disposizione di chi li utilizza: il mutuo, in genere serve per l'acquisto della casa, ma può essere utilizzato anche per acquisto di terreni, attività commerciali o quant'altro con somme erogate che superano facilmente i 100.000 € e possono arrivare persino al mezzo milione anche nell'utilizzo famigliare. I prestiti invece vengono contratti per gli acquisti non frequenti, ma abbastanza costosi e prendono anche il nome di finanziamenti.

In genere vengono utilizzati per l'acquisto di mobili, autovetture, motorini, elettrodomestici o in alcuni casi anche per pagare delle tasse e il loro ammontare varia in media fra i 1000 e i 50.000 €. Le revolving sono utilizzate per acquisti di piccola entità e permettono di pagarli in genere in dodici rate, con un ammontare, singolarmente, sotto i 1000 € e sono le più deleterie per le nostre tasche. Vedremo per ciascuno strumento quali sono gli interessi applicati, come possiamo evitare di utilizzarli e come è possibile eliminare i debiti contratti.

## Come si calcolano gli interessi passivi:

Avevo accennato, nel terzo capitolo, che Einstein definì gli interessi composti l'ottava meraviglia del mondo applicata all'economia. Purtroppo questa citazione è valida anche quando gli interessi li dobbiamo far uscire dalle nostre tasche e non solo quando li percepiamo. Per rendere l'idea degli effetti che ha un interesse composito (passivo) su di un prestito, vi posso dire che, se la Madonna si fosse fatta prestare un nichelino (che rappresenta 1/12 di asse ed era la moneta più piccola esistente allora dal valore odierno di circa 5 centesimi di €), a un interesse del 4% annuo, avrebbe dovuto ritornare indietro nel 1750 una palla d'oro della dimensione del nostro pianeta e, nel 2000, la stessa palla d'oro avrebbe dovuto avere il diametro dell'intero sistema solare!

Da notare che ho considerato un interesse passivo di solo 4%, molto al di sotto dei normali tassi d'interesse odierni. Proprio per questo motivo furono creati i giubilei dove ogni 25 o 50 anni venivano annullati gli interessi sui debiti delle persone: si era già scoperto allora che sarebbe stato virtualmente impossibile risarcirli per chiunque.

Ma come si calcola l'interesse in un prestito? Teoricamente nello stesso modo con cui si calcolano gli interessi che percepiamo da un investimento, solo che si deve fare il calcolo all'inverso ed è un po' più complesso. Io vi mostrerò un modo semplice ma efficace per calcolare con buona precisione tali interessi nel tempo.

Per meglio capire il sistema vi mostro subito un esempio. Se ci facciamo prestare 10.000 € da ridare a rate uguali in 5 anni all'8%, a quanto ammonterà la rata? Si deve partire dal presupposto che al primo anno avremo in mano nostra (o per meglio dire, non più in mano dell'istituto che ci fa il prestito) tutti e 10.000 gli euro, quindi dovremo pagare gli interessi su tutta la somma.

Nel secondo anno invece pagheremo gli interessi sui 4/5 della somma perché 1/5 li avremo già ridati, mentre al terzo anno sui 3/5 e così via fino all'ultimo anno dove pagheremo interessi solo per l'ultimo quinto della somma.

Nella fattispecie al primo anno pagheremo 8% su 10.000 €, cioè 800 €, al secondo anno 8% su 8000 € che fa 640 €, poi 8% su 6000=480, poi 8% su 4000=320, e infine 8% su 2000 che fa 160 €. In totale abbiamo 800+640+480+320+160=2400 € di interessi. Gli interessi li sommeremo al prestito e divideremo il tutto per 60 che sono il numero di rate; cioè 10.000 + 2400=12.400, il tutto diviso 60, che fa 206,67 € al mese. In realtà il risultato è leggermente diverso poiché il primo anno vengono ridati meno soldi di 1/5 del prestito, ma la differenza è marginale, quindi possiamo tranquillamente approssimare il calcolo come in precedenza.

Questo calcolo va bene per qualunque tipo di prestito, sia che consideriamo un mutuo sia che consideriamo un prestito/finanziamento, ma anche se lo applichiamo alle revolving, le uniche cose che dobbiamo considerare sono la somma prestata, quanti anni occorrono per la restituzione e l'interesse applicato. In definitiva abbiamo per i prestiti a tasso fisso a rata costante la seguente formula:

Int={[somma/anni*(inter/100)+somma*(inter/100)]/2}*anni

Rata=(somma+Int)/(anni*rate_anno)

Nella prima formula calcoliamo gli interessi del prestito, mentre nella seconda calcoliamo la rata. "Somma" è la cifra che ci facciamo prestare, "Anni" sono appunto gli anni che dura il prestito, "Inter" è l'interesse fisso applicato. Prima calcoliamo l'interesse all'ultimo anno del prestito, lo sommiamo all'interesse al primo anno e ne facciamo la media. Infine moltiplichiamo il tutto per il numero di anni e sappiamo a quanto ammontano gli interessi complessivi nel tempo; dopo, nella seconda formula, sommiamo la cifra prestata agli interessi e la dividiamo per il numero di rate per ottenere l'ammontare di una singola rata.

Se le rate sono a interesse variabile, questa formula calcola le rate con l'interesse del primo anno come fosse fisso, ma poi calcola gli interessi successivi con i tassi di ogni singolo anno a mano a mano che se ne viene a conoscenza. Non esiste in pratica un modo per conoscere in anticipo l'ammontare di un prestito con l'interesse variabile ed è il motivo per cui molte famiglie italiane negli ultimi tempi si sono ritrovati con rate del mutuo sensibilmente differenti rispetto al momento della stipula.

A tale proposito facciamo un calcolo per un muto di 100.000 € a 25 anni in cui nel primo caso applichiamo un 6% fisso di interesse e in un secondo caso, mettiamo un primo anno al 4% e poi vediamo cosa accade con gli interessi che salgono prima al 5% e poi al 6%. Nel primo caso con 6% fisso abbiamo delle rate mensili di 593,35 €. Nel secondo caso abbiamo le rate del primo anno a 506,65 € quando l'interesse è al 4%, mentre salgono, con l'interesse al 5%, a 541,67 € nel secondo anno e con l'interesse al 6% arrivano ai 593,35 € nel terzo anno, cioè quanto al tasso fisso al 6%.

La gente in genere fa il calcolo con l'interesse del primo anno e contrae una rata basata su quello che può spendere poi, al primo aumento dei tassi, la rata sale e di parecchio (quasi 100 € nella nostra simulazione) e si ritrova nei guai. Il mio consiglio è di evitare i tassi variabili perché non si può calcolare a priori il debito effettivo. Abbiamo visto il calcolo di un interesse variabile su un mutuo, ma lo stesso tipo di considerazione vale anche per un finanziamento. Quando in un prestito abbiamo invece il pagamento posticipato di un anno, tipo "prendi oggi e cominci a pagare tra un anno", dovete considerare che pagherete l'interesse pattuito su tutta la somma per un anno in più.

**SEGRETO n. 28: se non sapete applicare tecniche particolari per la gestione dei prestiti del mutuo è sempre consigliato stipularne uno a tasso fisso.**

## Le carte Revolving

Dicevo all'inizio del capitolo che questo strumento è il più deleterio per le nostre finanze e ora vediamone il perché. Per chi non lo sapesse, parliamo di una carta di credito che permette di pagare in modo rateale gli acquisti fatti ogni volta che la si utilizza. In pratica, se comprate un oggetto dal costo di 300 €, vi permetteranno di dividere il pagamento in trance (in genere impostate su 12); ovviamente, in cambio di questo servizio, vi applicano un tasso di interesse che facilmente supera anche il 20% annuo.

Il pericolo derivante da queste carte di credito consiste nel fatto che la gente spende molti soldi senza accorgersene e perde facilmente la cognizione dei propri debiti. Mi è capitato spesso di vedere l'utilizzo di queste carte anche per la spesa quotidiana o addirittura per pagare caffè e cornetto al bar. Dovete considerare che ogni qual volta "strisciate" la revolving, oltre all'interesse annuo dovete molto spesso (a seconda del gestore) sommare un costo fisso dell'operazione di circa 2 €, perciò se una persona utilizza questo strumento al bar, rischia di pagare una consumazione di 2 € quasi 5 € !

Questo strumento sta avendo un'esplosione di utilizzo in quanto permette alla gente di accedere facilmente all'acquisto di prodotti che magari, in contanti, non avrebbe potuto comprare facilmente dando in cambio un piacevole senso di "onnipotenza". Questo effetto a lungo può dare assuefazione spingendo a spendere, senza volere, più di ciò che guadagnate. In pratica chi le utilizza, se non ha una grossa autodisciplina, si comporta né più né meno come un "drogato" di acquisti (detti shopping addicted).

Ci sarebbe da aggiungere che, come rinforzo a tale fenomeno, vi è che non tirando fuori fisicamente soldi e non facendo neppure la fatica di riempire delle carte e/o produrre documenti come nei finanziamenti, la gente ha l'impressione di non tirarli fuori affatto.

Analizziamo adesso la loro inutilità: la gente utilizza questo tipo di carta anche per fare la spesa dicendo che magari non si può permettere di pagarla in contanti perché non arriva più alla fine del mese.

Ma se ogni volta paga con la revolving, dividendo la spesa in 12 rate con interesse del 20%, si ritroverà a pagare l'anno successivo come prelievi nel conto corrente la spesa per intero oltre il 20% di interesse, quindi non solo non ha risolto il problema "fine mese" ma l'ha pure aggravato di parecchio. **Quindi questo strumento è inadatto per le spese periodiche o cicliche.** Abbiamo già visto l'esempio del bar, dove le spese fisse sono maggiori della stessa consumazione, quindi va da sé **che per le spese di piccolo cabotaggio è inutile e deleteria.**

Queste carte hanno un limite di spesa in genere fissato a 1500 € al mese quindi non permettono l'acquisto di oggetti costosi, dove magari occorre veramente un prestito, che sommato ai costi troppo alti per gli oggetti poco costosi, rendono queste carte **inutili per tutti i tipi di spese.** Spesso si utilizzano per l'acquisto di oggetti in offerte limitate nel tempo; ma andando a considerare che dobbiamo pagare un interesse minimo del 20%, siamo poi così sicuri che alla fine non lo abbiamo pagato di più rispetto al prezzo senza l'offerta? Inoltre teniamo in conto che queste offerte sono sempre legate a finanziamenti a tasso "zero".

Quindi dimostratosi l'inutilità di tale carte con i problemi annessi al loro utilizzo, nonché quelli, da non sottovalutare, di tipo psicologico, cosa possiamo fare? La prima cosa è di controllare se abbiamo una carta di credito normale (tipo Visa/Mastercard, Amex) oppure una carta specialistica revolving (per esempio Aura o Citybank). Nel primo caso, se sono impostate su revolving, dovete chiamare la società che le ha emesse, tramite il numero verde oppure tramite la banca che ve le ha fornite, e le fate reimpostare immediatamente su "contanti". Nel secondo caso, non potendo metterle su "contanti" perché sono in realtà delle finanziarie tascabili, dovete chiuderle direttamente, effettuando prima un paio di operazioni che adesso vi spiegherò.

Nel primo caso ho detto di impostarle su "pagamento in contante", in quanto una carta di credito è utilissima nell'uso giornaliero è, infatti, impensabile girare al giorno d'oggi con una mazzetta di soldi in tasca quando si va a far compere, ma state comunque attenti all'effetto psicologico che provoca l'utilizzo di tali carte di credito, anche se "normali", in quanto si incorre, come spiegato prima, alla sensazione di tirare fuori di tasca dei veri soldi.

Se avete più di una carta di credito (magari una in contanti e una revolving) ma entrambi di normali società bancarie, pur cambiando la carta da revolving a contanti, dovete successivamente farla annullare. Due carte di credito, soprattutto dello stesso circuito, sono praticamente inutili e servono a pagare solo le spese statali due volte senza avere nessun servizio in aggiuntivo in cambio. Tranne che per particolari situazioni famigliari o lavorative non vi servono due o più carte.

Nel secondo caso ho detto che bisogna chiuderle, ma questa operazione potrebbe non essere agevole: per prima cosa smettete immediatamente di utilizzarle e il metodo migliore è tagliarle con una forbice (così siete più sicuri) e in seguito fate la disdetta. A questo punto, possono accadere due cose: la prima è che ve lo fanno fare tranquillamente (previo estinzione del debito), la seconda che vi dicono che fino a quando non saldate i debiti contratti non potete farlo neppure liquidandoli immediatamente (in questo caso, anche se non è molto corretto nei vostri confronti, aspetterete l'estinzione normale del debito e poi la annullate).

Abbiamo visto come togliere il problema revolving, ma molto probabilmente ci rimangono ancora i debiti contratti con esse. A tal proposito vi deve far riflettere la differenza che intercorre fra un interesse percepito da un conto corrente postale o un libretto di risparmio e un interesse pagato a queste società di credito.

La cosa da fare è vedere se esiste la possibilità di poter liquidare immediatamente i vostri debiti pagando in contanti. Vedete quanti soldi avete nei libretti postali o nel conto corrente bancario, o almeno quello che potete togliere facilmente da questi conti e, se potete, liquidate subito i debiti. Intercorre un'enorme differenza fra percepire il 2% annuo e tirarne fuori il 20% e quindi pagare immediatamente i debiti vi farà guadagnare subito il 18%, cioè 20% - 2%; nessuna operazione finanziaria vi potrà mai garantire di prendere il 18% (minimo) annuo sicuro!

Se non avete tutti questi soldi, controllate se potete liquidare almeno una parte di tali debiti, cominciando a saldare quelli contratti più di recente, dove dovete ancora pagare gli interessi su quasi tutto l'anno e scendete via via a quelli meno recenti.

L'ideale sarebbe estinguerli tutti ma, nel caso ci sono solo poche spese quasi in scadenza, tipo mancano 2 o 3 mesi per finire di pagare, potrebbe anche essere il caso di lasciarli scadere normalmente (senza aggiungerne di nuovi s'intende) e appena finito annullare immediatamente la carta.

Se i debiti sono di una certa imponenza, tipo 3 o 4 mila euro e non potete liberarvi di tale somma, potete vedere anche (se vi permettono di liquidarli), di farvi un finanziamento che in genere è intorno al 12% e estinguere i debiti con le revolving. In ogni caso pagherete meno di interesse, anche se dovete fare bene i conti se conviene o meno farlo.

**SEGRETO n. 29: le carte revolving sono inutili per tutti i tipi di spese nonché altamente dispendiose, e portano per motivi psicologici a spendere più di quanto si guadagna.**

**I finanziamenti**

Anche questo strumento è molto pericoloso e porta le famiglie a indebitarsi parecchio e senza accorgersene, tuttavia le spese sono più controllabili rispetto a quelle generate dalle revolving. Per prima cosa, per accedervi, bisogna fornire delle documentazioni, tipo la busta paga, l'ultima bolletta pagata di luce o telefono o il rigo "N" della dichiarazione dei redditi e questo comporta una "fatica" da fare per accenderli e, in molti casi, ci limitiamo nelle spese per pigrizia (uno dei pochi casi un cui la pigrizia è utile!). Poi c'è da considerare che non è detto che una richiesta di finanziamento venga accettata dall'istituto di credito quindi esiste anche un "imbuto" da superare.

Pur con tutte questi scogli da superare, la gente tende ad abusare dei finanziamenti per vari motivi. Uno è sicuramente come nel caso visto in precedenza, è il sentirsi "onnipotenti", con tutto ciò che ne deriva, un altro è che ci permette di comperare oggetti momentaneamente molto al di là della nostra effettiva portata.

A questo bisogna aggiungere le pubblicità ingannevoli che circondano spesso queste finanziarie, tipo i famosi "tassi zero", "compri oggi e paghi tra un anno..." o, in alcuni casi, "paghi la merce meno che non comprandola in contanti". Ma secondo voi, le finanziarie prestano veramente i soldi senza un guadagno in cambio? Voi lo fareste? Oppure, un negoziante vende veramente un oggetto a un prezzo più basso pur di farvelo comprare con una finanziaria? Vediamo dove stanno gli inghippi.

Il **tasso zero**, si riferisce sempre al TAN (Tasso Annuale Nominale), seguito immancabilmente da un "*" (asterisco), che riporta l'utente alla lettura di una scritta piccolissima, sbiadita e spesso di traverso nell'ultima pagina, dove vi è la scritta *"TAN 0%; TAEG variabile; costi di attivazione pratiche variabili e non inclusi nel prezzo. Salvo approvazione della finanziaria."*.

Vediamo che cosa vuol dire: il TAN, cioè il tasso annuale applicato è l'interesse che noi andiamo a pagare su un prestito mentre il TAEG è ciò che effettivamente andiamo a pagare e quest'ultimo dipende da più fattori. Innanzitutto vi sono le spese di istruttoria, che possono variare dai 50 € (mediamente) per piccole spese ai 200 € per spese superiori ai 5000 €.

Poi si devono considerare le spese di incasso rata di circa 2 € al mese della finanziaria, oltre a ciò che andremo a spendere noi come bollettino postale o eventualmente ciò che prende la nostra banca se abbiamo una RID (diciamo circa 1 €).

Facciamo alcuni esempi per vedere a quanto ammontano effettivamente gli interessi che paghiamo: se compriamo un computer portatile da 600 € in 12 rate a "tasso zero", andremo comunque a pagare almeno 50 € di istruttoria più 36 € fra costo rata e bollettini e quindi il portatile lo paghiamo 686 €, cioè con un TAEG del 14,33% che non mi sembra proprio regalato. Se compriamo un televisore LCD con impianto Home Theatre spendendo magari 4000 €, avremo da considerare circa 120/150 € di istruttoria e sempre 36 € per i bollettini e le rate, portando il nostro acquisto a circa 4180 €, cioè abbiamo un TAEG del 4,5% (che non è sicuramente "zero") tutto sommato abbastanza conveniente. Ricordiamo che nel primo bollettino va aggiunta la marca da bollo di 14,62 €.

Si evince che per importi piccoli i famosi tassi zero non sono per nulla convenienti, ma lo sono man mano che gli stessi crescono fino ad avvicinarsi ad un TAEG pari quasi allo 0% per gli acquisti di un'autovettura. Tuttavia, bisogna stare attenti ad altre clausole, tipo quelle che dicono che il tasso zero è applicabile fino a un massimo di 2000 € e quindi nel caso precedente dei nostri 4000 € pagheremmo comunque un interesse per metà della somma, oppure si riferisce solo ai primi 6 mesi e le rate sono 12 o al primo anno ma le rate sono 18 o 24 o più.

Un'ultima raccomandazione è di stare attenti quando le rate sono molte, tipo 36 o 48, dove, specie se le somme sono piccole, il costo dei bollettini e altro diventano preponderanti sulla stessa spesa.

Il "compra oggi e paghi tra 6 mesi o un anno" se non specificato altrimenti fa lievitare parecchio i costi. Infatti, dovete considerare che per un anno dovrete pagare un interesse che può essere anche superiore al 10%, e anche se vi dicono che vi è applicato un tasso zero, esso si riferisce o al periodo di attesa ma non dal momento in cui cominciate a pagare, oppure per il periodo dei pagamenti (solo il TAN), ma non nel periodo di attesa.

C'è poi il caso in cui vi fanno uno sconto se pagate a rate e questa possibilità si ha soprattutto quando si acquistano le vetture di case automobilistiche che hanno interessi in alcune compagnie finanziarie. Se ad esempio andate a comprare una macchina da 30.000 €, tutti sanno (spero), che se la comprante in contanti generalmente vi fanno uno sconto che, a seconda della macchina stessa (facile o difficile da piazzare, concessionaria piccola o grossa, se ci andate inizio o fine trimestre e altri fattori), può variare dal 5 al 15%.

Inoltre c'è da sapere che ogni qual volta un negoziante stipula una finanziaria guadagna una commissione (mediamente del 3%) e quindi ha interesse a piazzarvela con la finanziaria. Quindi che cosa accade? Voi andate lì e volete comprare in contanti, il concessionario vi suggerisce che pagandola a rate verrebbe 29.000€ anziché 30.000€ (cioè 3% di sconto circa) e voi siete contenti. In realtà vi avrebbe potuto togliere di più e voi comprando da un'altra parte, o in un altro periodo oppure un'altra marca, avreste potuto pagarla anche solo 26.000 €. Abbiamo visto che con il TAEG il vantaggio si riduce di parecchio e, molto spesso, siete costretti a prendere determinati allestimenti anziché altri ecc.

In tutto ciò dovete considerare che siete legati alla finanziaria per lungo tempo e loro vi hanno fidelizzato. Vi siete fatti influenzare nella scelta e infine siete a rischio di perdere la macchina stessa se per qualche motivo siete costretti a saltare un pagamento. Per farla breve, per comprare l'auto "scontata" avete dato in cambio il vostro libero arbitrio.

Qualcuno dirà sicuramente: «E se non mi posso permettere di comprare la macchia in contanti che faccio?». La domanda è sicuramente valida, ma vediamo di analizzare bene il concetto. Sarebbe buona norma non essere costretti a stipulare una finanziaria con oltre 24 rate e comunque scegliere un'auto dal costo non superiore al reddito netto di 9 o 12 mesi percepito dall'acquirente perché, in caso contrario, è evidente che state facendo il passo più lungo della vostra gamba.

Se, ad esempio, siete operai che guadagnate 1200 € al mese (netti), non dovreste comprare macchine che costano oltre i

15.000 o 16.000 € altrimenti, invece di avere una macchina a vostro servizio, rischiate di essere voi al servizio suo. Questi tetti di spesa esulano dai consigli finanziari, ma ve li cito ugualmente perché sarebbe una buona norma attuarli per non trovarsi nei guai.

Analizziamo meglio la questione automobili. Se facciamo mente locale, non è difficile prevedere che periodicamente essa venga cambiata perché diventa vecchia o insicura e i nuovi acquisti sono prevedibili con molto anticipo. Se siamo soliti cambiare l'auto ogni sei anni, perché aspettare il momento dell'acquisto per stipulare una finanziaria e non raccogliere prima i soldi in modo rateale e pagare in contanti dopo, usufruendo anche di grossi sconti? Fra pagare un interesse all'istituto finanziario e percepire un interesse di un piano di accumulo vi è una notevole differenza, eppure quasi nessuno lo fa. In sei anni la differenza che c'è tra pagare l'auto con un finanziamento e inserire i soldi in un piano di risparmio per sei anni, significa pagare la stessa auto dal 30 al 50% in meno e senza fare debiti. Potreste comprare una macchina di valore doppio, ad esempio. Pensateci bene.

Lo stesso approccio si può fare con quasi tutti i tipi di spesa, come il cambio degli elettrodomestici, dei mobili, la ristrutturazione della casa o le ferie: sono tutte spese che si possono prevedere con moltissimo anticipo, anche di decenni.

Se siamo soliti fare le ferie tutte le estati, queste si possono prevedere da subito (l'estate è sicuro che viene una volta l'anno), i mobili se li vogliamo cambiare possiamo pensarci per tempo. Perché non aprire un piano di risparmio ad hoc?

È una cosa banalissima, eppure nessuno ci fa caso. Le situazioni in cui si è costretti ad accendere un finanziamento, se fate mente locale, sono ridotte al lumicino perché se ci siamo fatti una consulenza finanziaria, in teoria siamo coperti anche dagli eventi imprevisti quindi i finanziamenti dovrebbero essere richiesti solo per cose non prevedibili a priori.

Il fatto che nessuno ci pensa anzitempo è dovuto a un fattore di scarsa disciplina personale e molta pigrizia. Per fare un esempio di scarsa disciplina, basta pensare di mettere una persona obesa a dieta vicino a un vassoio di pasticcini mentre non è visto; 9 su 10 cede alla tentazione, motivo per cui le diete funzionano pochissime volte e solo se spinti da una molla psicologica molto forte.

Questo stesso effetto è quello che porta la gente comune a spendere tutto quello che ha oggi e pensare «poi pensa Dio...». In realtà non sanno imporsi una decisione. La pigrizia influenza sempre in un modo indiretto: infatti, non è mai un problema prendere una decisione, ma lo è sempre mantenerla. Per rimanere nel discorso diete, non è difficile dire: «Da lunedì dieta stretta...», lo è sempre invece farla e mantenere la decisione nel tempo.

Poi nei risparmi comporta fatica pianificarli in quanto significa privarsi di qualcosa oggi per avere un risultato domani e quindi in pochi lo fanno, ma adducono sempre motivazioni del tipo "tanto poi lo pago a rate", "ma a me questa cosa oggi serve", oppure la più classica scusa "io i soldi non li risparmio perché le banche mi danno poco e mi mangiano tutto con i costi di gestione". In realtà si tratta di pura e semplice pigrizia e la solita mancanza di autodisciplina.

Io non vi posso insegnare con questo libro l'autodisciplina, ma vi posso suggerire i meccanismi con i quali avvengono: starà a voi fare un esame di coscienza e evitare di cadere nelle trappole volontariamente. Sappiate che nel 99% dei casi una cosa che avete comprato a rate potevate comprarla anche in contanti (se pianificata per tempo).

Come per il caso carte revolving, anche per i finanziamenti si dovrebbe estinguere il debito il prima possibile. Intanto se l'ammontare del debito non è esageratamente elevato, la soluzione di liquidarli togliendo dei soldi fermi su conti correnti bancari o postali e piani di risparmio poco convenienti è una soluzione ideale, così come lo era per il caso revolving. Se non ci arrivate, vedete se potete pagarne una parte e anticipare la scadenza oppure pagare una parte dei finanziamenti partendo al solito da quelli contratti di recente e via via passare a quelli più vicino alla scadenza. Tuttavia state attenti perché con qualche finanziaria, quelle meno serie in genere, anticipare i pagamenti o liquidarli potrebbe portare a problemi fastidiosi perché, da un lato ve le fanno liquidare, ma dall'altro si "scordano" di annullare il vostro debito e vi possono, anche se involontariamente (ma talvolta anche volontariamente) mandare in protesto con tutte le conseguenze del caso. Quindi occhio...

Se avete a che fare con finanziarie e carte revolving serie, sarebbe interessante, anche se non avete tutto il contante necessario per estinguere il debito, cercare una finanziaria che vi fa un tasso molto conveniente (TAEG) e farsi fare un prestito per coprire tutti quei debiti che poi liquidate.

Così facendo avrete un'unica finanziaria da tenere sotto controllo che andrete a scegliere ovviamente tra quelle che permettono un'ottima flessibilità, risparmiando un sacco di soldi con l'abbassamento dei tassi di interesse e con un numero inferiore di bollettini, nonché le spese annesse e connesse. Facciamo un esempio pratico: abbiamo cinque finanziarie attive per un debito totale di 8000 € e 3000 € dalle carte revolving. Potete farvi fare un prestito di 11.000 € se non avete contante, oppure la somma che vi manca, ad esempio 8000 €, da una banca che vi fa un tasso basso.

Sui 3000 € delle carte risparmierete mediamente un 11% (facciamo conto che i pagamenti siano a metà del periodo e cioè manchino 6 mesi per il completamento), sui 8000 risparmierete un sacco di soldi sia come tassi (probabilmente), ma soprattutto come bollettini.

Infatti, cinque finanziarie comportano cinque bollettini al mese (ad esempio da 3 € ciascuno fra costi di prelievo e rate) invece che uno solo (36 rate per 5 finanziarie sono un totale di 180 prelievi con un costo di 540 € in 3 anni, contro i 96 € che pagheremmo con una sola finanziaria).

Oltre a questi vantaggi di tipo economico ci sono anche quelli di facilitazione nel tenere d'occhio la propria situazione finanziaria.

**SEGRETO n. 30: qualunque spesa siamo oggi costretti a fare con una finanziaria sarebbe sicuramente stato possibile pagarla in contanti se pianificata per tempo. In genere non lo facciamo, per pigrizia.**

Nel prossimo capitolo faremo delle simulazioni realistiche di cosa comporta il fare questi cambiamenti.

**I mutui**

Questo è sicuramente il tipo di debito più difficile da trattare e da estinguere nonché da evitare dovuto alla sua particolare natura. Intanto si tratta sempre di cifre imponenti e difficilmente alla portata dei risparmi della famiglia media, poi c'è da considerare la durata di questi prestiti, la loro caratteristica e infine l'importanza stessa del prodotto acquistato con tali prestiti.

I mutui si possono differenziare per il tipo di tasso applicato, fisso o variabile e in alcuni casi "ibridi". Per i motivi esposti all'inizio del capitolo è sempre conveniente puntare a un tasso fisso, se non altro sapete quanti soldi dovete ridare e non avrete mai brutte sorprese dovute al vertiginoso aumento delle rate, tuttavia, in alcuni casi, possono convenire dei mutui di tipo ibrido. Con mutuo "ibrido" intendo quei mutui che permettono di iniziare con una tipologia e permettono di cambiarla una o più volte, a scadenze pattuite. Ad esempio: iniziate con un tasso variabile e poi al quinto anno potete o confermare la scelta oppure cambiarla con uno fisso o viceversa; oppure ogni cinque anni avete la facoltà di cambiare da un tipo all'altro. I vantaggi di questo tipo di gestione sono interessanti, perché potete sfruttare gli andamenti economici a vostro vantaggio.

Quando accendete un mutuo vi conviene sempre uno a tasso fisso quando il costo del denaro è molto basso, cosa che è avvenuta l'ultima volta intorno al 2003, bloccandovi per tutta la durata del contratto un tasso molto basso. Se invece siete in un periodo con il costo del denaro molto alto, tipo quelli del 2006/2007, converrebbe andare in uno a tasso variabile.

Tuttavia vi voglio far ragionare su un particolare. Un mutuo sotto un certo tasso non può mai scendere perché nessuno presta i soldi gratis mentre a salire potrebbe in teoria andare all'infinito. È logico che un tasso di interesse di un mutuo difficilmente salirà sopra l'8% annuo, ma è impossibile che possa scendere sotto un 3,5% quindi, se vi trovate vicino alla soglia bassa, bloccare il mutuo con un tasso fisso, anche se in genere è superiore di almeno 0,5/0,75%, vi permette di mantenere questo tasso di tutto rispetto per tutto il tempo mentre, se si è sopra il 6,5%, il tasso fisso difficilmente sarà inferiore al 7% e pertanto conviene stipularne uno a tasso variabile (in quanto la possibilità statistica che il tasso scenda è maggiore di quello che salga).

Ovviamente non date mai ascolto alle banche perché esse vi spingeranno sempre nella direzione opposta e più conveniente per loro. All'inizio del millennio, quando il costo del denaro era al minimo e proveniva da ribassi continui durati decenni, hanno spinto, facendo vedere il grafico discendente dei tassi di interesse, la gente verso i tassi variabili. Oggi, inizio 2008, dopo che la gente si è bruciata con il rialzo dei tassi, si sentono serpeggiare in TV i consigli delle banche che dicono di stipulare mutui a tassi fissi caldeggiati dalla frase "così bloccate i tassi che salgono", proprio in un momento in cui, invece, siamo ai massimi e ci aspettiamo una discesa.

Se invece avete un ibrido, potete iniziare il contratto con il tasso più conveniente al momento della stipula (facendo il ragionamento visto sopra) poi alla prima scadenza utile, se conviene, lo cambiate altrimenti lo lasciate com'è. Ad esempio, se siete in un periodo di tassi alti, stipulate un mutuo a tasso variabile poi, alla prima occorrenza, se è sceso lo portate a fisso e poi lo lasciate per tutto il decorso con tale forma.

In un periodo in cui i tassi sono abbastanza bassi, ma non bassissimi, potete sfruttare un altro tipo di ibrido che si è fatto strada negli ultimi anni cioè il tasso variabile con tetto massimo. Ad esempio i tassi sono al 5%, ma il vostro variabile ha come tetto il 6%: se i tassi scendono siete a cavallo, se invece salgono sapete che oltre il 6% non vi possono chiedere. Questo è molto utile nel caso in cui i tassi sono nella via di mezzo e soprattutto vi permettono di bloccarli a un limite certo.

Dopo la disamina sui tassi di interesse, sarebbe utile fare delle considerazioni sulle entità delle rate. In USA c'è una legge molto interessante che vieta ai sottoscrittori di accendere mutui che hanno rate superiori al 30% del proprio reddito netto. In pratica se voi avete a disposizione un reddito (dimostrato) di 1500 € netti al mese, le rate del vostro mutuo non possono superare le 450 € al mese. Questa norma, anche se non esiste in Italia, sarebbe opportuno attuarla volontariamente da soli, perché ci permette di non fare il famoso "passo più lungo della gamba".

Quando in America si è disatteso a questa regola è accaduto il famoso caso dei mutui che ha portato alla successiva crisi delle borse. In pratica, questa legge fu creata in un momento in cui non esistevano i tassi variabili e quindi si prendeva come riferimento la rata del primo anno. Con il nascere dei tassi variabili, spesso, si sono stipulati mutui con rate basse al primo anno, per via dei tassi bassi, o bloccati (tipo 1% al primo anno poi variabile) e la gente ha potuto stipulare mutui che aggiravano il precedente limite e si è trovata successivamente con debiti troppo grossi quando i tassi hanno spiccato il volo.

**SEGRETO n. 31: non stipulate mai mutui con rate superiori al 30% del vostro reddito netto mensile.**

Quindi quando stipulate un mutuo, fate in modo da non superare quel famoso 30%, considerando il caso peggiore. Se un tasso è fisso la cosa è molto semplice, ma se è variabile fatevi un conto con le rate ad un tasso al 8% (caso realistico di tasso alto).

**SEGRETO n. 32: quando stipulate un mutuo, sceglietene uno a tasso fisso se il costo del denaro è vicino ai minimi relativi e**

**uno a tasso variabile se siamo vicini ai massimi, altrimenti cercatene uno di tipo ibrido che vi permetta periodicamente di cambiare la tipologia.**

Come visto per le finanziarie, voglio fare delle considerazioni di tipo non strettamente economico ma di buon senso per evitare i debiti inutili. Molto spesso la gente quando compra casa la compra o in un momento poco propizio o smisurata rispetto alle effettive esigenze.

Il primo caso si verifica quando si ha troppa fretta di acquistare; ci si sposa e si pensa: «Dobbiamo comprare la casa, così almeno che pago mi resta, mentre con l'affitto pago e non mi resta niente».

Il ragionamento non fa una grinza, se non fosse per il fatto che non sempre è conveniente possedere una casa: in primo luogo un affitto può farci accedere a degli sgravi fiscali, non sappiamo da subito se ci serve una casa con 3 o 4 vani o più grande (possiamo trovare un lavoro migliore da un'altra parte) infine, una casa di proprietà è pignorabile e sequestrabile mentre una in affitto no! La grandezza della casa non è un problema di poco conto e lo tratteremo in seguito, mentre la facilità di mobilitazione è sempre tenuta scarsamente in considerazione e può farci perdere molti soldi.

Pensate a cambiare un lavoro che si trova da una parte all'altra della vostra provincia. Se la differenza di stipendio è di 100 € al mese molti di voi rinunceranno perché spostarsi ogni giorno comporta una spesa maggiore dell'introito, ma potendovi spostare facilmente perché non siete proprietari di casa vi permette di cambiare. Moltiplicate il tutto per ogni occasione che può capitare nella vita e vedrete che possono esserci differenze notevoli.

Un'ultima considerazione che si può fare è che l'affitto di una casa costa meno delle rate che dovreste pagare per comprare la stessa casa. Cioè per comprare una casa che ha un affitto da 600 € al mese, dovreste pagare rate da 900 €. Il secondo caso invece consiste nell'acquistare una casa che ha dimensioni esagerate rispetto al vostro fabbisogno. Spesso la gente dice: «Ci siamo sposati da poco e siamo in due, ma abbiamo intenzione di fare due figli quindi compriamo una casa di quattro vani». Anche in questo caso l'idea non fa una grinza, se non fosse per il fatto che non si può prevedere il futuro; infatti, chi ci garantisce che avremo due figli? E se sono di meno? E se sono di più perché nostra moglie ha avuto la bella idea di fare un parto quadrigemellare? L'approccio corretto sarebbe possedere di volta in volta quello che è strettamente utile e fare un upgrade man mano che ci serve.

Sarebbe opportuno andare sempre in casa in affitto fin quando non si ha una situazione personale molto stabile e poi comprare casa per quel che serve effettivamente. Considerate che all'inizio una famiglia è composta da due persone, poi cresce e può arrivare anche a cinque o sei, ma ad un certo punto i figli se ne vanno e voi rimarrete con una casa grande da mantenere quando sarete in pensione, con tutti i costi che ne derivano.

L'ideale sarebbe comprare la casa solo un po' prima di andare in pensione in modo da non avere il carico dell'affitto nella terza età e rimanere in affitto durante la nostra giovinezza per avere il massimo della flessibilità. Per non parlare del fatto che la casa potete poi comprarvela in una zona di villeggiatura invece che in città. Comunque tutte questi spunti di riflessione sono delle mie personali considerazioni e nulla di più. Un altro aspetto da considerare in un mutuo è la sua durata, in quanto il tempo si fa sentire pesantemente sugli interessi che dobbiamo ridare. A tal proposito esaminiamo la seguente tabella:

| Anni | 4% | 5% | 6% | 7% |
|---|---|---|---|---|
| 10 | 122.000 € | 127.500 € | 133.000 € | 138.500 € |
| 15 | 132.000 € | 140.000 € | 148.000 € | 156.000 € |
| 20 | 142.000 € | 152.500 € | 163.000 € | 173.500 € |
| 25 | 152.000 € | 165.000 € | 178.000 € | 191.000 € |
| 30 | 162.000 € | 177.500 € | 193.000 € | 208.500 € |
| 35 | 172.000 € | 190.000 € | 208.000 € | 226.000 € |
| 40 | 182.000 € | 202.500 € | 223.000 € | 243.500 € |

Essa si riferisce a un mutuo di 100.000 €. Nella prima colonna abbiamo la durata in anni del mutuo, e nelle colonne successive l'ammontare del debito calcolato a un tasso del 4, 5, 6 o 7% fisso.

Da questa tabella si evince che un mutuo medio fa sviluppare facilmente un interesse pari alla cifra prestata, tuttavia non si capisce bene se conviene o meno allungare la durata e come si ripercuote sulle nostre rate. A tal proposito analizziamo quest'altra tabella:

| Anni | 4% | 5% | 6% | 7% |
|---|---|---|---|---|
| 10 | 1016,65 € | 1062,50 € | 1108,35 € | 1154,16 € |
| 15 | 733,35 € | 777,77 € | 822,22 € | 866,67 € |
| 20 | 591,65 € | 635,42 € | 679,16 € | 722,92 € |
| 25 | 506,65 € | 550 € | 593,33 € | 636,67 € |
| 30 | 450 € | 493 € | 536,11 € | 579,17 € |
| 35 | 409,52 € | 452 € | 495,23 € | 538,09 € |
| 40 | 379,16 € | 421,87 € | 469,58 € | 507,29 € |

Si evince subito che un mutuo troppo corto ci porta a rate molto alte e probabilmente fuori dalla nostra portata, ma si nota anche che un mutuo troppo lungo fa diminuire di poco l'importo delle rate. Si vede molto bene, con tutti i tassi di interesse, che inizialmente l'importo delle rate scende molto velocemente, ma mano a mano che si allunga la durata del mutuo, scendono sempre meno. L'ideale sarebbero mutui fra i 20 e i 30 anni al massimo di durata, quindi mediamente di 25 anni, in quanto con questa durata si ha il miglior rapporto durata/importo. Nei contratti più lunghi la rata diminuisce di pochissimo anche meno di 40 € per durate allungate di 5 anni.

**SEGRETO n. 33: non accendete mai mutui con durate superiori ai 30 anni in quanto l'effetto dei tassi di interesse**

**porta a diminuzioni dell'importo delle rate irrisorie a fronte di allungamenti del prestito di parecchi anni.**

Fino ad ora abbiamo visto le peculiarità dei mutui, come conviene selezionarli e come tararne la durata e gli importi per sfruttarlo al meglio ma non abbiamo ancora parlato di come si potrebbe procedere per la sua estinzione anticipata. Vi dico subito che l'impresa è ardua ma non impossibile. Infatti, l'unica cosa che cambia tra un mutuo e un normale prestito sono i tempi che occorrono per attuare la nostra strategia. È logico che vedere se si hanno 3 o 4 mila € nel conto per estinguerne una parte non è una cosa realistica né pratica da fare (come per le finanziarie), quindi si deve per forza pianificare una strategia più complessa.

Consideriamo due fattori: il primo che il tasso di interesse di un mutuo è molto più basso delle finanziarie o di una carta revolving ed è nell'ordine del 5% quindi, un piano di investimento azionario rende molto di più degli interessi che dobbiamo far uscire per il mutuo. Il secondo è che la durata dei mutui è paragonabile all'investimento azionario. Concludiamo che il miglior modo per liberarci di un mutuo con molto anticipo è quello di affiancare al mutuo stesso un piano di risparmio azionario calibrato in modo tale che, intorno a una certa data (anticipata rispetto la normale scadenza), sia sufficiente a estinguerlo.

Nei precedenti capitoli abbiamo visto i rendimenti di PAC e PIC azionari nel tempo, ora bisogna solo vedere quanto possiamo risparmiare per tale scopo e vedere quanti anni occorrono per accumulare la cifra necessaria (in proiezione) per estinguere il mutuo totalmente o in parte.

Ricordate che ogni anno che riusciamo a estinguere sono parecchi interessi in meno che andremo a pagare quindi, quando riusciamo a racimolare cifre sufficienti per abbreviare un paio d'anni le rate, ne dobbiamo approfittare.

Considerate che così accorceremo sia la durata che gli importi delle singole rate. A tal proposito nel prossimo capitolo faremo delle simulazioni realistiche per vedere come comportarsi in questi casi.

Per fare subito un esempio possiamo considerare un mutuo di 100.000 € al 5% fisso per 25 anni. Nella tabella abbiamo visto che dobbiamo restituire 165.000 € a 550 € al mese. Bene!

Se possiamo affiancare un PAC di 150 € al mese nel momento stesso che parte il mutuo e inoltre abbiamo altri 5000 € in un libretto postale, avviando anche un PIC di tale cifra, dopo 10 anni, avremmo raccolto circa 18.000 € nel PAC (che con i rendimenti medi in 10 anni dovrebbero essere diventati circa il doppio, quindi 36.000 €) e nel frattempo il nostro PIC da 5000 € sarà diventato diciamo 20.000 € che, sommato ai 36.000 del PAC, fanno 56.000 €.

In questi 10 anni avremo estinto già una buona parte del mutuo, versando 66.000 € e mancherebbero alla fine 99.000 €, considerando gli interessi fino alla scadenza. Ma, versando immediatamente i 56.000 €, rimarrebbero solo 43.000 € da restituire (considerando i tassi fino alla fine). In realtà, se non consideriamo i tassi in 10 anni rimarrebbero solo 60.000 € (perché nei primi 10 anni ne abbiamo rimborsato già 40.000 € + 26.000 € che erano gli interessi dei primi 10 anni), quindi in pratica, con i 56.000 €, copriamo quasi tutto il debito estinguendo il mutuo (perché pagando cash non c'è più motivo di pagare gli interessi rimanti calcolati all'inizio).

**SEGRETO n. 34: affiancate al vostro mutuo un piano di accumulo o di investimento in modo da poterlo estinguere anticipatamente.**

## Come non indebitarsi

In conclusione a questo capitolo, voglio ricordarvi le buone norme per evitare di indebitarsi. Innanzitutto non utilizzate per nessun motivo le carte revolving e sarebbe comunque buona norma non portare con sé (tranne se andiamo di proposito a comprare qualcosa) neanche le carte di credito normali, ma utilizziamo il bancomat che ha un limite di prelievo molto basso, sufficiente per fare le normali compere: così facendo se ci piace qualcosa saremo costretti a tornare a casa per prendere la carta di credito e non potete immaginare quante volte il tempo che andate a case e tornate indietro al centro commerciale cambierete idea sull'opportunità di quell'acquisto. Pianificate gli acquisti e spese per tempo in modo da poter risparmiare i soldi e comprarli in contanti, in tal modo potete guadagnarci sopra invece che dover spendere in costosi interessi.

Bilanciate sempre i mutui in modo che abbiano una durata media di 25 anni, che non abbiano rate superiori al 30% del vostro reddito netto mensile e che siano possibilmente a tasso fisso. Per ultimo considerate di comprare cose che non siano al di là della vostra portata e che siano nella misura di quanto vi occorre veramente in quel momento.

Se applicherete metodicamente questi consigli, o almeno cercherete di tenerne conto nei limiti del possibile e senza crearsi falsi alibi, vi assicuro che difficilmente vi troverete nei guai per i forti debiti; anzi, difficilmente avrete debiti.

RIEPILOGO DEL CAPITOLO 5:

- SEGRETO n. 28: se non sapete applicare tecniche particolari per la gestione dei prestiti del mutuo, è sempre consigliato stipularne uno a tasso fisso.

- SEGRETO n. 29: le carte revolving sono inutili per tutti i tipi di spese, nonché altamente dispendiose e portano per motivi psicologici a spendere più di quanto si guadagna.

- SEGRETO n. 30: qualunque spesa siamo oggi costretti a fare con una finanziaria sarebbe sicuramente stato possibile pagarla in contanti se pianificata per tempo. In genere non lo facciamo per pigrizia.

- SEGRETO n. 31: non stipulate mai mutui con rate superiori al 30% del vostro reddito netto mensile.

- SEGRETO n. 32: quando stipulate un mutuo, sceglietene uno a tasso fisso se il costo del denaro è vicino ai minimi relativi e uno a tasso variabile se siamo vicini ai massimi, altrimenti cercatene un tipo ibrido che vi permetta periodicamente di cambiarne il tipo di tasso.

- SEGRETO n. 33: non accendete mai mutui con durate superiori ai 30 anni in quanto l'effetto dei tassi di interesse porta a diminuzioni dell'importo delle rate irrisorie a fronte di allungamenti del prestito di parecchi anni.

- SEGRETO n. 34: affiancate al vostro mutuo un piano di accumulo o di investimento in modo da poterlo estinguere anticipatamente.

# CAPITOLO 6:

## Quali sono i sei tipici casi italiani

Nei primi quattro capitoli ho parlato degli strumenti e dell'approccio alla gestione dei risparmi, nonché delle modalità classiche di investimento. In questo capitolo effettueremo delle simulazioni realistiche per aiutarvi a capire come porsi davanti alle varie situazioni e vedere come risolvere casi apparentemente complessi. Inizieremo partendo dai redditi bassi e affronteremo successivamente i casi tipici di famiglie benestanti o ricche.

Comincerò con quello che purtroppo sta diventando una situazione comune per i giovani d'oggi, cioè il caso del lavoratore Co.Co.Co. Analizzeremo successivamente una tipica famiglia operaia, una a reddito medio ma instabile, tipo artigiano in proprio, una di professionisti e infine un caso tipico di famiglia ricca del genere proprietario d'azienda o d'industria. Queste scelte non sono casuali, ma concepite appositamente in modo tale che ci sia un buon 99% di probabilità che rientriate in almeno una di queste categorie.

Anche se apparentemente il vostro caso sembra diverso da quelli proposti, non dovete focalizzarvi sul caso specifico che leggete, ma sul reddito paragonabile a quel caso studiato e, soprattutto se avete dei redditi che apparentemente non sono paragonabili potrete comunque prendere spunto da diversi casi per tracciare la vostra strada. Alla fine noterete che si utilizza quasi sempre lo stesso metodo e che sono solo le cifre in ballo ad essere differenti.

## Il Lavoratore Atipico1 (il single)

I tantissimi giovani (e meno giovani) che si ritrovano loro malgrado a fare i conti con questa moderna "schiavitù" lavorativa, pensano che sia impossibile riuscire a pianificare qualcosa di serio per il loro futuro e quindi, complice l'instabilità dei redditi, non effettuano mai una pianificazione finanziaria.

Il fatto di essere atipico, non vuol dire che dovete anche essere "figli di un dio minore" ma solo che dovete crearvi da soli quello che i lavoratori cosiddetti "tipici" hanno già in parte di diritto. Inizierò con un primo caso di lavoratore atipico: il giovane ventenne con contratto co.co.co che abita a casa con i genitori. Per la nostra simulazione considereremo che esso guadagni 850 €

al mese e che mediamente riesca a lavorare 9 mesi all'anno. Ha l'usufrutto di una macchina di famiglia dove mette solo la benzina e possiede una carta di tipo revolving con cui ha comprato un impianto HI-FI da 600 € sei mesi fa, una console da 250 € quattro mesi fa e infine l'abbonamento allo stadio da 300 € questo mese.

Inoltre il nostro giovane ha un conto corrente postale dove fa canalizzare lo stipendio con momentaneamente all'interno 500 €, e ha da poco aperto il famoso Conto Arancio con dentro 2000 € frutto dei risparmi fin ora effettuati. Si sarebbero potuti indicare altre informazioni, tipo il suo attuale titolo di studio, se frequenta l'università o altro, ma per questa simulazione sono informazioni inutili.

La prima cosa che si deve fare è prendere il famoso foglio bianco, che in questo caso essendo da solo e senza nucleo famigliare a carico sarà anche l'unico, e scriviamo in alto il nome e la data di nascita. Quello che in realtà ci interessa di più è l'età approssimata a quella più vicina, cioè 20 anni. Inseriremo sotto il reddito mensile e annuale netto, come spiegato nel quarto capitolo e gli eventuali altri introiti, che in questo caso sono pari a zero.

Metteremo poi in ordine tutte le uscite sicure più quelle prevedibili.

Nome: xxx                              20 anni

Lavoro: atipico

Reddito: 850 € netti mese / 7650 € netti annui medi

Altri introiti: No

Spese revolving:            115 € mese

Spese benzina:              100 € mese

Spese generali:             300 € mese


Reddito medio mese:    b     637,50 €

Spese medie mese:            515,00 €

Capacità risparmio:          122,50 €


Risparmi attuali:            2500 €

Risparmi svincolabili        500 € (gli altri preferirei non toccarli).

Risparmio dedicabile:        100 €


Queste sono le informazioni che il nostro ragazzo dovrebbe scrivere nel suo foglio riepilogativo: il nome e l'età; il suo reddito mensile nel periodo in cui lavora; quello medio annuo considerando che abbiamo detto lavora nove mesi di media; abbiamo segnato che non ha altri introiti; un elenco delle spese che comprendono quelli generati in questo momento dalla revolving; quelle della benzina che consuma mensilmente e infine quelli che gli servono per la sua vita sociale e altro. Sotto è inserito il suo reddito medio mensile su base annua, le sue spese mensili, e poi ho fatto la sottrazione per calcolare la sua capacità di risparmio mensile. Infine ho considerato i suoi risparmi totali, quelli che vorrebbe utilizzare al massimo e ho messo fra parentesi la motivazione del perché non vorrebbe usarli (molto vaga). L'ultima informazione è quanto al mese può dedicare a un eventuale piano finanziario.

Cominciamo, come ho spiegato nello scorso capitolo, dalla risoluzione dei debiti. Non ho considerato finanziarie o mutui perché tanto a un lavoratore atipico nessuno ne accenderebbe uno, ma la revolving è un classico, così come un classico sono quelle tipiche spese.

Con la carta ha speso 600+300+250 € per i tre acquisti, cui dobbiamo sommare almeno un 20% di interesse portando il tutto a 1150+20%, cioè 1380 €, che diviso in dodici mesi fa una spesa di 115 € al mese. Ovviamente questi debiti devono sparire al più presto, sta pagando oltre un quarto di un suo stipendio per coprire solo gli interessi sugli acquisti.

Visto che comunque entro un anno avrà speso lo stesso quei soldi e che ne ha da parte 2500 € che fruttano meno del 3% lordo all'anno, non ha senso lasciarli fermi e pagare interessi del 20%. Può, liquidando quei debiti, avere un profitto molto superiore su quella cifra. Sul primo acquisto, avvenuto sei mesi fa da 600 €, avrà già pagato 360 €, cioè metà del debito e quindi ne rimarrà un altro tanto (pari a 360 €), altri 2/3 rimangono del secondo acquisto e 11/12 dell'ultimo. Per liquidare il tutto dovrebbero bastare circa 840 €.Quindi la prima cosa da fare è ritirare dal suo Conto Arancio 840 € e liquidare tutti i debiti; perderà 25 € di interessi in un anno, ma non avrà un'uscita di 150 € in interessi passivi, quindi con questa mossa ha già guadagnato 125 € in un anno, un interesse cinque volte superiore a quello che gli dava il suo risparmio.

Ora che ha liquidato il suo debito e ha disattivato la carta revolving ha, di conseguenza fatto aumentare la sua capacità di risparmio da 122,50 € al mese a 237,50 € mentre i suoi risparmi sono scesi da 2500 a 1660 €. Adesso dobbiamo risolvere almeno due obiettivi di primaria importanza: la sua pensione (visto che non ne avrà una), e la copertura dei rischi. Avendo 20 anni, il ragazzo ha a disposizione un arco temporale di 45 anni per raccogliere la somma necessaria per la sua rendita vitalizia. Siccome percepisce uno stipendio medio di 850 € al mese (quando lavora), dovrà basare la sua pensione su quella somma e dovrà avere un piano che gli permetta di saltare i pagamenti nei mesi in cui non lavora.

Per ottenere una pensione di 850 € al mese all'età di 65 anni, dovrà accumulare nel suo piano pensione (che consiglio di tipo deducibile anche se momentaneamente non ha dichiarazione dei redditi) circa 210.000 € (visto che è di sesso maschile). Abbiamo visto che, in un piano di tipo completamente azionario, possiamo ottenere in 40 anni un rendimento pari anche a 18 volte ciò che si è versato. Considerando che negli ultimi anni migreremo verso un piano obbligazionario, quelle statistiche vanno decurtare di un

20% (per il fattore approssimazione del timing) e pur essendoci a disposizione addirittura 45 anni, considereremo un rendimento di solo 12 volte il risparmiato. Così facendo, dovremo avviare un piano pensione che ci faccia risparmiare un dodicesimo di quella somma in 45 anni, quindi circa 33 € al mese (di effettivamente investito, quindi escluso i costi), che si ottiene da 210.000 diviso 12, diviso 45 (gli anni) e diviso ancora 12 (mesi in un anno).

Tuttavia, essendo una cifra troppo bassa come pensione ed essendo anche molto basso il risparmio mensile che occorre (nessuna banca probabilmente vi farà aprire un PAC di 33 € al mese) e che poi spesso bisogna saltarli, possiamo stipulare tranquillamente un contratto da 50 € al mese. Abbiamo così risolto il problema pensionistico basato sui redditi attuali, ovviamente man mano che cambiano le condizioni, si dovranno anche cambiare i valori dei versamenti.

Adesso si deve considerare l'assicurazione per i rischi infortuni, molto importante per un lavoratore atipico e che potrebbe, in caso di sinistro, compromettergli la carriera lavorativa sul nascere. Intanto dobbiamo considerare un rimborso sufficiente a garantire un reddito di almeno 850 € al mese per 9 mesi annui (cioè la sua condizione attuale) fino ai sui 65 anni, quindi per 45 anni, cioè all'incirca 350.000 €. Consideriamo anche una diaria di degenza di almeno 50 € al giorno e una copertura delle spese mediche fino a 10.000 €. Per fare ciò occorre stipulare un'assicurazione dal costo medio di 700 € annui, cioè 59 € al mese, diciamo 60 per comodità.

L'assicurazione prevede inoltre un rimborso di 150.000 € per invalidità da malattia ed è circa un terzo da quella per infortunio in quanto dovrebbe integrarsi con quella statale di circa 450 € al mese (dipende dalla percentuale di invalidità) e inoltre è presente un caso morte di 50.000 €. In definitiva il nostro amico deve prevedere un esborso mensile di 110 € per la copertura previdenziale e assicurativa.

Con il resto dei suoi risparmi mensili potrebbe, se vuole, avviare dei risparmi per degli obiettivi personali tipo la macchina, l'acquisto di una casa ecc. Abbiamo visto in questo primo caso, come con una somma marginale o quasi (per un atipico 110 € al mese non sono proprio una bazzecola ma non sono neanche tanti), può essere sufficiente ad avere la copertura necessaria per vivere più serenamente e non perdere il tenore di vita che si è già conquistato.

**SEGRETO n. 35: anche se abbiamo un reddito basso e incerto, con pochi soldi è comunque possibile garantirci un tenore di vita non inferiore di quello attuale sia nell'età pensionabile sia dopo un malaugurato infortunio.**

## Il Lavoratore Atipico 2 (esigenze di coppia)

In questo secondo caso considereremo una situazione molto complessa e cioè il caso di due giovani che hanno deciso di convivere insieme ma, come ormai spesso accade, sono entrambi degli atipici. Per dare dei numeri realistici a questo caso diciamo che, entrambi prendono 850 € al mese e lavorano di media 9 mesi l'anno (come nel caso di prima), ma essendo una coppia, hanno degli esborsi molto superiori al caso precedente che comprendono un affitto da 500 € al mese, una serie di bollette e oneri vari per circa 200 € la mese.

Possiamo ipotizzare il mantenimento di almeno una vettura (1200 € annui), le spese di carburante (100 €/mese) e mezzi pubblici (30

€/mese) oltre al vitto (200 €/mese). Lui, che chiameremo Paolo, ha 27 anni ed è laureato in ingegneria mentre lei, Francesca ha 23 anni e è anch'essa laureata ma fa la cassiera di un supermercato. Per vivere spendono di media 200 € ciascuno, ma entrambi hanno un aiuto dai genitori di 200 € al mese. Potrei considerare anche in questo caso il possesso di carte revolving con dei debiti, tuttavia tralascio questa parte e faccio finta che abbiano già risolto, in quanto sarebbe una situazione uguale alla precedente e preferisco porre l'attenzione su come affrontare la parte pensionistica e assicurativa di una coppia a basso reddito.

Come fatto prima scrivo la scheda, o meglio le schede riepilogative dei due ragazzi e infine ne faccio una generale.

Nome: Paolo                    27 anni

Lavoro: atipico

Reddito: 850 € netti mese / 7650 € netti annui medi

Altri introiti: Sì            200 € al mese


Spese benzina:                100 € mese.

Spese affitto:                250 € mese.

Spese macchina:               100 € mese

Spese varie:                  200 € mese.

Reddito medio mese:        837,50 €

Spese medie mese:        650,00 €

Capacità risparmio:        182,50 €

Risparmi attuali:        1000 €

Risparmi svincolabili        500 €

Risparmio dedicabile:        100 €/mese.

Nome: Francesca        23 anni

Lavoro: atipico

Reddito: 850 € netti mese / 7650 € netti annui medi.

Altri introiti: Sì        200 € al mese.

Spese mezzi:        30 € mese.

Spese varie:        200 € mese.

Reddito medio mese:        837,50 €

Spese affitto:        250,00 €

Spese medie mese:        230,00 €

Capacità risparmio:        357,50 €

Risparmi attuali:        1000 €

| | |
|---|---|
| Risparmi svincolabili | 500 € |
| Risparmio dedicabile: | 300 €/mese. |

Adesso vediamo quella generale:

| | |
|---|---|
| Entrate Totali: | 1675 € mese |
| Spese individuali: | 880 € mese |
| Spese comuni: | 400 € mese |
| Capacità risparmio: | 375 € mese |
| Risparmi attuali: | 2000 € |
| Risparmi svincolabili | 1000 € |
| Risparmio dedicabile: | 400 €/mese. |

Quindi in totale come coppia dispongono di 375 € al mese per risolvere i loro problemi previdenziali e assicurativi e inoltre vorrebbero accumulare qualcosa per un eventuale futuro acquisto della casa. Come fatto nel primo caso, calcoliamo il risparmio occorrente per crearsi una pensione pari ai loro attuali redditi. Avremo che a Paolo occorrerebbero almeno 50 € al mese, ma come visto nel primo caso è consigliabile stipulare almeno uno da 60 € al mese, mentre Francesca avrebbe bisogno di uno di 60 € ma, considerando anche per lei l'instabilità di risparmio, opteremo per un piano da 70 € al mese. In definitiva dovranno spendere circa 130 € al mese per assicurarsi la copertura previdenziale. (N.B.: Per i calcoli rivedere il paragrafo precedente).

Per la copertura assicurativa, a lui serviranno 55 € al mese, un po' meno che nel primo caso in quanto il rimborso per l'infortunio permanente scende a 280.000 € (ha meno anni per arrivare alla pensione), ma rimangono uguali gli altri parametri.

A lei invece occorre, a parità di condizione contrattuali 50 € al mese; abbiamo quindi che, la coppia, per garantirsi le coperture previdenziali e assicurative, dovrà spendere circa 235 € al mese.

A questo punto rimangono 140 € al mese che potrebbero utilizzare per un eventuale piano di accumulo a tempo indeterminato per l'eventuale acquisto di una casa. Nella fattispecie io consiglierei comunque di avviarne due da 70 € in modo da averne intestati uno ciascuno (non si sa mai...).

Nei conteggi avremo che in due risparmieranno 1680 € all'anno e quindi, in 10 anni potrebbero aver messo da parte all'incirca da

32.000 ai 40.000 € compreso gli interessi; una buona somma per accendere un mutuo senza essere costretti a farne uno superiore ai 20 anni. Avrei potuto consigliare un PIC con i soldi già risparmiati ma, data la situazione, ho preferito evitare.

**SEGRETO n. 36: è sempre preferibile, quando si effettuano dei risparmi in comune per un qualsiasi obiettivo, avviarne uno per ogni soggetto interessato all'obiettivo così che se le cose non procedono nel modo auspicato, si possa andare ognuno per la propria strada senza "traumi".**

## La Famiglia di ceto operaio

Adesso andremo ad analizzare un caso che abbraccia un buon 40% delle famiglie italiane, cioè quelle con marito e moglie entrambi impiegati ma a basso reddito (ad esempio operai oppure impiegati comunali e simili). Potrei considerare anche il caso di famiglia monoreddito, ma in effetti questo tipo di soluzione rappresenterebbe una media tra il caso visto in precedenza e questo che andremo ad analizzare.

I nostri due protagonisti, che chiameremo Marco e Giovanna, hanno rispettivamente 35 e 32 anni, sono entrambi diplomati e lavorano come operai in un'industria manifatturiera percependo entrambi uno stipendio di 1100 € netti al mese. Nessuno dei due ha aderito alla gestione privata del TFR ed entrambi lavorano in aziende con meno di 50 dipendenti; lui lavora da 7 anni, mentre lei da 5 ed è per entrambi il primo impiego regolarizzato. Marco e Giovanna hanno un figlio di 3 anni e vivono in una casa in affitto da 650 € al mese, possiedono due automobili per le quali occorrono 2400 € all'anno di mantenimento nonché 150 € al mese di carburante; per il vitto gli occorrono mediamente 450 € al mese oltre a circa 200 € al mese di bollette e altri 100 € a testa per le spese personali.

Possiedono una revolving con la quale hanno accumulato 1.500 € di debiti nell'ultimo anno (mediamente 6 mesi per liberarsi dai debiti) e hanno avviato 6 mesi fa una finanziaria da 3000 € per l'acquisto di elettrodomestici (per 36 mesi) a tasso zero per il primo anno e 12% gli altri anni. Hanno da parte, in un unico conto corrente bancario, circa 2000 € oltre ad un'obbligazione statale italiana da 5.000 €.

La prima cosa da fare, al solito, è la compilazione delle schede personali e infine quella riepilogativa:

Nome: Marco                              35 anni

Lavoro: Dipendente

Reddito: 1100 € netti mese / 14.300 € netti annui

Altri introiti: No

Spese benzina:                75 € mese

Spese macchina:               100 € mese

Spese generali:               100 € mese

Reddito medio mese:           1191 €

Spese medie mese:              275 €

Capacità risparmio:            916 €

Risparmi attuali:             1000 €

Risparmi svincolabili:         500 €

Da notare che non ho considerando l'affitto, il vitto e le bollette perché sono tutte spese comuni e non personali, al contrario della macchina e le spese generali (personali).

Nome: Giovanna                           32 anni

Lavoro: Dipendente

Reddito: 1100 € netti mese / 14.300 € netti annui

Altri introiti: No

Spese benzina:          75 € mese

Spese macchina:         100 € mese

Spese generali:         100 € mese


Reddito medio mese:     1191 €

Spese medie mese:       275 €

Capacità risparmio:     916 €

Risparmi attuali:       1000 €

Risparmi svincolabili   500 €


Si potrebbe considerare una scheda per il figlio, ma siccome a quell'età non necessita di spese personali tipo palestra, iscrizioni a scuola o divertimenti, ma porta solo alle spese di mantenimento standard, si può saltare la scheda e contabilizzare le spese in quella di riepilogo generale.


Entrate Totali:         2.382 € mese

Spese individuali:      550 € mese

Spese affitto:          650 € mese

| | |
|---|---|
| Spese vitto: | 450 € mese |
| Spese bollette: | 200 € mese |
| Spese revolving: | 150 € mese |
| Spese finanziaria: | 105 € mese |
| Capacità risparmio: | 277 € mese |
| Risparmi attuali: | 7000 € |
| Risparmi svincolabili | 1000 € |
| Risparmio dedicabile: | 200 €/mese. |

Come al solito, la prima cosa da fare è eliminare i debiti e di conseguenza far aumentare la capacità mensile di risparmio. Hanno avviato una finanziaria da 3000 € sei mesi fa, quindi per ora hanno già pagato un sesto del debito ne devono pagare altri 2400 € oltre le spese di avvio pratiche e gli interessi dei primi sei mesi, che pur essendo a tasso zero, visto che interrompono il contratto dovranno comunque pagarne gli interessi (previsti in genere come penale).

Per fare ciò occorrono circa 2750 € e inoltre devono eliminare i debiti della revolving per circa altri 750 € per un totale di 3500 €. La cosa migliore da fare è disinvestire l'obbligazione che, sì e no, renderà un 2% al netto e andare ad eliminare i debiti portando così la capacita di risparmio mensile da 277 € a 522 €, ma i loro risparmi famigliari scendono da 7000 a 3500 €. Adesso andiamo a sistemare la loro copertura previdenziale e assicurativa considerando il fatto che nessuno dei due ha aderito alla gestione privata del TFR, né tanto meno la loro azienda, quindi sono liberi di fare la scelta che vogliono.

Ovviamente andranno a scegliere un istituto bancario che gli permetterà di andare a investire in un piano totalmente azionario come spiegato nel capitolo 4. Con le loro retribuzioni avranno a disposizione un TFR annuale di circa 1300 € ciascuno e con esso, Marco andrebbe ad accumulare nei 28 anni prima di pensionarsi all'incirca 210.000 € (compreso gli interessi), mentre Giovanna 160.000 €.

Se andiamo a calcolare la tassazione, essi avranno al netto rispettivamente 186.000 e 145.000 € e, considerando che lui andrà in pensione a 62 anni e lei a 57, percepiranno una pensione integrativa di 715 € mese per Marco e 440 € mese per Giovanna; entrambi andranno in pensione con circa il 50% dello stipendio e avremo che il solo TFR aziendale è sufficiente per l'integrazione della pensione di Marco, ma non lo è per Giovanna che dovrà integrarne almeno altre 200 € al mese. Comunque entrambi non avranno più a disposizione la liquidazione finale, molto utile quando si va in pensione, che in media dovrebbe attestarsi sui 50.000 € ciascuno. Per ripristinare quindi la loro liquidazione e integrare la pensione di Giovanna, dovranno aggiungere al piano TFR, 25 € al mese per Marco e circa 75 € al mese per Giovanna.

Dal punto di vista assicurativo invece occorrerà stipulare un contratto che dia in caso di infermità un capitale di 400.000 € per lui e 380.000 € per lei, oltre a considerare 50 € al giorno di degenza e un caso morte di almeno 50.000 € per ciascuno.

Per fare tutto ciò occorrono 85 € al mese per Marco e 75 € per Giovanna e inoltre dovranno stipulare un'assicurazione per loro figlio, in modo da garantirgli almeno il loro stesso tenore di vita qualora dovessero verificarsi degli incidenti che non gli permettessero di lavorare in futuro: per questo occorrono altri 70 € al mese considerando una copertura per 500.000 € per l'infortunio permanente ma, almeno per i primi 20 anni, si può evitare di considerare la diaria di degenza.

In totale per la copertura previdenziale e assicurativa andranno a spendere circa 330 € al mese e, con i rimanenti 190 €, possono avviare ad esempio un risparmio per l'anticipo di un'eventuale casa.

In effetti bisognerebbe anche considerare che sia l'assicurazione che l'aggiunta al TFR sono deducibili dalle tasse e quindi, con quel tipo di reddito rientrano nello scaglione di aliquota massima al 27%, ritrovandosi nella busta paga di luglio un rimborso di circa 1070 € che possono essere aggiunti al risparmio di 190 € al mese del progetto casa. Con i 190 € al mese e i 1.070 € aggiuntivi ogni luglio nel proprio PAC azionario, si potrebbero accumulare entro 10 anni circa 75.000 € e in 15 anni circa 130.000 €, quasi sufficienti per comprare un appartamento (piccolo e non molto centrale) in contanti.

**SEGRETO n. 37: sfruttate i soldi ricavati dalle deduzioni fiscali per i piani pensionistici e dalle assicurazioni per aumentare il vostro risparmio mensile dedicabile.**

### Il lavoratore autonomo

Adesso andremo a considerare quella che è un'altra grossa fetta di mercato italiano, quella delle famiglie monoreddito e incerto, meglio conosciuto come "Popolo delle partite IVA". Nella nostra simulazione prenderemo in considerazione un elettricista o un idraulico, insomma qualcuno che lavora in proprio, che ha un reddito medio di 3000 € al mese (netto) ma ha una moglie casalinga e 2 figli che vanno a scuola.

Lui, che chiameremo Pippo, ha 40 anni, lavora in regola da 15 anni; sua moglie Chiara ha 35 anni e è sempre stata casalinga. Hanno due figli di 12 e 7 anni e inoltre hanno avviato 10 anni fa un mutuo da 600 € al mese per 25 anni per l'acquisto della casa. In questo esempio non vado a considerare debiti da carta di credito o finanziarie, in quanto spero abbiate già capito come si opera in questi casi.

Sia lui che lei spendono per spese personali circa 200 € a testa e altri 100 € ciascuno per i figli e inoltre spendono altri 600 € al mese come vitto e 250 € di bollette; possiedono due vetture il cui mantenimento costa 200 € al mese oltre a 250 € di carburante per mese.

I loro risparmi ammontano a circa 30.000 € in obbligazioni italiane oltre a possedere un conto corrente bancario con mediamente 5000 € di saldo. Scriviamo al solito la scheda per i quattro componenti della famiglia:

Nome: Pippo                          40 anni

Lavoro: Autonomo

Reddito: 3000 € netti mese / 36.000 € netti annui.

Altri introiti: No

Spese benzina:          200 € mese

Spese macchina:         100 € mese

Spese generali:         200 € mese

Reddito medio mese:     3.000 €

Spese medie mese:       500 €

Capacità risparmio:     2500 €

Risparmi attuali:     30.000 €

Risparmi svincolabili     1000 €


Nome: Chiara                    35 anni

Lavoro: No

Reddito: 0 € netti mese / 0 € netti annui.

Altri introiti: No


Spese benzina:                    50 € mese

Spese macchina:                    100 € mese

Spese generali:                    200 € mese


Reddito medio mese:                    0 €

Spese medie mese:                    350 €

Capacità risparmio:                    0 €


Risparmi attuali:                    0 €

Risparmi svincolabili                    0 €

Ora considereremo le schede dei due figli, Pietro e Vanessa:

Nome: Pietro          12 anni

Lavoro: Studente

Altri introiti: No

Spese generali:          100 €/mese

Nome: Vanessa          12 anni

Lavoro: Studente

Altri introiti: No

Spese generali:          100 €/mese

E infine scriviamo la scheda riepilogativa:

Entrate totali:          3000 € mese

Spese individuali:          1050 € mese

Spese mutuo:          600 € mese

Spese vitto:          650 € mese

Spese bollette;          250 € mese

Capacità risparmio:          450 € mese

Risparmi attuali:          30.000 €

Risparmi svincolabili          10.000 €

Risparmio dedicabile:          400 €/mese

Visto che il mutuo si riferisce alla prima casa, Pippo potrà dedurre la parte della rata riferita agli interessi della casa dalla dichiarazione dei redditi.

N.B: se si avvia un mutuo per la prima casa (che deve necessariamente essere ubicata entro i confini della comunità europea), si può dedurre una parte del mutuo dalla dichiarazione dei redditi. La parte deducibile si riferisce ai soli interessi passivi che il mutuo stesso genera, quindi se comprate una casa di 100.000 € e fate un mutuo a 25 anni che porta l'ammontare del debito a 180.000 €, potrete dedurre solo la parte di rata che si riferisce agli 80.000 € di interesse; se la casa, pur costando 100.000 €, ha permesso l'accesso a un mutuo di importo superiore (ad esempio 120.000 €), la parte deducibile riguarderà sempre gli interessi sui 100.000 € e non sui 120.000 €.

Nel nostro esempio, essendo un mutuo a 25 anni, la parte di interessi è di circa metà della rata, quindi potrà dedurre solo 300 € al mese dai suoi redditi per un totale di 3600 € annui. Considerate anche che il massimo deducibile per i mutui è comunque di 3615 € annui e quindi Pippo vi rientra a limite.

Considerando che l'imponibile lordo di Pippo si piazza nello scaglione del 39%, recupererà dalle tasse circa 1400 € annui, o meglio 115 € al mese, che può quindi aggiungere al suo risparmio mensile portandolo in tal modo a 565 €/mese.

Adesso dobbiamo considerare la copertura assicurativa e previdenziale e, nella fattispecie, Pippo deve avere una copertura assicurativa per la mancanza di reddito, ma Chiara no, mentre entrambi la devono avere per le spese mediche. Per Pippo occorrono circa 150 € al mese e ho considerato oltre a un'invalidità da 720.000 € anche una diaria da 100 € al giorno e spese mediche fino a 10.000 €, mentre per Chiara, dove sono previste solo 50.000 € per l'invalidità e non è prevista diaria, ma sono sempre previsti 10.000 € per le spese mediche, bastano 18 € al mese.

Per quanto riguarda la previdenza, non occorre stipularne una per Chiara, visto che non ha un reddito. Infatti basterà la semplice reversibilità del marito. Pippo, con i suoi parametri lavorativi, dovrebbe percepire una pensione di circa 40% del reddito "attuale", quindi di circa 1200 € al mese e, se non vuole far abbassare il tenore di vita della famiglia, dovrà pensare a integrare i 1800 € rimanenti (o almeno buona parte di questa somma).

Con 300 € al mese, in 25 anni dovrebbe riuscire ad accumulare la somma necessaria ad integrare totalmente la sua pensione ma, essendo una cifra molto alta (i 3000 € al mese), potrebbe (se vuole) impostarla intorno a un'integrazione di 1200 € e avviare una pensione di soli 200 € al mese (ovviamente deducibili). Le assicurazioni per i figli si attesteranno intorno ai 70 € ciascuno al mese, per avere un reddito ipotetico di 1200 € al mese in caso di invalidità permanente. In totale, dovranno spendere circa 500 € al mese per coprirsi completamente, anche se 800 € rientreranno dalla deduzione della pensione e altri circa 500 € dalle assicurazioni, portando a 400 € al mese le spese di copertura effettiva.

Con il risparmio rimanente Pippo può avviare un piano per anticipare la risoluzione del mutuo, e in 10 anni con 150 € al mese può formare un risparmio di circa 40.000 € ampiamente sufficienti per far chiudere il mutuo 5 anni prima e far avanzare pure altri soldi.

I 30.000 € investiti in un PIC, in una quindicina di anni possono essere sufficienti a comprare la casa per i figli oppure per aprire un'attività o ancora per anticipare di molti anni la fine del mutuo.

**SEGRETO n. 38: investite la deducibilità fiscale ottenuta dal mutuo in un piano risparmio in modo da ottenere in futuro quei capitali utili ad anticipare di molti anni la risoluzione del mutuo stesso.**

## I Professionisti

In questa simulazione andremo a considerare una famiglia composta da due coniugi entrambi professionisti, tipo medici, avvocati o mansioni simili, con un reddito elevato. Pietro ha 50 anni, è avvocato e guadagna in media 5000 € netti al mese, così come sua moglie Nina (45 anni) che è medico. Vivono in una casa in affitto dove pagano 1200 € al mese, oltre a 800 € per il vitto famigliare, 300 € al mese per le bollette e altri 500 € a testa come spese personali medie e hanno inoltre 2 automobili che costano in media tra mantenimento e consumi di carburante 300 € al mese ciascuna.

La coppia ha anche due figli, Andrea e Margherita rispettivamente di 18 e 15 anni che frequentano le superiori in un istituto privato (200 € al mese ciascuno) oltre che la palestra e la piscina (150 € ciascuno) e hanno bisogno di circa 200 € a testa per le spese personali. La famiglia possiede anche 50.000 € come risparmi su conti correnti o investimenti obbligazionari.

Iniziamo al solito considerando le schede personali:

Nome: Pietro                                50 anni

Lavoro: Autonomo

Reddito: 5000 € netti mese / 60.000 € netti annui

Altri introiti: No

| | |
|---|---|
| Spese macchina: | 300 € mese |
| Spese generali: | 500 € mese |
| | |
| Reddito medio mese: | 5000 € |
| Spese medie mese: | 800 € |
| Capacità risparmio: | 4200 € |
| | |
| Risparmi attuali: | 25.000 € |
| Risparmi svincolabili | 10.000 € |

Nome: Nina                        45 anni

Lavoro: Autonomo

Reddito: 5000 € netti mese / 60.000 € netti annui

Altri introiti: No

| | |
|---|---|
| Spese macchina: | 300 € mese |
| Spese generali: | 500 € mese |
| Reddito medio mese: | 5000 € |
| Spese medie mese: | 800 € |
| Capacità risparmio: | 4200 € |
| Risparmi attuali: | 25.000 € |
| Risparmi svincolabili | 10.000 € |

Nome: Andrea                   18 anni

Lavoro: Studente

Altri introiti: No

| | |
|---|---|
| Spese generali: | 200 € mese |
| Spese attività: | 150 € mese |
| Spese totali: | 350 € mese |

Nome: Margherita      15 anni

Lavoro: Studente

Altri introiti: No

Spese generali:     200 € mese

Spese attività:     150 € mese

Spese totali:      350 € mese

E ora andiamo a scrivere la scheda riepilogativa:

Entrate Totali:     10.000 € mese

Spese individuali:    2300 € mese

Spese Mutuo:     1200 € mese

Spese vitto:      800 € mese

Spese bollette;     300 € mese

Capacità risparmio:   5400 € mese

Risparmi attuali:    50.000 €

Risparmi svincolabili   20.000 €

Risparmio dedicabile:   2000 €/mese

Adesso procediamo come al solito: sappiamo che vivono in affitto, quindi sapendo anche che sono dei liberi professionisti possono inserire il domicilio legale della loro attività nella loro casa e avvantaggiarsi così della deducibilità pari al 50% delle spese di locazione; pagando 14.400 € annui di affitto, potranno dedurre 7200 €, che con il loro livello di tassazione equivale a un recupero di circa 3000 € all'anno, cioè 250 € al mese e facendo, di conseguenza, salire la loro capacità di risparmio mensile da 5400 a 5650 € al mese. Intanto, considerando che Pietro ha già 50 anni, per formarsi una pensione non ha più a disposizioni molti anni (circa 15) quindi per risolvere il problema deve, o risparmiare un sacco di soldi al mese oppure sfruttare i già consistenti risparmi con un PIC, stessa cosa dicasi per la moglie.

Pietro andrà in pensione con circa il 42% del suo attuale reddito, mentre la moglie difficilmente supererà il 30%, ma avendo quest'ultima un lavoro poco usurante potrebbe allungare di 5 anni l'attività e portare così la propria pensione a circa 50% (scelta che in questo caso caldeggerei).

Quindi si devono integrare (per mantenere stabile il tenore di vita), 2700 € al mese per Pietro, e 2500 per Nina. Avendo a disposizione 15 anni per lui e 20 anni per lei, abbiamo che un PIC renderà rispettivamente x3 (mediamente) e x4,5 (mediamente), mentre i PAC x2,3 e x3.

Da questi dati e sapendo che per creare una pensione di 2700 € per un uomo di 65 anni occorrono 650.000 € e per creare una pensione di 2500 € per una donna di 65 anni ne occorrono 700.000, otteniamo che (investendo i soldi già posseduti come risparmi in un PIC pensionistico) otterremo un capitale di 75.000 € per lui e 112.000 € per lei, pertanto dobbiamo avviare un piano pensione (PAC) che formi nel tempo previsto, 575.000 € per lui e 587.000 € per lei. A Pietro occorrerebbero circa 1400 € al mese per la sua pensione integrativa, mentre a Nina circa 820 € al mese. A questo punto si possono scegliere tre strade: la prima è quella di avviare questi tipi di risparmi e ottenere il tenore di vita avuto fino a ora; la seconda prevedrebbe di cercare dei compromessi, tipo allungare di due o tre anni il risparmio in modo da avere più tempo per farli fruttare e un coefficiente di cambio migliore in uscita.

La terza infine sarebbe quella di fare dei ragionamenti logici e considerare che sacrificarsi troppo oggi per avere un reddito così elevato successivamente non ha molto senso, ma sarebbe preferibile fare una media tra il reddito attuale meno il risparmio e il reddito che si vuole in futuro (se oggi risparmi 1400 € al mese, in realtà il tuo reddito è già sceso virtualmente a 3600 €, quindi te ne serviranno meno per simulare l'attuale reddito), e quindi formare una pensione di circa 4000 € al mese ciascuno (compreso quella statale) facendo in tal modo abbassare notevolmente la quantità di risparmio effettivo occorrente.

Potendo per entrambi utilizzare i piani deducibili, essi andranno effettivamente a spendere (considerando il ritorno di deduzione), 720 € lui e circa 300 € lei. Adesso passiamo al capitolo copertura dei rischi. Con le loro professioni ai due coniugi occorreranno rispettivamente 200 € (per Pietro) e 180 € (per Nina): come al solito ho calcolato la mancanza di reddito fino all'età pensionabile oltre che una diaria giornaliera di 150 € (considerando che il reddito è elevato) e spese mediche fino a 10.000 €.

Possiamo considerare anche le assicurazioni per i figli, dove andremo a impostare un reddito minimo previsto di 2500 € al mese, e otterremo altri 150 € al mese a testa.

In totale la famiglia andrà a spendere 1600 € al mese per le coperture minime necessarie e quindi rimarranno altri 4050 € per gli altri accantonamenti, tra cui io consiglierei uno per l'acquisto della casa da effettuare tra quindici anni, momento in cui andranno in pensione.

Non mi voglio dilungare su come deve essere impostato questo accantonamento, perché penso che ormai abbiate capito il meccanismo, cioè calcolare il costo, dividerlo per il rapporto di incremento in quel tempo (visto nel capitolo 3), dividere questa somma per il numero di mesi disponibili.

**SEGRETO n. 39: è opportuno, se possedete dei redditi elevati, calcolare la rendita vitalizia in modo tale che non si debba far scendere troppo il reddito attuale per alimentare il proprio piano e inoltre, dove è possibile, l'opportunità di allungare di qualche anno le attività lavorative.**

### L'Industriale

Concludiamo le nostre simulazioni trattando il caso di un ricco industriale dal reddito multimilionario. Qualcuno potrebbe pensare: «Perché trattare questo caso molto raro di persona che probabilmente non comprerà mai questo libro?»; e poi potreste pensare anche: «Ormai abbiamo capito come si procede, basterà ponderare il meccanismo visto fino a ora sul reddito di chi ci pare e il gioco è fatto...». La vostra idea non fa un grinza, ma in realtà avete sbagliato! Non è il modo di agire in quest'ultimo caso.

Fino a ora abbiamo sempre effettuato una consulenza finanziaria a persone che in un certo senso vivono del proprio lavoro, cioè, a persone che per continuare ad avere un reddito devono continuare a lavorare sino ad età pensionabile e la consulenza serve a garantire il tenore di vita raggiunto fino alla morte. L'industriale, o in generale il ricco, non ha bisogno di lavorare, altrimenti sarebbe considerato benestante e gli introiti li percepisce a prescindere dalla sua età, inalterati o addirittura crescenti, fino alla sua morte, senza bisogno di farsi piani pensione.

Per meglio chiarire questo concetto vorrei che vi focalizzaste su questo ragionamento: una persona, o una famiglia in generale, si può considerare povera quando i suoi introiti sono nell'ordine dei suoi esborsi, quindi se guadagnano 1500 € al mese e ne escono altrettanti oppure una cifra vicina a quella, tipo 1200 € oppure 1600 €. Questo tipo di famiglia è costretta a lavorare sempre e se non lavora finisce sotto i ponti ed è il caso dei primi quattro esempi visti in questo capitolo.

Una persona, o una famiglia, si può considerare benestante quando i suoi introiti sono parecchio superiori agli esborsi, ma tuttavia i portatori del reddito non si possono permettere di non lavorare (se non per brevi periodi) perché altrimenti finiscono anch'essi sotto i ponti; è il caso che abbiamo visto precedentemente. Il ricco è una persona che a prescindere che lavori o meno non ha mai il problema di rimanere povero perché le sue rendite sono automatiche nel tempo e maggiori delle sue spese mensili.

Il caso dell'industriale rientra ovviamente (in genere) in questa categoria. Infatti il proprietario di un'industria non lavora di persona, bada solo a che tutto proceda bene. In realtà sono altri a lavorare, lui deve preoccuparsi solo di percepire i dividendi del suo pacchetto azionario e ha quindi una rendita automatica.

Qualcuno però potrebbe continuare a pensare che il possedere un grosso pacchetto azionario di un'industria sia comunque un caso raro e inutile da trattare in questo corso. Vi assicuro che continuate a sbagliare: infatti questo tipo di persona è molto più comune di quello che pensate e chissà, voi in futuro potreste rientrarvi. Se analizzate bene il concetto di guadagni automatici, essi possono essere applicati non solo ai ricchissimi, ma anche a persone di reddito "normale" purché esso sia automatizzato.

Quindi quest'ultimo paragrafo del capitolo intitolato "l'industriale", sarebbe stato più corretto intitolarlo "persone che non hanno bisogno di lavorare". Fanno parte di questa categoria, oltre ai possidenti di industrie, quelli che magari hanno ereditato delle botteghe da affittare (o degli appartamenti) dai quali introiti possono vivere benissimo. Gli imprenditori, ad esempio, della New Economy che generano guadagni da siti internet o di vendite automatiche; gli autori che percepiscono royalties e possono vivere tutta la vita con tali diritti d'autore ecc.

Quindi, riassumendo, una rendita automatica non vuol dire per forza che si fa parte delle persone ricche, ma solo che i guadagni provenienti da tale mezzo sono sufficienti a vivere nel modo desiderato a prescindere che essi siano 1000 € al mese o 1.000.000 di € al giorno.

Tutte queste persone hanno la sicurezza del reddito anche dopo l'età pensionabile come precedentemente detto, quindi non occorre obbligatoriamente provvedere né a una pensione integrativa né a una assicurazione per mancanza di introiti da infortunio o malattia (tanto i guadagni arrivano comunque). Ovviamente conviene sempre pensare alla stipula di una pensione integrativa in primo luogo perché potrebbero capitare eventi imprevisti che ci portano a una diminuzione repentina del reddito ed è sempre meglio avere un introito sicuro nel futuro. In secondo luogo perché ci permettere delle deduzioni dai redditi e quindi tanto vale sfruttare l'occasione. Stesse considerazioni per le assicurazioni.

Mentre nei casi visiti fino a ora abbiamo sempre considerato un mantenimento del reddito, una persona ricca, o con rendite automatizzate, non può considerare di quanto sia il suo eventuale abbassamento di reddito in età pensionabile (potrebbe anche essere maggiore), quindi deve considerare una pensione che gli possa permettere di vivere una vita tranquilla, ma che non deve per forza essere uguale a quella attuale.

Se un industriale guadagna un milione di euro al mese, non è sensato formare una pensione da un milione di euro al mese, ma sarebbe opportuno considerarne una da dieci o venti mila euro mensili e sfruttare i soldi che può investire per comprare altre quote azionarie (della sua o di altre aziende), negozi, attività e quant'altro che gli permetterebbero di avere dei redditi sempre maggiori anche a 90 anni.

Non vado a considerare qui la simulazione perché ognuno in questo caso decide a piacere quanto vuole di pensione e quanto invece vuole investire in altre attività dal guadagno automatizzato, sarebbe una presunzione da parte mia indicare quale è la migliore distribuzione del denaro, ma vi posso sicuramente dire che una persona che ha rendita automatica inferiori a 10.000 € al mese è opportuno che si basi sulle considerazioni fatte fino al precedente paragrafo (calcolare una pensione in base a questo reddito), mentre chi percepisce molto di più, deve comportarsi come spiegato in questo paragrafo (pensione generosa ma non corrispondente all'attuale reddito).

A prescindere dalle considerazioni fatte per i fortunati possessori di rendite automatiche, dovete prevedere che le coperture assicurative per la famiglia vanno comunque fatte, così come lo sfruttamento delle leggi legate al risparmio per l'impignorabilità e l'insequestrabilità, nonché l'esenzione dalla tassa di successione, che per cifre imponenti, diventano essenziali.

**SEGRETO n. 40: chi vive di rendite automatiche, deve calcolare la propria pensione e copertura assicurativa non in base al proprio reddito (che a questo punto dovrebbe rimanere invariato a prescindere dagli eventi), ma in modo che, nel caso peggiore, dia l'opportunità di vivere nel modo che si pensa più opportuno.**

**Riassumendo**

In questo capitolo abbiamo esaminato le principali tipologie di risparmiatori (o meglio di famiglie) presenti in Italia e visto qual è il miglior approccio possibile per le varie condizioni reddituali. Se abbiamo fatto tutto come si deve, saremo sicuramente coperti da eventuali disgrazie che possono capitare lungo la nostra vita, ci siamo sicuramente assicurati un futuro non incerto e abbiamo anche tutelato le condizioni economiche già raggiunte fino a questo momento.

In definitiva, quando svolgiamo una consulenza finanziaria, dobbiamo innanzitutto capire qual è la nostra condizione attuale (se è per noi, altrimenti quella dell'individuo cui vogliamo fare la consulenza) utilizzando in modo appropriato la tecnica delle schede riassuntive. Poi andiamo a risolvere il problema dell'incertezza di reddito nel futuro utilizzando i piani pensioni (ovviamente deducibili). In seguito andiamo a coprirci nel presente e in proiezione nel futuro con l'utilizzo oculato e commisurato delle assicurazioni infortunio e infine procediamo tramite altri piani di accumulo o di investimento alla realizzazione dei nostri sogni e obiettivi.

RIEPILOGO DEL CAPITOLO 6:

- SEGRETO n. 35: anche se abbiamo un reddito basso e incerto, con pochi soldi è comunque possibile garantirci un tenore di vita non inferiore di quello attuale, sia nell'età pensionabile, sia dopo un malaugurato infortunio.

- SEGRETO n. 36: è sempre preferibile, quando si effettuano dei risparmi in comune per un qualsiasi obiettivo, avviarne uno per ogni soggetto interessato all'obiettivo in modo che se le cose non procedono nel modo auspicato, si possa andare ognuno per la propria strada senza "traumi".

- SEGRETO n. 37: sfruttate i soldi ricavati dalle deduzioni fiscali per i piani pensionistici e dalle assicurazioni per aumentare il vostro risparmio mensile dedicabile.

- SEGRETO n. 38: investite la deducibilità fiscale ottenuta dal mutuo in un piano risparmio in modo da ottenere in futuro quei capitali utili ad anticipare di molti anni la risoluzione del mutuo stesso.

- SEGRETO n. 39: è opportuno, nel caso possedete dei redditi elevati, calcolare la rendita vitalizia in modo tale che non si debba far scendere troppo il reddito attuale per alimentare il proprio piano, e inoltre, dove è possibile, l'opportunità di allungare di qualche anno le attività lavorative.

- SEGRETO n. 40: chi vive di rendite automatiche, deve calcolare la propria pensione e copertura assicurativa, non in base al proprio reddito (che a questo punto dovrebbe rimanere invariato a prescindere dagli eventi), ma in modo che, nel caso peggiore, dia l'opportunità di vivere nel modo che si pensa più opportuno.

# CAPITOLO 7:

## Come mettere il Turbo ai risparmi

Con lo scorso capitolo abbiamo terminato il percorso che ci portava da semplice risparmiatore disinformato (rappresentato in Italia da un buon 95% della popolazione), a risparmiatore molto esperto in grado di fare o di farsi una consulenza finanziaria corretta, atta a risolvere i propri problemi, anche quelli che non pensavate di avere!

Con quest'ultimo capitolo metterete il "turbo ai vostri risparmi" riuscendo a ottenere performance che spesso neanche un bravo promotore riuscirà mai a farvi ottenere in quanto le tecniche che vi proporrò, seppur semplici, non vengono spiegate nei corsi che i promotori e i consulenti finanziari seguono per aggiornarsi.

Infatti questi corsi, essendo organizzati dagli istituti finanziari per cui lavorano, cercano sempre di indirizzare i loro "dipendenti" verso prodotti o soluzioni che siano il compromesso tra una buona resa e un ottimo profitto (per loro si intende). Considerate inoltre che molti promotori o consulenti spesso esercitano solo perché hanno trovato questo lavoro, ma in realtà, non hanno passione per l'economia né hanno mai investito soldi in prima persona per fare esperienza e, comunque, non hanno mai studiato strategie finanziarie per massimizzare le performance proprie o dei loro clienti (per il semplice fatto che spesso non hanno idea di che cosa stanno parlando).

A onor del vero esistono anche tantissimi consulenti molto bravi e preparati che sanno come ottenere performance stratosferiche, ma questo fatto si scontra con alcune considerazioni che il consulente è costretto a fare: per prima cosa, molto spesso lavora sotto contratto per un singolo gruppo bancario e le strategie che vorrebbe applicare non sono permesse (in quanto con i prodotti che ha a disposizioni non sono consentite) o sono fortemente sconsigliate (la banca preferisce avere clienti facili da gestire).

Il secondo elemento che influenza il promotore/consulente è la paura della reazione del cliente. Infatti, per far capire quali mosse applicare per aumentare i rendimenti senza farsi linciare, il cliente dovrebbe conoscere bene l'argomento risparmio/investimento (a sua volta), ma per mancanza di tempo e voglia (immaginate il promotore che deve spiegare tutto ogni volta al cliente) glissa sull'argomento e cerca solo una soluzione buona che non lo costringe a lavorare troppo (bisogna anche capirli, con l'ignoranza finanziaria che c'è in giro dovrebbero iniziare una nuova crociata per ogni cliente che hanno in portafoglio). Il terzo e non meno influente motivo per cui un consulente non applica, pur sapendo come fare, le tecniche di massimizzazione dei rendimenti, consiste nel fatto che non è detto che convenga a lui.

In definitiva, in questo capitolo, andremo a vedere quali tecniche possiamo applicare ai nostri prodotti di risparmio, apparentemente molto ingessati, per ottenere rendimenti più alti di quelli che potete immaginare e più alti di quelli che anche chi ve li ha piazzati immagina.

Le tecniche, come ho accennato prima, sono molto semplici da capire e da applicare ma in genere non ci pensa nessuno; ma noi sappiamo che spesso i migliori risultati si ottengono proprio dalle azioni semplici e non da movimenti complessi ed è proprio con questa filosofia che ho studiato le mosse da fare per mettere il turbo ai risparmi (inizialmente pensato per i miei ma adesso anche per i vostri), applicando alcune tecniche derivanti da tipici investimenti azionari speculativi, adattati al risparmio. Ovviamente senza perdere la loro peculiarità di tutela dai rischi di perdere ciò che già si possiede.

## Come si calcola il timing

Nel secondo capitolo ricorderete sicuramente che ho parlato spesso del timing in occasione dello sfruttamento ottimale dei PIC e dei PAC onde ottenere performance nettamente migliori e sfruttare le ciclicità del mercato. Adesso è giunto il momento di parlare in modo approfondito di questo componente.

Il timing, come si evince dalla parola inglese da cui proviene, riguarda il tempo, o meglio, la scelta del momento in cui bisogna effettuare una qualche modifica o operazione nei nostri risparmi e investimenti per migliorarne l'efficienza. Con questa componente andremo a studiare qual è il momento migliore per avviare o chiudere un piano, oppure, per passare da azionario a obbligazionario e viceversa. O ancora per modificare l'importo del risparmio periodico o decidere quando immettere capitali aggiuntivi per far sì che si ottenga il massimo beneficio.

Quando abbiamo trattato i PIC abbiamo visto che è molto importante centrare il momento giusto in cui avviarlo e chiuderlo, e abbiamo anche notato che il massimo rendimento si ha quando cominciamo l'investimento in un minimo del ciclo economico per chiuderlo in un massimo. Ricordo che il motivo per cui conviene avviare un PIC in un minimo e chiuderlo in un massimo sta nel fatto che ci permetterebbe di comprare un numero di quote molto elevato all'inizio, grazie al prezzo competitivo, e di rivenderle a un prezzo alto.

Da quando esiste il mercato mobiliare, la questione di individuare i massimi e i minimi è sempre stata un "evergreen" su cui si è dibattuto più che su tutti gli altri argomenti correlati all'economia. Alla fine ci sono diverse teorie su come trovare il timing giusto: c'è chi utilizza l'analisi delle figure dei grafici, chi le oscillazioni delle serie numeriche ecc, e ognuno dei metodi ha delle argomentazioni valide e delle peculiarità ma, in tutti i casi, si tratta sempre di previsioni statistiche più o meno efficaci.

È logico che i metodi che cercano di anticipare i punti di minimo e di massimo di un ciclo economico sono sicuramente meno efficaci (in termini di affidabilità) di quelli che studiano l'evento a posteriori, che dal canto loro però, proprio perché danno indicazioni dopo che l'evento è accaduto, fanno perdere parecchio dell'escursione (minimo/massimo) che si sarebbe potuto sfruttare. Visto che nel nostro caso si parla di aumentare le performance dei risparmi, quindi di capitali che per la loro natura non devono correre rischi, come nel caso di investimenti speculativi, andremo a sfruttare un metodo che annovera tra le sue peculiarità una maggior affidabilità anziché una maggior tempestività.

Il metodo che utilizzerò (e che vi consiglio di utilizzare anche se ne conoscete altri), è uno dei più semplici e diffusi sistemi di localizzazione per i punti di svolta del mercato e si tratta dell'utilizzo della media mobile. Qualcuno dirà: «Tutto qua?». Sì, tutto qua!

Chi utilizza spesso le azioni come investimento o speculazione conoscerà sicuramente questo strumento ma per esperienza personale so che almeno il 50% degli abitudinari dell'investimento azionario non sanno a che cosa serve o come si usa, mentre il 95% del popolo dei risparmiatori italiani non sa neanche di cosa stiamo parlando. Prima di spiegare in dettaglio il funzionamento della media mobile volevo focalizzare la vostra attenzione su un ragionamento.

Un punto di minimo o di massimo in un ciclo economico (che nel capitolo 1 ho rappresentato in un grafico con i punti "D" e "B"), altro non è che un punto di svolta del mercato che passa così da un "trend" (andamento) "Orso" (ribassista) ad uno "Toro" (rialzista) e viceversa.

Il nostro obiettivo è quindi capire quando cambia il mercato, o meglio, capire se in un dato momento ci troviamo in un trend rialzista o ribassista. Questa differenza di approccio, che a molti può sembrare un sofisma, cela un particolare di grande rilievo. Infatti, una cosa è riuscire a individuare un punto ben preciso (che dura un istante nel tempo) di un ciclo, un'altra invece è riuscire a individuare un intero trend (che può durare anche diversi anni).

**SEGRETO n. 41: non dobbiamo mai cercare di anticipare i punti di massimo e minimo dei cicli economici, ma capire**

**solamente se in un dato momento ci troviamo in un trend ribassista o rialzista.**

Di medie mobili ne esistono tre tipi:

- Media Mobile Aritmetica;

- Media Mobile Ponderata;

- Media Mobile Esponenziale.

Noi andremo a utilizzare solo la prima, quella aritmetica. Come dice il nome stesso, si tratta di una media aritmetica di valori nel tempo (quindi mobili) del prezzo di un'azione o di una quota. Se abbiamo il prezzo di chiusura giornaliero di una determinata azione per un determinato periodo di tempo, possiamo andare a calcolare delle medie mobili su quel dato periodo. In particolare, se abbiamo i valori degli ultimi 6 mesi, quindi circa 125 giorni (di borsa aperta), potremo ad esempio calcolare su essi una media mobile a 10 giorni.

Il calcolo è molto semplice: si deve fare la somma dei primi 10 valori posseduti, e poi dividerli per 10 (facendo quindi una media aritmetica), ottenendo così il primo dato della nostra media mobile. Per ottenere il secondo dato, ripeteremo l'operazione prendendo come campione di valori quelli che vanno dal secondo all'undicesimo.

Per il terzo prenderemo quelli dal terzo al dodicesimo e così via fino ad arrivare al campione di valori che va dal 116° al 125°. Per fare un esempio pratico prendo 10 valori (in base giornaliera) e ne faccio una media mobile a 3 e 5 giorni. Avremo:

| Giorno | Valore Quota | Media 3gg | Medi a 5gg |
| --- | --- | --- | --- |
| 1 | 9,80 | - | - |
| 2 | 10,00 | - | - |
| 3 | 9,70 | 9,83 | - |
| 4 | 9,90 | 9,87 | - |
| 5 | 10,10 | 9,90 | 9,90 |
| 6 | 10,40 | 10,13 | 10,02 |
| 7 | 10,50 | 10,33 | 10,12 |
| 8 | 10,60 | 10,47 | 10,30 |
| 9 | 10,20 | 10,40 | 10,32 |
| 10 | 10,00 | 10,20 | 10,30 |

La prima cosa che salta all'occhio che nella colonna della media a 3 giorni mancano i primi due valori mentre nella colonna della media a 5 giorni mancano i primi 4 valori.

La cosa è ovvia, perché per calcolare la media a 3 giorni bisogna aspettare che esistano i 3 valori, e questo si ha solo al terzo giorno. Per lo stesso motivo mancano i primi 4 valori nella colonna successiva. Il calcolo penso che lo abbiate capito tutti, tuttavia a scanso di equivoci facciamo insieme il calcolo dei primi 2 valori. Nella media a 3 giorni dobbiamo fare la somma di 9,80 + 10 + 9,70 = 29,50 e poi diviso per 3, che fa 9,83. Il secondo invece è 10 + 9,70 + 9,90 = 29,60, che diviso 3 fa 9,87. E così via.

La media mobile in genere viene utilizzata per pulire il grafico dell'andamento di un'azione e togliere i segnali di disturbo. Si vede subito che lo sbalzo di valori fra un dato e il successivo è meno ampio nella media a 3 giorni rispetto a quella di riferimento, e si vede anche che la media a 5 giorni è ancora meno volatile. In definitiva, più la media mobile è ampia, meno è volatile e presenta dunque una forte inerzia.

Adesso, per meglio far notare il meccanismo inserisco a seguire un grafico a 6 mesi: il grafico riguarda l'andamento del titolo Autogrill nel semestre che va da agosto 2007 a febbraio del 2008 con i valori (nel grafico tracciato con linea nera) di chiusura giornaliera. Con la linea rossa invece è rappresentata la media mobile a 5 giorni e con quella gialla invece è rappresentata la media mobile a 20 giorni. Si vede chiaramente che la media a 5 giorni segue abbastanza da vicino il grafico originale ma elimina parecchie variazioni repentine, mentre quella a 20 giorni segue il grafico da lontano ma va nella stessa direzione di quello originario e si possono già percepire gli andamenti ciclici e oscillanti tipici del mercato azionario.

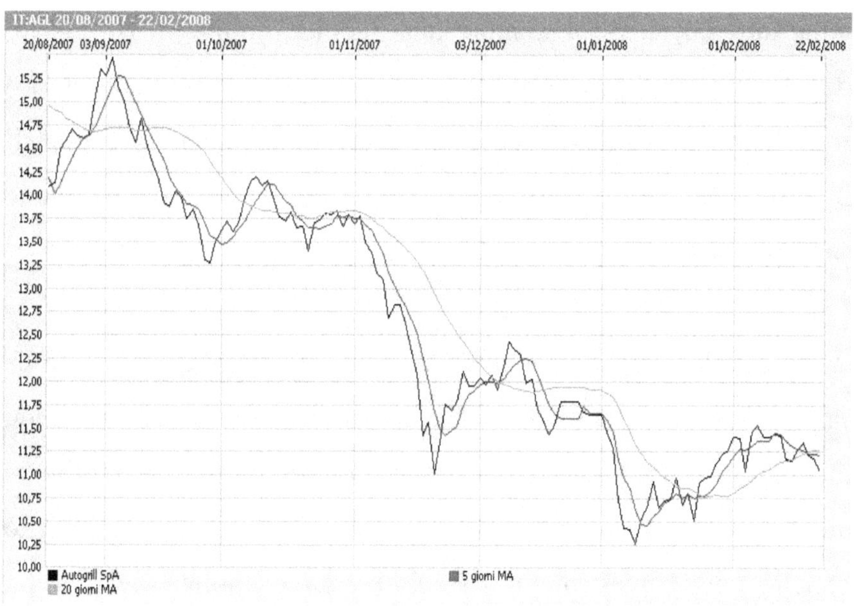

Abbiamo visto come si calcola una media mobile e come si comporta nel tempo rispetto al grafico di riferimento, adesso dovremmo vedere come utilizzarla, ma prima preferisco parlare delle altre due medie mobili esistenti, anche se non le utilizzeremo.

La Media Mobile Ponderata consiste nel dare un peso diverso ai vari valori di riferimento nel tempo, in modo da avere un peso maggiore dei valori recenti rispetto a quelli più lontani nel tempo. Nella fattispecie, se abbiamo una media mobile a 10 giorni, considereremo il primo valore (quello più lontano nel tempo) moltiplicato per uno, il secondo valore moltiplicato per due, il terzo moltiplicato per tre e così via fino all'ultimo che viene moltiplicato per dieci.

La somma di questi dati viene divisa per la sommatoria che va da uno a dieci. In questa tipo di media, oltre a essere necessario un calcolo più complesso rispetto a quella aritmetica, è inutile al calcolo specifico del timing e, per dirla tutta, io non la utilizzo neanche negli investimenti speculativi dove applico dei trading system molto efficaci e avanzati. La media mobile esponenziale applica lo stesso concetto della media aritmetica, ma in modo ancora più marcato applicando una moltiplicazione esponenziale al peso dei vari dati del grafico principale. In particolare modo, considerando sempre una media a 10 giorni, avremo che il primo valore sarà moltiplicato per uno, il secondo sarà moltiplicato per due, il terzo per quattro, il quarto per otto e così via fino all'ultimo che verrà moltiplicato per 512. Il calcolo è ancora più complesso (pesanti anche per un elaboratore nel caso di medie su lungo periodo), e tuttavia sempre poco utile nel nostro caso e anche, secondo me, per i trading system.

Spiegato quindi che cosa è una media mobile e come si calcola, passiamo a spiegare come si usa per individuare i massimi e i minimi (relativi). Nel capitolo 1 abbiamo visto che un ciclo economico in genere dura quattro anni e mezzo, quindi, noi dobbiamo trovare dei massimi e dei minimi in un range medio di questa durata. Per fare ciò utilizziamo una caratteristica tipica delle medie mobili: il ritardo di "fase".

Se andate a guardare di nuovo il grafico con le medie mobili inserito prima, potrete notare che le due linee che rappresentano le medie mobili sono leggermente in ritardo rispetto al grafico di riferimento. Si nota sicuramente meglio se prendete come riferimento i massimi e i minimi del grafico di base e quello delle medie. Si nota pure che la media a 5 giorni è meno in ritardo rispetto a quella a 20 giorni.

Questo ritardo esistente tra un grafico di una quotazione e le sue medie si chiama appunto "ritardo di fase" proprio perché è sfasato.

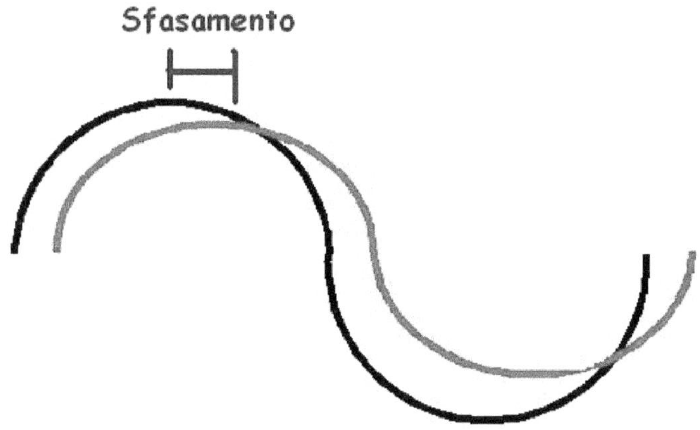


Lo sfasamento può essere calcolato a priori, ed è pari a 1/4 del periodo della media mobile. In pratica una media mobile a 20

giorni avrà uno sfasamento di 5 giorni, una media mobile a 6 mesi di 1,5 mesi e così via.

Questo sfasamento, che gli analisti giudicano molto fastidioso in quanto dà i segnali appunto con ritardo, è invece per noi l'arma vincente. Infatti, ci permette di essere sicuri, qualora con tutto il ritardo i segnali rimangono invariati, che quel segnale è diventato ormai consolidato.

Abbiamo detto che a noi interessa individuare il trend, quindi dobbiamo semplicemente vedere quando la media mobile individua questo trend e controllare se esso è ancora presente nel grafico di riferimento. Per fare tutto ciò dobbiamo osservare i punti in cui il grafico della media mobile si incrocia con quello di riferimento.

Se la media mobile è attraversata dal grafico di riferimento dal basso verso l'alto vuol dire che siamo passati da un trend ribassista a uno rialzista, mentre quando la media mobile è attraversata dall'alto verso il basso siamo passati ovviamente da un trend rialzista a uno ribassista.

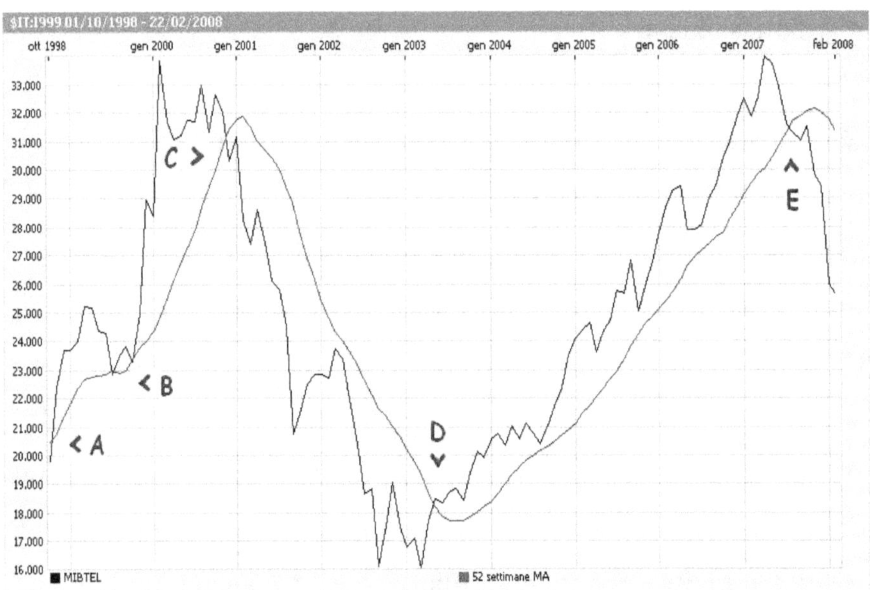


Sopra ho inserito un grafico che traccia in nero l'andamento dell'indice MIBTEL negli ultimi 10 anni (sono chiaramente visibili due cicli economici), e in rosso è tracciata la media mobile a 52 settimane (un anno insomma). Se avessimo investito comprando le quote di un ipotetico fondo azionario basato sul MIBTEL nei punti in cui la media mobile taglia dal basso verso l'alto e venduto nei casi opposti, si può facilmente immaginare il tipo di guadagni che potevamo ottenere. Compravamo nel punto

A, vendevamo nel punto C, ricompravamo nel punto D e vendevamo infine nel punto E. 60% di guadagno la prima volta, e altri 80% la seconda. Nel punto B invece, che in pratica si ripete due volte, non facevamo nulla: infatti la Media Mobile si è solo appoggiata all'andamento dell'indice e non ci sono stati incroci.

Ovviamente la durata della media mobile non è casuale ma deve avere una durata ben precisa. La durata dovrebbe essere teoricamente 1/4 della lunghezza del ciclo che vogliamo esaminare.

Visto che mediamente un ciclo economico dura 4 anni e mezzo, la nostra media mobile dovrebbe essere di un anno e un mese e mezzo ma tuttavia noi non possiamo sapere a priori quanto sarà lungo il nostro ciclo quindi potremmo prendere come riferimento un media mobile ad un anno o eventualmente a un anno e mezzo. Attenzione però! Non sempre i segnali che provengono da questo sistema sono corretti: infatti, come già accennato c'è sempre un margine di errore, che nel caso in questione è del 33%, cioè ogni 3 segnali ricevuti, uno sarà in genere errato, detto anche falso segnale.

**SEGRETO n: 42: per evidenziare i cicli economici bisogna utilizzare una media mobile a 12 mesi oppure, per diminuire di molto l'eventualità di falsi segnali, una a 18 mesi.**

Esistono dei sistemi per migliorare decisamente l'affidabilità, ma l'argomento è molto vasto e necessita di un libro apposito per la spiegazione dei metodi, in quanto è un argomento che riguarda specificatamente l'investimento azionario che utilizza sistemi di trading avanzati che esulano dall'argomento di questo corso. Mi limiterò solo a dirvi che per migliorare l'affidabilità, conviene sempre aspettare (considerando che stiamo parlando di risparmi utilizzando PAC o PIC) almeno un mese prima di operare nella direzione suggeritaci dalla nostra media mobile in modo da essere molto più sicuri che il segnale non sia un falso.

Adesso sappiamo determinare i momenti di svolta del mercato e li possiamo finalmente applicare ai nostri piani di accumulo e di investimento per trasformarli da "Statici" in "Dinamici" con i relativi miglioramenti di performance visti nel capitolo 3. Avevamo visto e dimostrato che in un PAC non è importante la data di stipula del contratto ma è molto importante la data di liquidazione, che ovviamente deve essere in un punto quanto più vicino al massimo di un ciclo economico.

Prendendo come riferimento il grafico dell'indice italiano, i punti "C" e "E" sarebbero stati quelli che noi avremmo preso in considerazione per la chiusura del contratto, quindi se eravamo troppo in anticipo avremmo fatto continuare i prelievi (o almeno tenevamo i soldi fermi fino ad arrivare a uno dei due punti), invece se incrociavamo quei punti mentre mancavano meno di 2 anni alla conclusione avremmo anticipato la chiusura (comunque aspettando almeno un mese per essere sicuri di non prendere un abbaglio).

Per il PIC dinamico invece è fondamentale sia la data di apertura che di chiusura del piano, quindi, avremmo investito in questo strumento nei punti "A" e "D" e li avremmo chiusi nei punti "C" e "E" (come per i PAC). Adesso sapete rendere i vostri piani PAC e PIC dinamici (anche per uso previdenziale) e potrete sicuramente ottenere performance superiori rispetto a piani statici e in balia degli eventi. Per procurarsi i grafici, basta andare nella sezione "finanza" di MSN, e selezionare il grafico dell'indice di riferimento del vostro piano. Se ne avete uno con indice nazionale tedesco ad esempio, andrete a visualizzare il grafico del DAX, se è settore Europa andrete su EUROSTOX.

Se è mondiale invece non lo trovate, ma potete prendere come riferimento quello del Dow Jones e quello europeo (che rappresentano insieme 3/4 del mercato mondiale) e aspettate che per entrambi i grafici avvenga il taglio della media mobile (ovviamente dello stesso periodo).

Se siete gente esperta di fogli elettronici potete anche andare nella sezione "finanza" di Yahoo e scaricare in formato Excel la tabella con i valori dei grafici di riferimento, e calcolarvi poi le medie mobili da soli e fare tutte le modifiche che volete, come la somma di più comparti in modo da avvicinare al meglio il vostro fondo di investimento.

**Il pilota automatico**

Nei capitoli 2 e 3 avevo accennato, anche se in modo veloce, alle gestioni automatiche tipiche dei piani di accumulo capitale, specialmente se usati come fondi pensione; ora vediamo più in dettaglio in cosa consiste tale gestione.

Ormai penso abbiate capito che un investimento o risparmio di tipo azionario è utile solo quando si è disposti ad aspettare lunghi periodi prima di raccogliere i frutti sperati, mentre l'obbligazionario va bene quando dobbiamo parcheggiare il denaro per brevi periodi.

Quando un cliente sottoscrive il proprio PAC, in genere non è mai sufficientemente esperto da applicare il timing o le altre tecniche che vedremo nei prossimi paragrafi e, d'altra parte, neanche gli istituti finanziari vogliono o possono mettersi a disposizione totale del cliente (pensate al fatto che una banca non vi consiglierà mai di estinguere con due anni di anticipo il vostro PAC). Di conseguenza sono stati studiati nel tempo dei metodi automatici per migliorare i rendimenti e ridurre i rischi ma con scadenze prestabilite. Abbiamo visto che il timing serve per essere sicuri di uscire in un momento propizio, perché aspettare nel mercato azionario equivarrebbe a far scendere il valore delle quote e quindi perdere capitali. A questo punto le banche hanno inventato un sistema che permette, man mano che si va avanti nel tempo, di migrare gradualmente gli investimenti più aggressivi (azionari) a investimenti sicuri (obbligazionari).

Penserete sicuramente: «Troppo bello! Così non me ne devo occupare io di calcolare il timing e tutto il resto...». Il problema è che questi piloti automatici non calcolano un bel niente, ma hanno un comportamento programmato a priori standard che non guarda il periodo economico, ma solo la durata del contratto e il tempo che manca alla scadenza dello stesso.

In genere funzionano così: ammettiamo che avviate un piano pensione totalmente azionario a 30 anni di durata; nella prima fase, che varia ovviamente da banca a banca, compreranno per voi il 100% di quote su fondo azionario; dopo 10 anni di acquisti di tipo azionario, a 20 anni dalla scadenza, compreranno invece 95% azionario e 5% obbligazionario; ogni anno che passa la quota azionaria si riduce di un 5% (ad esempio) e aumenta quella obbligazionaria; a circa 5 anni dalla fine il piano diventa totalmente obbligazionario e vi rimane fino alla fine.

In teoria, questo tipo di comportamento (abbastanza valido ma come vedremo adesso, non il massimo), dovrebbe sfruttare la spinta azionaria nei primi anni e poi tenderà progressivamente, con il passaggio a obbligazionario a consolidare i guadagni fatti (con pochi guadagni ma su una cifra diventata ormai molto cospicua).

Pensate adesso a che cosa accade se il passaggio da azionario a obbligazionario in scaglioni preprogrammati avviene durante dei periodi in cui la borsa è vicino ai minimi. Si avrà una vendita di quote azionarie a prezzi sfavorevoli (vicino ai minimi) per comprare delle quote obbligazionarie che guadagnano molto poco. Ovviamente non capiterà con tutti gli scaglioni, perché se un ciclo dura 5 anni, il minimo lo otterrete ogni 5 anni così come un massimo, ma otterrete almeno due volte dei prezzi che non sono né minimi né massimi, ma che comunque non sono molto vantaggiosi lo stesso.

Consideriamo che il nostro piano fosse di 100 € al mese per 30 anni e a partire dal ventesimo anno andasse di 5% in 5% verso l'obbligazionario, fino a 5 anni dalla fine, dove vengono trasmigrate il rimanente 25%. Nei primi 10 anni avremo inserito nel nostro fondo 12.000 €, che nel frattempo saranno diventati, ad esempio, 25.000 € con gli interessi. A questo punto 1250 € di quote azionarie vengono vendute per comprare quelle obbligazionarie, ma, se in quel momento la borsa era in un minimo, comprerete la metà di quello che avreste potuto comprare con una gestione dinamica del tempo, quindi state perdendo 1250 €, che con i guadagni obbligazionari impiegherà quasi tutti i venti anni rimanenti per ritornare al punto di partenza... capito adesso?!

In definitiva, un pilota automatico è molto utile se chi apre il piano non sa come gestirsi i propri risparmi, ma per chi lo sa fare, e spero che dopo aver studiato questo corso rientrerete in questa categoria, è meglio gestire da soli il proprio PAC con la tecnica del timing vista in precedenza e con quelle che vedremo in seguito.

**SEGRETO n. 43: la gestione automatica dei piani di accumulo va bene solo se non sapete gestirvi il piano da soli,**

in quanto presenta parecchi punti deboli nel applicare la sua strategia.

## Cambio di strategia

Il funzionamento di un piano di accumulo capitale utilizza i momenti negativi della borsa per fare il carico di quote a prezzi favorevoli, per poi prendere valore quando la borsa è ai massimi. Questo metodo dà grandi performance in rapporto agli investimenti nel tempo, ma noi non ci accontentiamo. Vediamo come possiamo migliorare in modo deciso le performance del nostro PAC.

Sappiamo calcolare i punti di svolta del mercato grazie al timing, adesso immaginate una cosa: innanzitutto quando il mercato è in un trend rialzista comprerete tutte quote di tipo azionario. Arrivati al punto di svolta, scambiate tutto il capitale accumulato (quindi vicino a un massimo) in quote obbligazionarie, e da lì in poi, lungo il trend ribassista comprate quote solo obbligazionarie fino ad arrivare al nuovo punto di svolta. Adesso scambiate tutte le quote obbligazionarie in azionarie e ricominciate a comprare quote azionarie; continuate questo procedimento fino alla chiusura del contratto.

Che cosa accade? In pratica ogni qual volta arrivate a un massimo trasformerete il vostro piano da azionario a obbligazionario (motivo per cui nel capitolo 3 dicevo che è importante che i piani possano puntare al 100% su entrambi i mercati), e quindi le performance ottenute fino a quel massimo diventano ormai consolidate. Se ad esempio avvio un piano da 100 € al mese vicino a un minimo e mettiamo ci impieghi 3 anni ad arrivare al massimo, noi avremmo inserito nel piano 3600 €, che grazie all'aumento continuo della borsa, saranno diventati ad esempio 7000 €. A questo punto io scambio i miei 7000 € di quote azionarie per prenderne 7000 € di obbligazionarie.

Adesso per i prossimi due anni, mentre la borsa scende del 30%, io continuo a guadagnare il 2% all'anno, quindi 4% circa facendo passare i miei 7000 € a 7300 € circa oltre ad aggiungerne altri 2400 € di acquisto nuove quote (anch'esse guadagnano il 2% annuo). Al nuovo punto di svolta mi ritroverò con 9700 € di quote obbligazionarie, e andrò a comprare 9300 € di quote di tipo azionario quando la borsa è vicino ai minimi.

Se invece fossi rimasto sempre in azionario, arrivato al massimo, quando le mie quote valevano 7000 €, sarebbero cominciate da lì in poi a scendere di prezzo, e nel punto minimo, il loro valore sarebbe diventato circa 4900 €, a cui si aggiungevano altri 2400 € di acquisto quote che però in quei due anni sarebbero diventati circa 2000 € (la borsa va via via scendendo). Al nuovo minimo avrei avuto 6900 €... molto ma molto meno che facendo i cambi di strategia (2400 € in meno in un solo ciclo).

Penso che abbiate già capito la potenzialità di questo sistema, tuttavia facciamo un calcolo del miglioramento di performance in un ciclo economico medio. In un ciclo di quattro anni e mezzo, si sa che circa 2 anni e mezzo servono per andare dal minimo al massimo e due anni (la discesa è in genere più rapida) servono per andare dal massimo al minimo. Se noi andiamo a comprare delle quote mensili lungo tutto il ciclo che considereremo con una pendenza del 10% (guadagno della borsa nel lungo periodo tolta l'inflazione), avremo che da un minimo al successivo (comprando solo fondi azionari senza quindi effettuare cambi di strategia), andremo ad investire 5400 €.

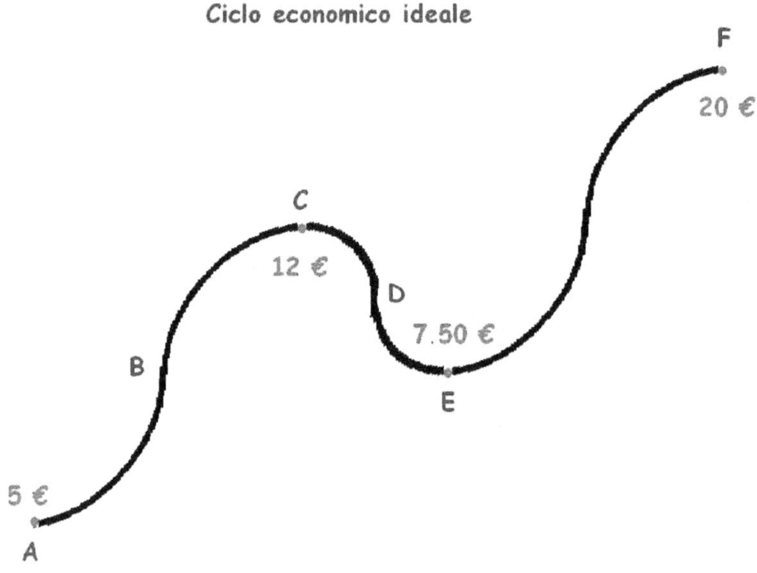



Ora, se noi consideriamo il minimo di partenza con una quota dal valore di 5 € (Punto "A"), il massimo (successivo al minimo) dovrebbe arrivare a valere 12 € (Punto "C"), e il nuovo minimo 8€ (Punto "E"). Avremo che nei 2 anni e mezzo di salita (A-C) con i nostri 100 € al mese dell'esempio, investiremo 3000 € e compreremo (in media ponderata) 425 quote; nel punto di massimo ("C"), queste 425 quote varranno 5100 €, cioè il 70% in più di quello che abbiamo investito.

Nei due anni successivi, la borsa scende a 8 € e dunque i nostri 5100 € diventano 3400 €, e nel frattempo avremo comprato altre 250 quote investendo 2400 € e che hanno pertanto come controvalore nel punto di minimo di 2000 €. In totale al nuovo minimo avremo investito dall'inizio del piano 5400 € per avere 675 quote con un controvalore (nel punto minimo) di 5400 €.

In pratica da minimo a minimo in un ciclo ideale con pendenza 10% non stiamo guadagnando nulla! Ovviamente andremo a scambiare questo piano nel massimo successivo (Punto "F") e non nel minimo, che stando sempre alla pendenza del 10% annuo dell'esempio dovrebbe corrispondere al valore di una quota intorno ai 20 €. Aspettando il massimo, interrompendo i versamenti al secondo minimo (cioè simuliamo solo un ciclo), avremmo un controvalore di 13.500 €. Possiamo quindi dire che ogni ciclo economico ideale, fermo restando che investiamo sempre in azionario e che utilizziamo il metodo di gestione dinamico del PAC (cioè lo chiudiamo in un momento ottimale), ci fa guadagnare il 150%.

Effettuiamo adesso la stessa simulazione con il cambio di strategia optando però, per un timing perfetto (cioè beccando al meglio massimi e minimi), poi successivamente andremo a depurare i risultati mettendo la percentuale di errore.

Nei primi due anni e mezzo (trend ascendente A-C) i due metodi hanno i medesimi risultati; al punto di massimo, scambieremo le nostre 425 quote azionarie a 12 € con un controvalore di 5100 € per comprare tutte quote obbligazionarie a 10 € cadauna per un totale di 510 €. Nei due anni successivi (C-E) le nostre quote arrivano al valore di 10,40 € (2% annuo di interessi), e i nostri 5100 € sono diventati quindi 5304 €, cui si vanno a sommare altri 235 quote circa comprate in questo periodo. Arriviamo quindi a possedere nel nuovo minimo 745 quote a 10,40 € per un controvalore di 7750 € circa (al punto "E"). Adesso rivenderemo le nostre quote obbligazionarie e andremo a comprare le quote azionarie a 8 € ciascuna, ottenendone 968; ora, come nella simulazione precedente aspetteremo il massimo per andare a chiudere il contratto, cioè con le quote a 20 € (punto "F") e con un controvalore finale di 19.375 €.

Quindi a differenza del piano classico che portava una chiusura con controvalore di 13.500 €, un piano utilizzando i cambi di strategia permetterebbe di chiudere con 19.375 €, con una performance del 260% circa. Possiamo quindi affermare che la tecnica del cambio di strategia in un ciclo ideale porta ad avere un rapporto di incremento di oltre 70% migliore rispetto a una gestione fissa.

Ovviamente come accennato prima, ho considerato il timing perfetto ma, nella realtà, noi troviamo questi punti con ritardo (dovuto alla tecnica della media mobile), e questo ritardo è della metà dello sfasamento della media mobile stessa. Quindi, se noi applichiamo la media mobile a un anno, con uno sfasamento di 3 mesi, il nostro ritardo del segnale è di 1,5 mesi sia nel minimo che nel massimo, e considerando che un trend dura mediamente 2 anni e 3 mesi, noi andremo a perdere ad ogni cambio strategico, 1/9 del trend (e relative performance), che diventano 2/9 in un ciclo (due cambi strategici), e di conseguenza il rapporto di 70% visto prima nella realtà si trasformerà in 60% circa. A ogni ciclo economico, questa nuova tecnica porterà ad avere una performance migliore del 60% (rispetto a un risultato classico).

Considerate inoltre che, in un piano a 25 anni, con circa 5 o 6 cicli, il 60% di incremento alla volta porta a performance incredibili che vi mostro nella seguente tabella:

| Anni | PAC DIN. | C.S. 30% | C.S. 40% | C.S. 50% | C.S. 60% |
|------|----------|----------|----------|----------|----------|
| 10 | 155 % | 274 % | 283 % | 292 % | 300 % |
| 15 | 211 % | 403 % | 426 % | 450 % | 474 % |
| 20 | 357 % | 766 % | 766 % | 917 % | 1000 % |
| 25 | 517 % | 1212 % | 1366 % | 1534 % | 1717 % |
| 30 | 771 % | 1986 % | 1986 % | 2665 % | 3067 % |
| 35 | 1127 % | 3480 % | 3480 % | 4967 % | 5906 % |
| 40 | 1696 % | 5261 % | 5261 % | 7916 % | 9626 % |

Nella prima colonna ci sono gli anni di durata del nostro PAC, nella seconda colonna ho riportato i valori calcolati nel capitolo 2 sui PAC dinamici, dalla terza alla sesta colonna vi sono riportate le performance che possiamo ottenere con il metodo del cambio strategia nei casi in cui il nostro rapporto di incremento sia del 30%, 40%, 50% e 60%. Ovviamente il 60% è un risultato limite che si può ottenere, e non è detto che ci riusciate in ogni ciclo, tuttavia, anche se vi dovesse andare male, prendere l'incremento del 30% è relativamente semplice e le performance sono già di tutto rispetto.

Dopo 25 anni, durata media di un contratto pensionistico, con questo nuovo metodo di gestione avremo un rendimento di due volte e mezzo più alto rispetto al semplice piano dinamico, che ricordo a sua volta essere nettamente migliore rispetto ad un piano statico. Se poi consideriamo un rapporto incrementale al 60% (non impossibile da ottenere in un paio di cicli), nei 25 anni avremo un rendimento di tre volte e mezzo.

Questo tipo di gestione permette inoltre di evitare l'utilizzo dei piloti automatici. Infatti non capiterà mai di avere il problema delle quote che scendono "troppo" (cioè che perdono oltre il 10% del valore circa) per il fatto che noi passeremo in automatico a obbligazionario e quindi possiamo sfruttare il massimo dei guadagni che ci offre il mercato azionario fino all'ultimo giorno in cui utilizzeremo il piano stesso. Se per qualunque motivo avete stipulato un piano pensione o altro con il sistema PAC, che non permette di investire in totalmente azionario, il consiglio sarebbe comunque di cambiare gestore, ma se per qualunque motivo non volete o non potete cambiarlo, nei trend rialzisti dovrete andare nella formula più aggressiva permessa dal vostro gestore (che sia comunque di tipo azionario) e nei trend a ribasso andrete nella più sicura. Non avrete certamente quel tipo di rendimenti, ma almeno migliorerete moltissimo mantenendo quel tipo di differenze, cioè circa 3 volte meglio in 25 anni.

Un'altra cosa che dovreste fare, prima di cambiare la vostra gestione, è di informarvi se potete vendere e riacquistare tutte le quote ogni volta perché alcuni piani permettono di farlo solo con i nuovi acquisti (e non con tutto il capitale posseduto) e vanno obbligatoriamente con il pilota automatico.

Questo tipo di gestione la potrete utilizzare, ove i vostri piani lo consentano, anche con i PIC, semplicemente cambiando di volta in volta da totalmente azionario a obbligazionario come spiegato per i PAC, ma ovviamente non ci saranno quote che si andranno ad aggiungere. Per completare l'argomento del cambio strategia, facciamo un'analisi di come si sarebbe comportato questo sistema su dei casi reali, e per la precisione sui tre casi visti nel capitolo 3.

Intanto il caso dei venticinque anni che vanno dal 1982 al 2007, avevamo visto che la borsa si è comportata in un modo molto vicino all'andamento ideale, quindi il sistema avrebbe dato le performance previste prima.

Il periodo che va dal '28 al '53, è un tipico caso in cui la borsa perde in un singolo ciclo circa il l'80% del suo valore nel massimo, e questo, sfruttando il cambio in obbligazionario, permetteva poi di comprare quattro/cinque volte di più quando sarebbe arrivato al minimo, portando il rapporto incrementale a 200% in quel caso.

Nel caso invece che andava fra il '58 e '84, dove era presente una borsa che oscillava fortemente, ma andava su un asse quasi piatto e che non permetteva grossi guadagni neanche con il PAC dinamico, con questo metodo ogni oscillazione avrebbe fatto guadagnare molto, e alla fine avremmo avuto una performance incredibile.

È per questo che nel terzo capitolo dicevo che quelle situazioni strane dell'andamento economico, sfruttando altri metodi, sarebbero stati delle catapulte per i nostri guadagni.

**SEGRETO n. 44: sfruttare il metodo del cambio strategia porta in un piano di accumulo medio (25 anni) a performance triple rispetto a un piano dinamico e circa il quintuplo rispetto ai piani con gestione automatica.**

### Dove si effettuano i versamenti aggiuntivi

Ricorderete sicuramente che fra le caratteristiche consigliate in un PAC c'era quella di poter immettere dei versamenti aggiuntivi di capitale nel piano "una tantum" senza dover obbligatoriamente aumentare la dimensione del piano stesso. Bene, adesso vediamo perché questa opzione è molto importante e come possiamo usarla per dare un effetto catapulta alle nostre performance.

Per dirla tutta, la tecnica dei versamenti aggiuntivi non l'ho inventata io, e anzi ve la proporranno tutti i promotori delle banche semplicemente per il fatto che loro prendono una percentuale e le banche gestiranno sicuramente un capitale maggiore, ma non vi diranno mai «non farlo adesso» perché non avrà gli effetti sperati o addirittura che può essere controproducente.

Vediamone il perché: ricordate il grafico in cui vi ho mostrato il funzionamento del PAC, quello con un'oscillazione perfetta in cui erano presenti nove punti rossi in corrispondenza degli acquisti delle quote e poi sotto c'era spiegato passo a passo tutto l'ammontare e la somma finale con relativa performance? Adesso ripeteremo lo stesso esercizio ma andremo a inserire un capitale aggiuntivo pari a una semplice mensilità nel punto migliore per l'acquisto.

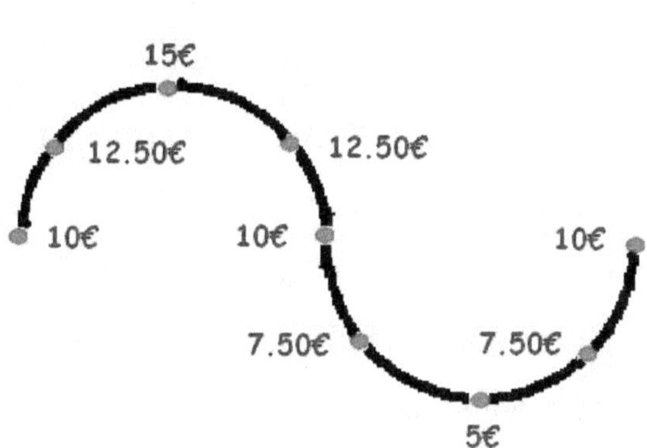



Il grafico è riproposto qui sopra, e ora immaginate che nel punto in cui la quota vale 5 €, di acquistarne 200 € anziché 100 €. Ripetendo il calcolo si ha:

- 100 €    10€ Quota    10 Quote;
- 100 €    12,50€ Quota    8 Quote;
- 100 €    15€ Quota    6,66 Quote;
- 100 €    12,50€ Quota    8 Quote;
- 100 €    10€ Quota    10 Quote;
- 100 €    7,50€ Quota    13,33 Quote;
- 200 €    5€ Quota    40 Quote;
- 100 €    7,50€ Quota    13,33 Quote;
- 100 €    10€ Quota    10 Quote;
- 1000 €    10€ Quota    119,33 Quote.

In totale avremo un controvalore di 1193,33 € a fronte di un investimento di 1000 €, con una performance del 19,33% contro il 10,40% di quello ottenuto senza il versamento aggiuntivo. In pratica, aver aggiunto soldi nel minimo del ciclo a fatto aumentare la performance di tutto il capitale stesso inserito.

Qualcuno penserà: «Bravo! Hai scoperto l'acqua calda...» Avete ragione, è un'affermazione molto banale (esattamente come l'affermazione che bisogna comprare le azioni quando si trovano a un minimo e rivenderle in un massimo), tuttavia, anche se semplice da pensare, è difficile da attuare se non sapete calcolare il timing. Infatti solo con esso potete individuare con una buona approssimazione quando siete nei dintorni di un minimo del ciclo economico, e questo, molto probabilmente, prima di questo corso non eravate in grado di farlo (almeno per i più).

Abbiamo visto che inserire i capitali nei dintorni dei minimi fa aumentare la performance di tutto il capitale inserito in quel ciclo ma adesso vediamo cosa accade se inseriamo nel punto di massimo o nel punto medio.

Senza reinserire l'intera tabella, possiamo dire che acquistando 100 € di quote aggiuntive quando esse valgono 15 € ci porta ad avere solo 105,99 quote per un controvalore totale di 1059,99 € e una performance del 5,99%, molto inferiore a quella che avremmo avuto senza fare aggiunte. Inserendo invece nel punto medio, con quote a 10 €, avremmo comprato 10 quote in più che scambiate alla fine a 10 € ci avrebbe portato ad una performance del 9,33% comunque inferiore a quella che avremmo avuto senza inserire capitali aggiuntivi.

Ovviamente qualcuno penserà che in realtà il ciclo economico viaggia su di un'asse con pendenza almeno del 10%, quindi anche inserendo in un punto mediano del ciclo avremmo avuto una performance migliore alla fine, ma ne avremmo avuto una sicuramente peggiore inserendo nel massimo.

Tuttavia, se fate un breve conto, vi accorgerete che anche se li mettiamo in un punto medio essi avrebbero portato un vantaggio in termini di capitali (ma non di performance). In pratica converrebbe aumentare la dimensione del piano di 10 € al mese per l'intero ciclo che non metterli aggiuntivi sbagliando il timing. In definitiva l'unico momento buono per inserire capitali aggiuntivi è nei dintorni del minimo che troverete usando la tecnica del timing.

**SEGRETO n. 45: dovete immettere versamenti aggiuntivi nei vostri piani di accumulo solo in prossimità dei minimi, altrimenti essi vi faranno solo peggiorare la performance generale di tutto il piano.**

Se state usando la tecnica del cambio strategia e quindi nei trend ribassisti siete con un piano completamente obbligazionario, oltre che nei minimi, potrete sicuramente mettere capitali aggiuntivi in ogni punto del trend ribassista, tanto è sicuro che quei soldi non perderanno valore (anzi cresceranno anche se di poco) e, quindi, essi andranno ad aumentare sicuramente il rendimento finale.

In definitiva, se utilizzate un piano azionario senza cambio di strategia dovete applicare eventuali capitali aggiuntivi solo nel punto di minimo mentre se utilizzate la tecnica del cambio strategico potete inserirli nel punto di minimo o durante l'intera fase obbligazionaria.

La tecnica funziona anche se avete piani che per qualche motivo non funzionano in modo azionario per intero, aggiungendo nei punti di minimo, l'effetto si vedrà meno, ma ci sarà lo stesso. Un'ultima cosa che volevo far notare è che se invece di inserire 100 € aggiuntivi, ne inserivate 200 o 300, l'effetto performance sarebbe cresciuto in modo deciso.

## Gestione dinamica degli importi

Prendendo spunto dal precedente paragrafo, inserisco una netta miglioria alla gestione del nostro PAC che ne aumenterà di parecchio le performance. Si tratta di un sistema che prevede una gestione dinamica dell'ammontare degli importi mensili del nostro piano.

Se prendiamo come riferimento sempre il ciclo perfetto visto nel precedente paragrafo, e considerando che abbiamo visto che i capitali inseriti nei punti vicino al minimo fanno aumentare i profitti in modo sicuramente più marcato di quelli inseriti nei punti mediani e soprattutto massimi, allora tanto vale sfruttare questo meccanismo sempre, e non solo quando inseriamo capitali aggiuntivi.

Vi spiego questa tecnica sia che abbiate intenzione di continuare il piano senza il cambio di strategia, oppure che vogliate applicare quella tecnica, perché funziona allo stesso modo. Sempre tenendo conto del ciclo perfetto, immaginate di comprare quote solo per 50 € lungo la prima metà del ciclo (quella che per intenderci va dai 10 € iniziali fino al massimo dei 15 € e che poi ritorna ai 10

€), e poi invece ne compriate 150 € al mese nella seconda metà. Senza bisogno di reinserire il grafico che a quest'ora conoscerete a memoria, vi riporto soltanto la tabella degli acquisti:

- 50 €        10€ Quota        5 Quote;
- 50 €        12,50€ Quota     4 Quote;
- 50 €        15€ Quota        3,33 Quote;
- 50 €        12,50€ Quota     4 Quote;
- 150 €       10€ Quota        15 Quote;
- 150 €       7,50€ Quota      20 Quote;
- 150 €       5€ Quota         30 Quote;
- 150 €       7,50€ Quota      20 Quote;
- 50 €        10€ Quota        5 Quote.

In totale andremo a comprare 106,33 quote che a un controvalore finale di 10 € sono 1063,33 €, con una performance finale (considerando che abbiamo investito 850 €) del 25% contro il 10,40% che avremmo avuto lasciando sempre a 100 € l'importo. Ovviamente si potrebbe ripetere inserendo 0 € per il primo mezzo ciclo e 200 € nella seconda metà, tuttavia non vi consiglio di scendere in un piano sotto i 50 € in quanto le spese che il gestore si prenderà andrebbero a intaccare il capitale che in quel momento avete accumulato, ma è certo che se il vostro piano prevede ad esempio 500 € al mese potete applicare una leva molto alta portando la prima metà a 50 € e la seconda metà a 950 €. Abbiamo accertato che il sistema nel caso di oscillazione perfetta su asse senza pendenza funziona, ora vediamo se funziona con un'oscillazione perfetta in pendenza.

Senza fare troppi calcoli (dobbiamo solo dimostrare che funziona), andremo a fare un numero inferiore di acquisti nel ciclo ed esattamente uno nel massimo, uno nel minimo e uno per ogni mediano.

Se prendiamo l'oscillazione perfetta in pendenza vista in questo capitolo per la dimostrazione della tecnica del cambio strategia (che vi ripropongo sotto), avevamo un inizio su di un minimo che era ad esempio a 5 € e un massimo a 12 €, noi invece partiremo dal valore mediano che sarà di 8 € (punto "B"), poi passeremo appunto per il massimo di 12 € (punto "C"), il nuovo mediano sarà a 10 € (punto "D") e il minimo appunto a 8 € (punto "E")... il ciclo terminerà a 15 € (nuovo mediano nel punto "F").

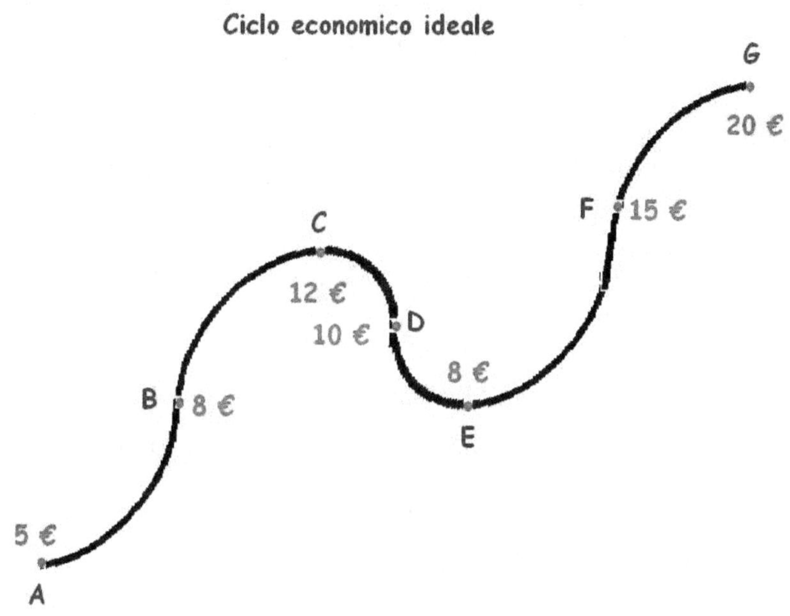


Effettuando 100 € di acquisto in ogni punto avremo che a fronte di un investimento totale di 500 €, compreremo:

- 100 €    8€ Quota    12,5 Quote;
- 100 €    12€ Quota    8,33 Quote;
- 100 €    10€ Quota    10 Quote;
- 100 €    8€ Quota    12,5 Quote;
- 100 €    15€ Quota    6,66 Quote;
- 500 €    15€ Quota    50 Quote.

Abbiamo 50 quote che a 15 € ciascuna hanno un controvalore di 750 € e una performance del 50% (sembra alta, ma considerate che questo ciclo dura quasi 5 anni nella realtà). Adesso applichiamo la gestione dinamica degli importi e vediamo che cosa accade:

- 50 €      8€ Quota      6,25 Quote
- 50 €      12€ Quota      4,18 Quote
- 150 €      10€ Quota      15 Quote
- 150 €      8€ Quota      18,75 Quote
- 50 €      15€ Quota      3,33 Quote
- 450 €      15€ Quota      47,5 Quote

In totale il controvalore delle quote fa 712,50 € che a fronte dei 450 € investiti danno una performance del 58,33% che è maggiore del 50% visto prima.

Avrete comunque notato che la performance sembra essere migliorata meno rispetto al ciclo piatto, e questo si ha per due motivi: il primo è che abbiamo fatto una simulazione con un minor numero di acquisti (metà per la precisione); il secondo è perché essendo un ciclo in pendenza, il minimo ha un controvalore uguale al mediano iniziale, quindi l'effetto è stato appiattito, ma nella realtà questa simulazione è molto più vicina a ciò che avverrà quando la applicherete seriamente. Anche in questo caso se attuerete questa tecnica con divari maggiori, anche i rendimenti saranno molto più marcati.

In definitiva, andando alla gestione dinamica degli importi, inserendo nella prima metà del ciclo 1/2 del risparmio e nella seconda metà 3/2, avremo un incremento delle performance nell'ordine di 1,2 rispetto al rimanere con risparmio fisso, o meglio del 20% se lo calcoliamo in termini relativi; sembrerà poco, ma nel tempo avete visto che è accaduto andando per esempio a 30% in meglio (di rapporto incrementale) nella tabella precedente calcolata per il cambio strategia, e inoltre nulla vi impedisce di attuarle in contemporanea e avere rapporti di incremento anche oltre 80%. A proposito di cambio strategia, adesso analizziamo cosa accadrebbe in caso applichiate quella tecnica.

Sappiamo che in tutto il trend ribassista andiamo in un mercato totalmente obbligazionario, quindi sia che investiamo di più o di meno non cambia nulla (in quel frangente), ma cambia molto quando ripasserete ad azionario. Quindi vi conviene fare come sopra, e cioè ridistribuire gli importi come fosse sempre azionario, vi ritroverete un grosso capitale da convertire al momento che ricambierete la strategia.

Fin a ora abbiamo visto che funziona, ma non abbiamo visto come calcolare i punti di mediana, o meglio i punti dove cambiare la strategia. Ti annuncio fin da subito che non si possono calcolare come si fa per i minimi e i massimi, ma applicheremo quei valori con una considerazione.

Noi sappiamo che il mercato azionario sale nel lungo periodo con una media del 13%, 10% se lo depuriamo dall'inflazione, quindi abbiamo che i valori dei minimi saranno sempre crescenti, e siccome essi si ripetono mediamente ogni cinque anni, ogni minimo varrà circa il 50% in più della volta precedente. In pratica se l'ultimo minimo aveva una quota di 5 €, il successivo dovrebbe avere un valore approssimativo di 7,50 €. Abbiamo detto nel primo capitolo che in genere fra un minimo e un massimo seguente, l'economia raddoppia il suo valore (ma spesso l'escursione è anche maggiore), e quindi dai 5 € del minimo si dovrebbe portare almeno a 10 €, più il guadagno medio annuale, il massimo dovrebbe essere intorno ai 12 €.

Per individuare le mediane procederemo così: sappiamo esattamente quanto vale l'ultimo minimo o perché ci siamo passati, oppure perché lo abbiamo visto da un grafico "storico" preso ad esempio su MSN (eventualmente quello più vicino al nostro fondo) e sappiamo, con lo stesso metodo, quanto valeva l'ultimo massimo. La mediana potete calcolarla più o meno nei dintorni del massimo precedente. Quindi ammettiamo che il minimo precedente sia stato a 5 € e l'ultimo massimo a 9 €, la mediana in cui inizia il nostro ciclo virtuale la impostiamo a 9 €.

Quindi noi considereremo l'inizio del nostro ciclo quando esso raggiungerà i 9 €, e da lì in poi porremo ai minimi che abbiamo previsto l'importo del nostro risparmio, nel nostro caso era 50 €. Il ciclo a quel punto continuerà la sua corsa, arriverà al massimo, poi attraverserà il punto di svolta del timing dove, se vorremo cambieremo la nostra strategia e a questo punto aspettiamo la fine del primo mezzo ciclo.

Visto che noi sappiamo che il minimo successivo sarà circa il 50% più alto del precedente, la mediana del trend a ribasso la piazzeremo virtualmente a metà del massimo che abbiamo appena superato (considerando quello reale e non quello del timing) e del minimo previsto. Avremo quindi la media tra 12 e 7,50 che fa 9,75 €; il nostro metà ciclo dovrebbe corrispondere a 9,75 €. Da lì in poi porteremo il nostro risparmio al massimo previsto, nel nostro caso 150 € al mese. Ripeteremo l'operazione per tutti i cicli.

Vediamo adesso i casi particolari:

- Può capitare che il nuovo massimo non sia superiore al vecchio, ad esempio in caso di improvvisa crisi o scoppio di guerre o attentati (vedasi Torri Gemelle). In questo caso, procederemo come sempre per le tecniche di cambio strategia secondo i segnali del metodo timing, e lasceremo invariati gli importi che abbiamo in quel momento.

- Se il minimo successivo è più basso del previsto o addirittura del precedente, tanto meglio, anzi se potete aumentate ancora l'importo, o comunque aspettate il punto di svolta per mettere anche un versamento aggiuntivo.

- Se il minimo successivo è più alto del previsto, ma inferiore alla mediana e di conseguenza ci avanzano soldi prima di arrivare alla nuova mediana, potete sempre inserire l'eccedenza tutto nel punto di svolta.

- Se il minimo è più alto della mediana che avevamo previsto, al punto di svolta reinserite tutti i capitali non messi prima e impostate gli importi al valore massimo perché significa che il mercato tira molto in quel momento... cosa che capita spesso.

Potreste, se non volete spalmare i capitali maggiorati lungo la seconda metà del ciclo (onde evitare tutti quei casi particolari), inserire il tutto come assegno aggiuntivo tutto nel punto di svolta del minimo, ma se fate così, da un lato andate sul sicuro, dall'altro perdete la possibilità di prendere statisticamente dei minimi perfetti con qualche inserimento, e per la legge delle medie ponderate, il sistema di spalmare su tutta la seconda parte del ciclo sembra migliore che non inserire tutto in una volta nel punto di svolta.

Alla fine comunque fate come vi viene più comodo, anzi, se il vostro piano vi dà la possibilità di fare un numero di movimenti limitati all'anno, allora il mettere tutto nel punto di svolta potrebbe fare a caso vostro.

Questa tecnica ovviamente funziona anche per i semi-azionari, ma soprattutto funziona se avete una buona disciplina mentale, infatti quando diminuite l'importo del vostro risparmio mensile, dovete mettere da parte ciò che non state mettendo subito nel piano per poi apportare il cambiamento necessario in un secondo tempo aumentando l'importo e se voi avrete speso i soldi non concluderete niente, se non peggiorare le vostre performance e perdere soldi.

**Importi fissi**

Nel capitolo 3 abbiamo visto che è utile e consigliato utilizzare l'indicizzazione degli importi mensili in modo tale da non perdere il potere d'acquisto nel tempo degli importi inseriti e di usare la doppia indicizzazione che ho chiamato "3+3" per non perdere il potere di acquisto anche del capitale già accumulato. Applicando questo metodo però avremo dopo un po' di anni degli importi troppo alti rispetto quello che forse ci potremo permettere, infatti essi crescono oltre il doppio dell'inflazione, e dopo una ventina d'anni (ad esempio in un piano pensione) ci ritroveremo a far uscire mensilmente circa il doppio al controvalore odierno del premio previsto originariamente nel piano. Per sopperire a quest'effetto e per ottenere lo stesso risultato investendo però una cifra inferiore e quindi aumentare di un bel po' la performance del piano stesso, si può utilizzare la tecnica degli importi costanti.

Considerate che i soldi investiti all'inizio, in un piano di accumulo, resteranno investiti per molto tempo e godranno dei rendimenti tipici dell'azionario fino alla fine, mentre i soldi investiti verso la fine frutteranno solo per poco tempo. Se noi applicassimo un importo più alto all'inizio, e poi lo blocchiamo, questo sfrutterà il rendimento azionario con una somma maggiore. Poi nel tempo, anche se l'inflazione si mangerà parte del controvalore dei singoli importi, alla fine avremo comunque una performance migliore.

Ora farò un esempio pratico per farvi capire la potenzialità di questo metodo, anche perché spiegato solo con la teoria è difficile da comprendere. Mettiamo caso che dobbiate stipulare un piano d'accumulo a venti anni da 100 € al mese iniziale. Dopo venti anni vi troverete a pagare importi da 302 € al mese (con il 3+3) che corrispondono deflazionati a 172 € odierni, quindi il 72% in più di quando state sborsando oggi. In totale nel piano andrete a inserire 44.142 € che con un PAC dinamico dovrebbero grosso modo diventare 157.000 €.

Se aumentiamo del 20% il nostro importo sin dal primo giorno, e poi lo blocchiamo fino a scadenza, senza indicizzarlo, avremo che nel primo decennio invece di investire 12.000 €, ne avremo investiti 14.400, che con i rendimenti tipici del PAC dinamico diventeranno 36.000 €. Di questi, 6000 € sono i guadagni dovuti al 20% in più messo in questo periodo (perché i 12.000 € sarebbero diventati 30.000 €), e quindi questi soldi nei 10 anni successivi li dobbiamo considerare come degli investimenti PIC iniziati al decimo anno per 10 anni.

Alla fine del secondo decennio i soldi investiti saranno 28.800 €, che secondo i rendimenti standard dei PAC dinamici diventeranno 130.000 € in venti anni, cui si sommano i 6000 € con rendimenti in stile PIC dinamici per 10 anni ottenendo quindi altri 36.000 €, che sommati ai precedenti fanno un totale di 166.000 €.

All'incirca la somma che avremo ottenuto (anche maggiore) partendo con 100 € al mese e indicizzando il tutto al 3+3.

Abbiamo investito solo 28.800 € per ottenere quello che avremmo ottenuto investendo oltre 44.000 €. Abbiamo migliorato le nostre performance di moltissimo. In definitiva, aumentando l'importo iniziale e bloccandolo, otterremmo in ogni ciclo economico un capitale aggiuntivo che da quel punto in poi, scorporato dalla base iniziale non aumentata, si comporterà come un PIC e con i rendimenti ad esso connessi. Questo avviene perché grazie agli effetti dell'inflazione che permette di far valere i nostri pochi soldi di oggi molti soldi di domani, sfruttando i grandi rendimenti dell'azionario.

L'aumento da applicare immediatamente al vostro piano di accumulo per bloccare gli importi deve essere più o meno dell'1% ogni anno che rimane alla scadenza dello stesso, quindi, se avviate oggi un piano a 40 anni che dovrebbe essere da 100 € mensile, lo impostate subito a 140 € bloccato per tutta la vita. Se invece ne avete uno a 30 anni, partito 4 anni fa da 100 € al mese, il cui importo mensile è diventato nel frattempo di 133 €, applicherete un 26% a questa cifra (30 anni – 4 anni fa 26 anni), cioè 167 € e lo bloccate. Se vi sembra troppo, e non ve lo potete permettere, potete anche applicare la strada del compromesso, e invece di calcolare 1% all'anno, ne calcolerete 0,5% annuo, ma invece di bloccarlo, lo sposterete da "3+3" a indicizzato semplice, oppure se è già indicizzato semplice lo bloccherete lì.

Potete usare questa tecnica anche sommata a tutte le altre viste fino a ora oppure da sola, ma solo se i piani sono di tipo azionario, in quanto in uno obbligazionario il rendimento è troppo basso e non supera in genere la stessa inflazione, quindi non serve praticamente a nulla.

Questa tecnica in genere ve la consiglieranno anche i promotori delle banche. Diciamo che non è un segreto, ma nessuno in genere vi dirà di quanto deve aumentare di preciso il vostro piano perché nessuno si è mai preso la briga di calcolare qual è la percentuale ideale (non ho mai capito il perché ma è così). Vi diranno solo che il metodo funziona perché i soldi messi inizialmente rendono per più tempo ecc., ma alla fine vi suggeriranno solo di aumentare un tot, in genere multipli di 50 € (non dicono mai cifre maggiori per paura di essere mandati a quel paese), che nel nostro caso potrebbero essere eccessivi o peggio insufficienti allo scopo, perdendo alla fin della fiera anche parte dei guadagni che avremmo avuto rimanendo fermi come eravamo prima.

A conferma di quanto detto, vi posso dire che, quando ho ceduto l'incarico di consulente, i miei clienti (e tra questi me stesso) sono stati assegnati a un altro promotore amico mio. Lui un giorno venne a propormi questo metodo (ma lo conoscevo meglio di lui) e mi disse che mi conveniva aumentarlo di 50 € per i motivi sopra citati.

Nel mio specifico caso l'ammontare sarebbe stato in difetto, e il mio amico non aveva la più pallida idea degli effetti nel tempo se non quelli che gli spiegarono al corso, quindi io, senza dirgli niente (non mi andava di disquisire sul perché gestisco in un modo anziché in un altro i miei soldi) gli dissi di aumentarlo di 70 € e lui eseguì (tutto contento perché prendeva una commissione maggiore, ma non gli venne neanche per l'anticamera del cervello di domandarmi come mai proprio 70 €) e ho risolto il problema, mentre per mio fratello aumentai di 50 € perché nel suo caso coincideva (e sono stato zitto). Qualcuno potrebbe pensare: «Come mai non l'ho fatto prima?»

Semplice, quando lo avviai non potevo permettermi di applicare i miei stessi studi per mancanza di soldi (purtroppo non mi piovono dal cielo e in quel periodo dovevo pensare anche a molte altre spese più urgenti e comunque sapete che aborro chiedere prestiti) ma appena ho potuto, l'ho applicato. Inoltre nel frattempo avevo studiato bene gli effetti anche nei grafici storici e avevo visto che funziona solo calcolando quel famoso 1% annuo, mentre prima sarei stato costretto a buttarmi alla cieca senza fare calcoli, cosa che odio profondamente perché mi piace sapere prima le cose che accadono e non avere brutte sorprese.

**SEGRETO n. 46: per bloccare l'importo dei versamenti di un PAC si deve calcolare la maggiorazione da applicare all'ultimo versamento pari a 1% per ogni anno che manca alla scadenza nel caso si possieda un'indicizzazione "3+3", altrimenti di 0,5% all'anno per indicizzazioni semplici.**

## RIEPILOGO DEL CAPITOLO 7:

- SEGRETO n. 41: non dobbiamo mai cercare di anticipare i punti di massimo e minimo dei cicli economici, ma capire solamente se in un dato momento ci troviamo in un trend ribassista o rialzista.

- SEGRETO n 42: per evidenziare i cicli economici bisogna utilizzare una media mobile a 12 mesi oppure per diminuire di molto l'eventualità di falsi segnali una a 18 mesi.

- SEGRETO n. 43: la gestione automatica dei piani di accumulo va bene solo se non sapete gestirvi il piano da soli, in quanto presenta parecchi punti deboli nel applicare la sua strategia.

- SEGRETO n. 44: sfruttare il metodo del cambio strategia porta in un piano di accumulo medio (25 anni) a performance triple rispetto a un piano dinamico e circa il quintuplo rispetto ai piani con gestione automatica.

- SEGRETO n. 45: dovete immettere versamenti aggiuntivi nei vostri piani di accumulo solo in prossimità dei minimi, altrimenti essi vi faranno solo peggiorare la performance generale di tutto il piano.

- SEGRETO n. 46: per bloccare l'importo dei versamenti di un PAC si deve calcolare la maggiorazione da applicare all'ultimo versamento pari a 1% per ogni anno che manca alla scadenza nel caso si possieda un'indicizzazione "3+3", altrimenti di 0,5% all'anno per indicizzazioni semplici.

# CONCLUSIONE

A questo punto cosa dirvi di più? Innanzitutto mi raccomando di aprire bene gli occhi sui prospetti informativi che vi proporranno in quanto non sono sempre facilissimi da interpretare, specialmente se siete alle "prime armi". Non fermatevi mai al primo prospetto ma girate bene e con calma anche altri istituti bancari. Inutile aggiungere di rifuggire dal solito "consiglio" del solito "amico" perché spesso celano trappole più o meno ad arte (sempre dando per scontato che sappiano di cosa parlano).

Su questa scia, state attenti a non credere alle cosiddette voci di corridoio o ad opinioni lette qua e là su internet: possono essere estremamente fuorvianti o, addirittura, scritte per minare la credibilità della concorrenza.

Fidatevi solo dei prospetti informativi ufficiali distribuiti dagli istituti di credito produttori (e leggerli bene!). Chiedete prodotti con le caratteristiche sopra illustrate: se il vostro consulente "cade dalle nuvole" è il sintomo che aspettate per cambiare aria al più presto. Infatti, ho discusso di prodotti dalle caratteristiche perfettamente legali anche se ideali. Evidentemente dovete considerare inevitabili le fluttuazioni fisiologiche tra i prodotti da un istituto all'altro. A questo punto tocca a voi cominciare a mettere in pratica le conoscenze fin qui acquisite.

Cosa aspettate! Come dice l'adagio, "chi dorme non piglia pesci"... In effetti, sapere queste tecniche e non applicarle non gioverà di certo al vostro portafogli. Pertanto prima applicherete le strategie di risparmio e prima raggiungerete gli obiettivi che vi siete prefissati!

Spero di avervi fatto una cosa gradita con questo ebook.

Un "in bocca al lupo" a tutti voi.
*Patrizio Messina*

# EBOOK CONSIGLIATO

## <u>INVESTIRE IN BORSA</u>

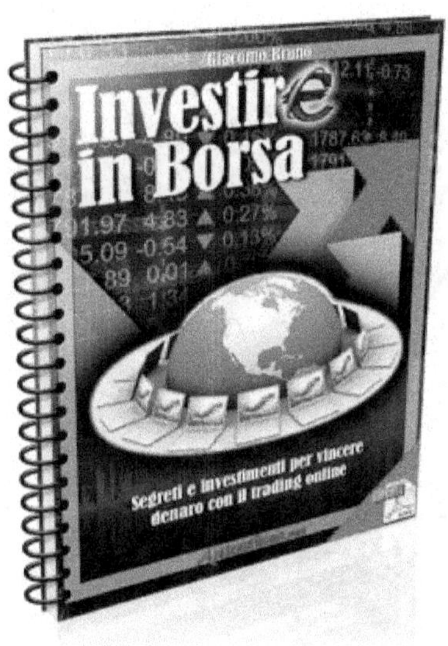


**Segreti e Investimenti per Vincere**

**Denaro con il Trading Online**

# EBOOK CONSIGLIATO

## LA NUOVA LEGGE DI ATTRAZIONE

**Come Trasformare i Tuoi Sogni**

**in Obiettivi Concreti e Realizzabili**

# EBOOK CONSIGLIATO

## <u>MIGLIORA LE TUE FINANZE</u>

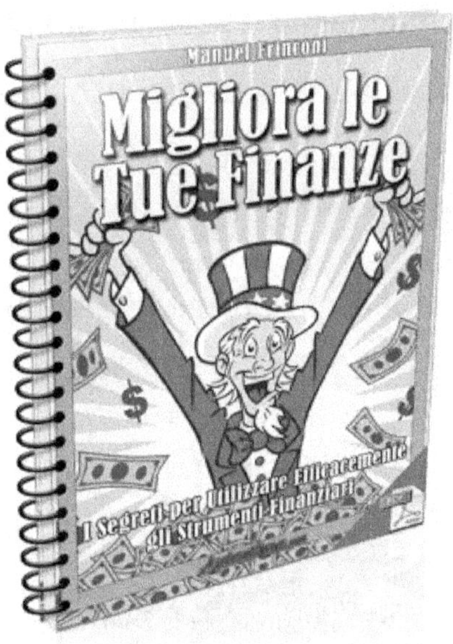


**I Segreti per Utilizzare Efficacemente**

**gli Strumenti Finanziari**

# PROGRAMMA DI AFFILIAZIONE

**Ti è piaciuto questo ebook?**

**Rivendilo e guadagna il 30% di commissioni!**

Clicca qui per maggiori informazioni

**Per il Catalogo aggiornato visita il sito**

**WWW.BRUNOEDITORE.IT**